HIRMER

Herausgegeben von
Miriam Goldmann,
Joanne Rosenthal und
Titia Zoeter

Sex

Jüdische Positionen

Joods Museum

JÜDISCHES MUSEUM BERLIN

Inhalt

Grußwort

Hetty Berg, Direktorin Jüdisches Museum Berlin
Emile Schrijver, Generaldirektor Joods Museum, Amsterdam

Warum eine Ausstellung zu Sex und Judentum?
Die meisten Kenntnisse rund um das Thema jüdische Sexualität basieren heute darauf, was wir aus Filmen, aus Serien oder TV-Shows kennen – wenig überraschend geht dieses Wissen selten über Stereotype hinaus. Diese Stereotype zu brechen ist das Ziel der Ausstellung „Sex. Jüdische Positionen".
In antiken Schriften, alten und neuen Kunstwerken und teils auch unerwarteten Objekten zeigt sich die Vielfalt jüdischer Haltungen zum Thema. Für Sexualität gilt – wie für jedes andere Thema der jüdischen Tradition –, dass die religiösen Gesetze nicht starr sind, sondern durch Auslegungen, durch Diskussionen und neue Impulse an aktuelle Lebensrealitäten und veränderte gesellschaftliche Strukturen angepasst werden können. Es ist diese Flexibilität, mit der sich das Judentum über Jahrhunderte hinweg behaupten konnte. Sie zeigt sich in mittelalterlichen rabbinischen Diskussionen zur Frage, ob man auch in finanzieller Not dem Gesetz „Seid fruchtbar und mehret euch" nachgehen muss, ebenso wie in aktuellen Überlegungen, wie Frauen das Gesetz zur Familiären Reinheit befolgen können, wenn während einer Pandemie die Mikwen, die rituellen Bäder, geschlossen sind. In allen Generationen wurden und werden die traditionellen Auslegungen neu befragt – und so laden wir unsere Besucher*innen ein, das gesamte Spektrum traditioneller wie moderner Haltungen zu jüdischer Sexualität und Identität kennenzulernen.
Es ist uns eine große Freude, eine Ausstellung zu präsentieren, die aus einer umfassenden Kooperation zwischen dem Jüdischen Museum Berlin und dem Joods Museum in Amsterdam hervorgegangen ist. Die Ausstellung wurde in engster Zusammenarbeit zwischen unseren Teams konzipiert – wir danken allen Beteiligten, den Kuratorinnen und Mitarbeiter*innen für ihren unermüdlichen Einsatz. Es ist immer wieder eine große Aufgabe, aus den unterschiedlichsten Sammlungen Objekte für eine interdisziplinäre Ausstellung zusammenzutragen. Ohne unsere Leihgeber*innen, Künstler*innen und Sponsor*innen hätten wir diese innovative und bisweilen auch provokative Ausstellung nie verwirklichen können. Wir sind auch ihnen sehr dankbar.
Mit der Ausstellung „Sex. Jüdische Positionen" wollen wir ein breites Publikum erreichen und vielleicht auch neue Antworten darauf geben, was Sie schon immer über Sex – und Judentum – wissen wollten.

Sex. Jüdische Positionen

Joanne Rosenthal, Miriam Goldmann, Titia Zoeter

In der Popkultur lässt sich in den letzten Jahren ein auffallend gesteigertes Interesse am Thema „Judentum und Sex“ feststellen. Preisgekrönte Verfilmungen wie *Unorthodox* und *Shtisel*, Reality-TV und Dating-Shows wie *My Unorthodox Life* und *Jewish Matchmaking* bedienen ein überraschend großes Verlangen danach, einen Blick in das Intimleben von Jüdinnen und Juden zu werfen, seien sie nun streng orthodox, säkular oder irgendwo dazwischen. Doch wie gut gemeint diese Produktionen auch sein mögen: Oft verschleiern sie mehr als sie preisgeben, und selten bieten sie mehr als vereinfachende oder stereotype Darstellungen dessen, was jüdisches Sex- und Liebesleben ausmacht.

Parallel zu diesem Interesse der breiten Öffentlichkeit vollzieht sich innerhalb der jüdischen Welt ein faszinierender Wandel, was Art und Umfang des Diskurses über dieses Thema betrifft. Beliebte Podcasts, Sexualtherapeut*innen, religiöse Führungspersönlichkeiten ebenso wie die verschiedensten Institutionen befassen sich mit gesellschaftlichen Tabus und setzen eine offene Diskussion über Sexualität, Judentum und die Berührungspunkte zwischen beidem in Gang.[1] Neue Stimmen erkunden, wie jüdische Sexualität in einer Welt noch nie dagewesener sexueller und genderbezogener Vielfalt und Ausdrucksformen aussehen könnte, in einer Welt, in der es um Fragen von Einvernehmlichkeit und Missbrauch geht und in der sich die sozialen Normen und Werte rasant verändern.

Die Ausstellung „Sex. Jüdische Positionen“ wurde in diesem Kontext konzipiert, in einer Zeit, in der die Vorstellungen über Sexualität und Judentum sowohl aus der Außen- als auch der Innenperspektive intensiv untersucht werden. Wie der Titel der Ausstellung andeutet, geht es darum, jüdische Positionen zum Thema Sex in ihrer ganzen Vielfalt zu präsentieren. Im Zentrum steht die These, dass die jüdische Tradition Sexualität weder ausschließlich befürwortet noch unterdrückt. Beide Ansichten treffen zu, ebenso wie alles, was dazwischen liegt, je nachdem, welche Position man einnimmt. Im Judentum herrscht zu keinem Thema eine einheitliche Meinung, und Sexualität, ein grundlegendes Element jüdischer Tradition, bildet keine Ausnahme. Deshalb vermittelt die Ausstellung vielstimmige Perspektiven: von Talmudgelehrten und zeitgenössischen Künstler*innen, von mittelalterlichen Philosophen und gegenwärtigen Sexualtherapeut*innen, von mystischen Denkern und TikTok-Kommentator*innen.

Während es vor allem darum geht, Unterschiede, Widersprüche und die Vielfalt von Standpunkten zu präsentieren, lassen sich bei der Betrachtung der rabbinischen Schriften über die Jahrhunderte hinweg bestimmte Bereiche ausmachen, in denen Konsens besteht: Die heterosexuelle Ehe wird als einziger Ort des „koscheren" Geschlechtsverkehrs dargestellt, und das Sexualleben eines Paares wird mit äußerster Präzision durch die Gesetze der *taharat ha-mischpacha*, der Gesetze zur Familiären Reinheit, geregelt, die Sex während und unmittelbar nach der Menstruation verbieten.[2]

Aber selbst im Rahmen der Gewissheiten jüdischen Rechts sind Ambivalenzen kaum zu übersehen. Als Gott im ersten Kapitel der Genesis den Menschen befiehlt, „Seid fruchtbar und mehret euch",[3] entsteht die erste jüdische Sexualethik; sie legt die Fortpflanzung als religiöse Pflicht fest. Darüber hinaus suggeriert die in der gesamten rabbinischen Literatur anzutreffende Verurteilung von männlicher Selbstbefriedigung sowie sexuellen Handlungen, bei denen „Samen verschwendet" werden, dass der vorrangige Zweck von Sex darin liege, neues Leben zu schaffen. Und doch ist das *Ona*-Prinzip, also die Pflicht des Ehemanns, seine Frau zu befriedigen, nicht auf den reproduktiven Sex beschränkt, denn diese eheliche Pflicht reicht über die fruchtbaren Jahre der Frau hinaus und gilt auch für Paare, die keine Kinder bekommen können. Lust und Mäßigung stehen generell in einem dialektischen Verhältnis; der Sexualtrieb, der gemeinhin mit dem *Jezer ha-ra*, dem „Trieb des Bösen", in Verbindung gebracht wird, gilt oft als gefährliche Bedrohung, die unbedingt in Richtung religiös angemessener Zwecke gelenkt werden muss.

„Sex. Jüdische Positionen" erforscht die frühen jüdischen Standpunkte, die im Talmud und im kanonisierten rabbinischen Schrifttum niedergelegt sind, und bringt diese mit zeitgenössischer und moderner Kunst, historischen Objekten, Manuskripten, Filmen, Tonaufnahmen und sozialen Medien in einen Dialog. Die Ausstellung erhebt nicht den Anspruch, die erschöpfende Darstellung einer kontinuierlichen Geschichte zu bieten, sondern beleuchtet vielmehr divergierende Positionen, die aus jahrhundertelangen Debatten und sozialen Konventionen hervorgegangen sind und über die Zeiten hinweg unerwartete Verbindungslinien geschaffen haben. Das vielfältige Material der Ausstellung gliedert sich in überschaubare Sinneinheiten, die wir als Kuratorinnen in intensiven Diskussionen entwickelt haben, um innerhalb von vier Themenkomplexen die wichtigsten Positionen adäquat verdichten zu können. Die vorliegende Publikation folgt dieser Gliederung und bietet die Möglichkeit, die Themen der Ausstellung weiter zu vertiefen.

Die erste der vier Sinneinheiten, „Pflicht und Vergnügen", befasst sich mit der zentralen Bedeutung von Ehe und Fortpflanzung in der jüdischen Tradition, mit den komplizierten Aspekten sexueller Lust und dem Widerhall der hergebrachten Ansichten in der heutigen Zeit. In „Kontrolle und Begehren" geht es um Vorstellungen von körperlicher Reinheit, die Beherrschung des sexuellen Verlangens und darum, wie Kontrolle und sexuelle Befreiung möglicherweise zu vereinbaren sind. „Sexualität und Macht“ nimmt die Rolle von Tabu und Fantasie in der menschlichen Sexualität in den Blick. Dieser Themenkomplex beleuchtet den Einfluss bahnbrechender Denker wie Sigmund Freud auf unser Verständnis von Sexualität sowie die Beziehung zwischen Sexualität und Identitätsbildung, sowohl in Bezug auf die Gemeinschaft als auch auf das Selbst. Der letzte der vier Themenbereiche, „Erotik und das Göttliche“, stellt die faszinierenden Verbindungen zwischen Spiritualität und Sinnlichkeit in der Mystik, im Ritual und im Gebet dar und untersucht den Einfluss des Lieds der Lieder – einer außergewöhnlichen Sammlung erotischer Dichtung in der Hebräischen Bibel –, das der im ersten Jahrhundert u. Z. lebende Gelehrte Rabbi Akiva als das „Allerheiligste“ bezeichnete.

Diese Themen werden anhand ausgefallener Objekte und Kunstwerke untersucht, die Leihgaben aus öffentlichen und privaten Sammlungen in Europa, Nordamerika und Israel sind. Darüber hinaus zeigt die Ausstellung eine Auftragsarbeit, die Serie von Illustrationen von Noa Snir | siehe S. 1–3; 222–224|, einer in Berlin lebenden israelischen Künstlerin, die eine Auswahl sexuell expliziter Szenen und Debatten aus dem Talmud zum Leben erweckt. Ihre Serie unterstreicht die Tatsache, dass die talmudischen Rabbiner keineswegs prüde waren, sondern häufig über sämtliche Fragen der Sexualmoral diskutierten.

Eine der kuriosesten Szenen dieser Serie stammt aus dem Traktat Berachot im Babylonischen Talmud.[4] Dort wird beschrieben, wie sich der große Weise Raw Kahana als junger Mann in das Schlafzimmer seines Lehrers Rabh schleicht, um dessen Verhalten beim Geschlechtsverkehr zu beobachten und daraus zu lernen. Kahana versteckt sich unter dem Bett, während Rabh und seine Frau einander lieben, und ist schockiert darüber, wie ausgelassen und liebevoll Rabh mit seiner Frau umgeht, da er von seinem verehrten Lehrer mehr Zurückhaltung erwartet hat. Als Rabh mit Entrüstung feststellt, dass Kahana ihn und seine Frau in diesem intimsten aller Momente ausspioniert, befiehlt er wütend seinem Schüler zu gehen. Interessanterweise hat im Talmud Kahana das letzte Wort: Er entschuldigt sich nicht respektvoll bei seinem Lehrer, sondern verteidigt seine Schnüffelei auf ungewöhnliche Weise: „Es ist Tora und ich muss lernen.“

Ungeachtet dessen, ob es Raw Kahana gelang, die Weisen des Talmuds in diesem Punkt zu überzeugen, diente die Szene bei der Erarbeitung der Ausstellung als ständige Inspiration. Die Verwegenheit von Kahana, in jenem Moment auf seiner Unschuld zu bestehen, ist genauso verblüffend wie die Gewissheit, mit der er behauptet, das Thema Sex sei untrennbar mit der Tora verbunden.

Während des gesamten kuratorischen Prozesses haben wir uns an die kühne Stimme Kahanas gehalten, um uns daran zu erinnern, wie wichtig dieser Lebensbereich ist – nicht nur als Forschungsgebiet, sondern auch als ein Themenfeld, das es wert ist, in einer Ausstellung behandelt zu werden. Welcher Tora, welcher Lehre, auch immer Sie folgen, ob heilig oder profan, wir hoffen, dass Sie viele vergnügliche Überraschungen erfahren – und lernen.

1 Dieser Trend lässt sich an Podcasts wie „Intimate Judaism“ (seit 2018) und „The Joy of Text: Where Real Sex Meets Jewish Law“ (2016–2022) ablesen. Sie werden bzw. wurden von einer orthodoxen Sexualtherapeutin und einem Rabbiner gemeinsam moderiert, befassen sich mit sexuellen Angelegenheiten im orthodoxen Judentum und interpretieren einschlägige religiöse Texte; zudem kommen Gäste aus Therapie, Religion und Wissenschaft zu Wort.

2 Die Gesetze zur Familiären Reinheit gehen auf die Reinheitsgesetze des Levitikus zurück und wurden später im Talmud und weiteren rabbinischen Schriften ausgearbeitet. Laut diesen Gesetzen dürfen die Eheleute während und unmittelbar nach der Menstruation keinen Körperkontakt haben. Sex ist erst erlaubt, nachdem die Frau in der Mikwe ein rituelles Bad genommen hat. Diese Gesetze regeln die sexuelle Interaktion des Paares und gelten als grundlegende religiöse Vorschriften, die von orthodoxen Jüdinnen und Juden penibel eingehalten werden.

3 Genesis 1:28. Die Bibelzitate in diesem Katalog entstammen der Bibel in der Einheitsübersetzung.

4 Genauer gesagt in Berachot 62a; eine andere Version der gleichen Geschichte findet sich in Chagiga 5b, ebenfalls im Babylonischen Talmud. Die Talmudzitate in diesem Katalog stammen aus der Übersetzung von Lazarus Goldschmidt, „Der Babylonische Talmud“.

Pflicht und Vergnügen

Liebe, Lust, Stressabbau oder gar Eifersucht ... es gibt viele Gründe, Sex zu haben. Wenn wir uns jedoch ansehen, wie sich das jüdische Gesetz dem Thema Sex nähert, steht eher die religiöse Pflichterfüllung im Fokus – und nicht das emotionale oder körperliche Bedürfnis.

Im ersten Kapitel der Genesis, als Gott Adam und Eva gebietet: „Seid fruchtbar und mehret euch", wird aus dem biologischen Reproduktionstrieb ein göttliches Gebot, das in religiöser Hinsicht von tiefer Bedeutung ist. Obwohl sich diese Worte an das erste, mythische Menschenpaar richten, sind sie die Blaupause einer jüdischen Reproduktionsethik, die als Richtlinie für das Sexleben gesetzestreuer Jüdinnen und Juden dient. Der Einfluss dieses biblischen Gebots zeigt sich noch heute in streng orthodoxen jüdischen Gemeinden, in denen von verheirateten Paaren oft erwartet wird, dass sie sobald wie möglich Kinder zeugen und eine große Familie gründen. Zudem verstärkt die Sorge über den Fortbestand des Judentums die Bedeutung des religiösen Gebots sich zu mehren, insbesondere nach den Verheerungen der Schoa.

Der medizinische Fortschritt der vergangenen hundert Jahre hat das Verhältnis zwischen Sex und Reproduktion jedoch auf fundamentale Weise verändert. Geschlechtsverkehr ist nicht mehr der einzige Weg, um Leben zu zeugen. Behandlungsmöglichkeiten wie künstliche Befruchtung (In-vitro-Fertilisation) und – in einigen Ländern wirksame – rechtliche Konstrukte wie zum Beispiel Leihmutterschaft bieten heute Alleinstehenden, Menschen mit Fertilitätsstörungen und gleichgeschlechtlichen Paaren neue Optionen, Kinder zu bekommen. Zwar mögen manche Fortpflanzung als eine religiöse Pflicht betrachten, doch ist Sex nicht mehr die einzige Möglichkeit, diese Pflicht zu erfüllen. Auch muss Sex nicht notwendigerweise zur Zeugung führen. Der Zugang zu Kontrazeptiva gilt heute vielerorts als Menschenrecht, und neue, effektive Verhütungsmethoden haben die Voraussetzungen für größere sexuelle Freiheit geschaffen.

Die moderne Medizin mag die Ansicht etabliert haben, dass Sex nicht nur ein Mittel zum (Reproduktions-)Zweck ist, doch diese Idee – dass Sex ein Selbstzweck sein kann – findet sich auch schon in der jüdischen Tradition. Die Gelehrten früherer Zeiten, die das jüdische Gesetz formten, interessierten sich durchaus für Fragen der sexuellen Lust und nicht nur für das Zeugen von Kindern; die rabbinischen Schriften umfassen eine Vielzahl unterschiedlicher Standpunkte: von jenen, die Sexualität unterdrücken wollen, bis hin zu Befürwortern der Erotik. Einige religiöse Denker, insbesondere aus der kabbalistischen Tradition, feierten sexuelle Lust als Ausdruck des göttlichen Willens, während andere sie für einen sündigen Genuss hielten, den man in Schach halten musste.

Maimonides, der Philosoph aus dem 12. Jahrhundert, war hinsichtlich einiger Aspekte des Sexualverhaltens bekanntermaßen nachsichtig; sexuelle Ausschweifung aber verurteilte er streng, da er sie für schändlich und animalisch hielt. In seinem Hauptwerk, der „Mischne Tora“, schreibt er über Männer, die mit ihrer Ehefrau übermäßig viel Sex haben, sie seien „wie Hähne“, und lobt demgegenüber jene, die ihre sexuelle Aktivität so weit wie möglich beschränken.[1] Die anonym verfasste kabbalistische Schrift „Iggeret ha-kodesch“ (Heiliger Brief) aus dem 13. Jahrhundert ist möglicherweise eine Replik auf Maimonides. Man könnte sie als einen der ersten jüdischen Sexratgeber bezeichnen: Der Autor liefert detaillierte Anleitungen, wie man seine Ehefrau erregt und befriedigt; er bezeichnet Sex als ein transzendentes, göttlich inspiriertes Phänomen.

Die Seiten des Talmud sind voll rabbinischer Stimmen, die darüber debattieren, was im Schlafzimmer erlaubt ist, und das oft in aller Ausführlichkeit. Einige halten das Begehren eines Paares für eine private Angelegenheit, über die das Paar selbst entscheiden kann, während andere eine strengere Auffassung vertreten und Verbote für bestimmte sexuelle Praktiken aussprechen. Auffällig ist, dass viele der untersagten Handlungen nicht der Reproduktion dienen, sondern schlicht dem sexuellen

Lustempfinden. Während zahlreiche Meinungen darüber geäußert werden, was erlaubt und was verboten ist, herrscht im jüdischen Recht zu zwei wichtigen Punkten Konsens: Der Ehemann ist verpflichtet, seine Frau regelmäßig sexuell zu befriedigen (das biblische Gebot der Ona),[2] und der Sex muss einvernehmlich sein.[3] Hier wird bewusst auf Ehemann und Ehefrau Bezug genommen, denn egal ob der Sex der Fortpflanzung oder dem Vergnügen dient (oder vielleicht beidem!) – das jüdische Gesetz erlaubt Sex traditionell nur im Rahmen einer heterosexuellen Ehe. Gemäß der religiösen Tradition ist es diese Ehe, die den Sex heiligt und ihn von einem körperlichen Akt zu etwas erhebt, dem eine spirituelle Bedeutung innewohnt. Das lässt sich vom Sprachgebrauch bei Hochzeitszeremonien ableiten, denn das hebräische Wort für das Verlobungsritual lautet *Kidduschin* – Heiligkeit.

In diesem Zusammenhang ist anzumerken, dass die Ehe für jene, die nach dem traditionellen jüdischen Gesetz leben, das Verhältnis zur Sexualität grundlegend verändert. Im orthodoxen Judentum ist voreheliche Sex streng verboten, und körperlicher Kontakt mit dem anderen Geschlecht wird auf ein Minimum beschränkt. Mit der Hochzeit jedoch findet eine radikale Kehrtwende statt: Sex, zuvor streng untersagt, ist nun nicht nur erlaubt, sondern wird sogar zu einer religiösen Pflicht, sowohl zum Zweck der Fortpflanzung als auch um seiner selbst willen. Das religiöse Prinzip des *Schalom Bajit*, der häuslichen Harmonie, bietet einen weiteren Rahmen für die Ausgestaltung der sexuellen Intimität. Wenn etwas dem Schalom Bajit dient und damit den Ehefrieden fördert, lässt sich gegenüber sexuellen Belangen oft eine gewisse Toleranz geltend machen.[4]

Die Realität ist jedoch komplexer als alles, was sich schriftlich festlegen lässt. Selbst in traditionellen jüdischen Kreisen stimmt die gelebte Erfahrung nur selten mit den Gesetzen überein. Und da es immer wieder zu neuen Auslegungen des jüdischen Rechts – und zu neuen Ausdrucksformen jüdischer Sexualität – kommt, wird die Sachlage gleichzeitig kompliziert und bereichert. Die verschiedenen Wellen des Feminismus und das Erstarken der LGBTQ+-Bewegung haben sowohl die Institution der Ehe als auch das, was man als „heiligen Sex" bezeichnen kann, nachhaltig verändert.

Jenseits der Parameter religiösen Denkens bieten die westlichen, säkularen Kulturen eine ganze Reihe unterschiedlicher Positionen zur Sexualität, einschließlich der Überzeugung, dass sexuelle Freiheit und die Entfaltung der eigenen Sexualität für das menschliche Glück unerlässlich sind. Von religiös bis säkular, von homosexuell bis heterosexuell: Es ist offensichtlich, dass es viele unterschiedliche Positionen zu der Frage gibt, wozu Sex dient – und wie man ihn praktizieren sollte.

1 Maimonides, Mischne Tora, Issurei Bia, 21:9,11.

2 Das Ona-Gebot taucht in der hebräischen Bibel zum ersten Mal in Exodus 21:10 auf, und zwar bei einer Aufzählung von drei Dingen, die ein Ehemann seiner Frau zu geben hat: Nahrung, Kleidung und *Ona*. Ona bedeutet dem Wortsinn nach „Zeit" oder „Jahreszeit", meint aber in diesem Zusammenhang eheliche Ansprüche oder geschlechtliche Intimität und ist ein wichtiger Rechtsbegriff, der in der rabbinischen Literatur weiterentwickelt wurde.

3 Die Vergewaltigung in der Ehe wird im Talmud ausdrücklich verboten, siehe Traktat Eruwin 100b.

4 So bittet beispielsweise ein anonymer Schreiber in einem Online-Forum eine rabbinische Autorität um die Erlaubnis, trotz des Verbots der Selbstbefriedigung masturbieren zu dürfen, um Schalom Bajit mit seiner Frau zu gewährleisten, die weniger Interesse an Sex hat als ihr Mann. https://asktherav.com/16810-a-sensitive-marital-question/.

Sexuelle Handlungsanweisungen in den Überlieferungen des Judentums

Evyatar Marienberg

Irgendwann, üblicherweise im Teenageralter oder auch etwas eher, beginnen die meisten von uns, sich mehr oder weniger stark für Sex zu interessieren. Sofern die natürliche Neugier nicht schon zu einer Auseinandersetzung mit diesem Thema geführt hat, übernehmen das irgendwann die Hormone. Unser junges Ich fragt sich vielleicht: Was hat es mit Sex auf sich? Und was genau machen Menschen eigentlich, wenn sie Sex haben? Oft ist, was wir dann darüber erfahren, ziemlich dürftig. Den allermeisten Menschen – ob heute oder in der Vergangenheit – wurde wohl kaum in dem Moment, da sie Interesse am Thema bekundeten, ein auf sie zugeschnittener, von Fachleuten für Sexualität, Kinderpsychologie, Pädagogik, Recht und Gesundheit erarbeiteter Crashkurs angeboten. Doch irgendwie gelangen alle über irgendjemanden an irgendwelche Informationen. Und das ist dann das Erste, was wir über Sex wissen. Nach einigen Jahren, wenn wir älter werden, wollen wir vielleicht mehr erfahren und versuchen aktiv, an entsprechende Informationen heranzukommen, sei es über Familienmitglieder, Freund*innen oder, wenn wir belesen sind, aus Büchern und Texten. Heutzutage kann man mit ziemlich großer Sicherheit davon ausgehen, dass sich die meisten Menschen dieses Wissen im Internet beschaffen und dass viele der Informationen, auf die sie dort stoßen, buchstäblich bildlich sind. Und doch gab es immer schon Menschen, die ihr Wissen rund um Sex entweder direkt oder indirekt aus schriftlichen Quellen bezogen.

Unter all den spannenden und wichtigen Fragen, die man zu Judentum und Sex stellen kann, geht es hier um die folgende: Wenn gebildete Jüdinnen und Juden im Laufe der Jahrhunderte in den jüdischen Büchern nach klaren, sachbezogenen, nüchternen Richtlinien zum Thema Sex suchten – und das taten sie sicherlich, genau wie sie diese Bücher zu so vielen anderen Belangen befragten –, was fanden sie dann? Was sollten sie diesen Quellen zufolge tun beziehungsweise nicht tun? Ich möchte an dieser Stelle klarstellen, dass sich meine Frage per definitionem auf eine ganz bestimmte Art von sexueller Aktivität beschränkt: Sex im Rahmen einer heterosexuellen Ehe. Bei allen anderen Formen von Sex waren die Anweisungen so gut wie immer ausgesprochen knapp und lauteten: Tut es nicht. Die Instruktionen zu heterosexuellen ehelichen Beziehungen waren in der Regel ein wenig länger: Tut es, aber so, wie ich es sage.

Dieser Artikel will einen Einblick in das geben, was verschiedene Autoren zu ganz unterschiedlichen Zeiten an unterschiedlichen Orten angeordnet haben.[1] Wo sollte man diese Untersuchung beginnen? Natürlich in der Bibel, werden viele sagen. Denn die Bibel – der Begriff bezieht sich hier nur auf die Bücher, die Bestandteil der hebräischen Bibel sind – bildet vermeintlich die Grundlage für alles Jüdische. Gibt die Bibel, diese komplizierte Sammlung verschiedener Texte, ihren Leser*innen Anleitungen in Sachen Sex? Weist sie sie an, Sex zu haben, und sagt sie auch wie? Zugegebenermaßen nicht besonders oft. Die Segensworte „Seid fruchtbar und mehret euch" in Genesis 1:28 regen eindeutig zur Fortpflanzung an, geben aber keinerlei Anleitung, wie sie geschehen soll. Nur wenige biblische Texte, wenn überhaupt, schreiben vor, wie eine Beziehung zu führen ist. Eine Ausnahme bildet eine andere berühmte Passage aus dem Buch Genesis: „Darum verlässt der Mann Vater und Mutter und hängt seiner Frau an und sie werden ein Fleisch“ (Genesis 2:24). Konzentrieren wir uns auf die drei Teile dieses Verses: „verlässt der Mann Vater und Mutter“, „hängt seiner Frau an“ und „sie werden ein Fleisch“; den Einstieg, das „Darum“, heben wir uns für eine andere Gelegenheit auf.

Laut einer möglichen Interpretation dieses Verses beschreiben die ersten beiden Phrasen eine Realität: Männer verlassen ihre Eltern und binden sich an ihre Frauen. Sprachlich ist dies höchstwahrscheinlich die korrekte Auslegung, da die hier genutzte grammatikalische Form im Allgemeinen verwendet wird, um Gewohnheiten zu beschreiben. Eine andere Möglichkeit ist jedoch, dass der Vers gutes Verhalten vorschreibt: Männer *sollen* ihre Eltern verlassen und sich ihren Frauen anhängen. Auch wenn das nicht exakt der ursprünglichen Bedeutung entspricht, wurde die Stelle von vielen eindeutig so gelesen. Auch der Schluss des Verses bietet unterschiedliche Lesarten, zum Beispiel, dass das „Ein-Fleisch-Werden“ in der ehelichen Vereinigung geschieht, oder aber, dass „ein Fleisch“ die Nachkommenschaft bezeichnet: ein Fleisch aus und von zweien geschaffen. Demnach ließe sich die Bibelstelle so lesen, dass der erste Teil des Verses ein wünschenswertes Verhalten und der zweite Teil das Ergebnis beschreibt: Männer sollen ihre Eltern verlassen und mit ihrer Ehefrau „ein Fleisch“ werden. Folgt man dieser Lesart, scheint die Vereinigung des Fleisches – gemeint ist vermutlich die Penetration, also das Eindringen des einen Körpers in den anderen –, von diesem Vers gebilligt oder sogar gewollt zu sein. Ergänzt man diese Interpretation durch den Vers zur Fortpflanzung in Genesis 1, so finden sich bereits in den ersten 55 Versen der Bibel zwei positive Aussagen über ehelichen Sex. Wie aber diese Vereinigung konkret vonstattengehen soll, ist immer noch nicht geklärt.

In anderen Büchern der Bibel existieren durchaus direkte oder indirekte Bezugnahmen auf sexuelle Beziehungen, und einige wenige Stellen lassen sich als Tipps für sexuelle Kontakte (ob ehelich oder nicht) lesen. So heißt es beispielsweise an mehreren Stellen, dass das Verwenden von Parfüm, duftenden Ölen, schönen Kleidern und kostbarer Bettwäsche auf das Gegenüber anziehend und erregend wirken kann (Hesekiel 23:40–41; Sprichwörter 7:16–17; Rut 3:3; Hohelied 3:6 sowie verschiedene andere Verse darin; Ester 2:12). Man erfährt auch, dass Sex etwas Lustvolles sein kann (Genesis 26:8) und dass Alkohol manchmal zu un- oder zumindest weniger bewusstem Sex führt (Genesis 19:31–36). Sexuelle Aktivitäten können mit der Entblößung des Unterleibs des Mannes einhergehen (Rut 3:4,8), mit dem Spreizen der Beine der Frau (Hesekiel 16:25) und aktive, wiederholte Bewegungen (Hiob 31:10) sowie das Streicheln und Liebkosen von Brüsten und Schoß beinhalten (Hesekiel 23:3–8; Buch der Sprichwörter 5:19). In einem Buch – dem ausgesprochen erotischen Lied der Lieder – ist auch zu erfahren, dass ein Mann es mitunter genießt, die Brüste der Frau zu umfassen und zwischen ihnen zu ruhen (Hohelied 1:13; 7:9), und dass es eine angemessene Position beim intimen Zusammensein ist, wenn der linke Arm des Mannes unter dem Kopf der Frau liegt und sein rechter Arm sie umfängt (Hohelied 2:6). Und nicht zuletzt wird an einer Bibelstelle – in der Geschichte von Samson und Delila –

von Handlungen berichtet, die heute unter BDSM fielen, also sexuelle Praktiken, die Fesselspiele, Dominanz, Unterwerfung und Lustschmerz beinhalten. Zumindest scheint das ein plausibler Grund zu sein, warum Samson die schöne Delila bittet, ihn mit Seilen zu fesseln (Richter 16:4–22).

All diese Bibelstellen, die sexuelle Aktivitäten beschreiben, sind als Anleitungen nicht gerade hilfreich. Jüdische Autoren besaßen daher jede Freiheit, ihre eigenen Ideen einzubringen. Der nächste große Korpus jüdischer Schriften – Texte, die zur talmudischen Literatur gehören – bietet keinerlei systematische Erörterung des Themas, aber viele, meist kurze Hinweise, die zusammengenommen Leser*innen eine gewisse Orientierung bieten können. In diesen Aussagen und Geschichten geht es um den Zeitpunkt sexueller Kontakte (tagsüber, abends, mitten in der Nacht, an bestimmten Tagen der Woche oder des Jahres), um die geeignete Frequenz (täglich bis zweimal pro Jahr), den Ort (in einem dunklen oder beleuchteten Raum, in Anwesenheit oder Abwesenheit anderer, in der Nähe von heiligen Gegenständen), darum, wer die Initiative ergreift (Ehemann, Ehefrau), um das Vorspiel, um zulässige und weniger zulässige Stellungen, die Dauer des Aktes, das Verhalten der Partner*innen (reden, schweigen, angezogen oder unbekleidet sein) und vieles mehr. Tatsächlich ist die Fülle an Informationen zum Thema in den talmudischen Schriften beträchtlich, und diese Überlegungen und Vorschriften decken einen sehr großen Teil der langen Liste an möglichen Fragen ab, die Leser*innen haben könnten. Für eigene Vorstellungen späterer Autoren bleibt theoretisch nicht mehr viel Spielraum. Praktisch aber sind die meisten talmudischen Texte nicht eindeutig, mitunter enthalten sie unterschiedliche oder sogar widersprüchliche Meinungen und sind nicht spezifisch genug, um als konkrete Anleitung zu dienen. Noch entscheidender ist der Umstand, dass sie, wie gesagt, in der umfangreichen talmudischen Literatur keineswegs systematisch geordnet sind, sondern – oft aus unerfindlichen oder willkürlichen Gründen – über Tausende von Seiten verstreut, auf denen es um etwas vollkommen anderes geht. Ohne Systematisierung und Erläuterungen sind sie für Laien, selbst für solche mit ausgeprägter Bildung, nicht wirklich brauchbar. Den Autoren des Mittelalters, der Frühen Neuzeit und der Neuzeit stand daher ein noch recht weites Feld offen, in das sie ihr Wissen und ihre Gedanken zum Thema einbringen konnten. Und dennoch: Da die talmudische Literatur für das rabbinische Judentum so zentral wurde, konnten sie dies nur tun, indem sie bestimmte talmudische Texte auswählten und als Bausteine für ihre eigenen Lehren verwendeten.

Es scheint sinnvoll, die meisten späteren jüdischen Werke zu Sexualität, zumindest bis Mitte des 20. Jahrhunderts, in zwei Hauptgruppen zu unterteilen. Auf der einen Seite stehen Autoren, die ihre Anweisungen auf das stützen, was sie als Vernunft betrachten (soweit „Vernunft“ im Kontext von Offenbarungsreligionen überhaupt Teil der Diskussion sein kann), und auf der anderen solche, die den mystischen oder kabbalistischen Konzepten eine überragende Bedeutung beimessen. In einigen Fällen haben diese Unterschiede zu gegensätzlichen Interpretationen der Grundgedanken talmudischer Texte geführt. Wenn beispielsweise ein talmudischer Text besagt, dass der Geschlechtsakt mitten in der Nacht stattfinden solle, führten Rationalisten dies auf Aspekte wie die Privatsphäre oder die Verdauung zurück, während Mystiker in dieser Regel einen Versuch sahen, göttliche Zustände nachzubilden. Und wenn im Talmud der Freitagabend als angemessener Zeitpunkt für den Beischlaf bezeichnet wurde, so erklärte die eine Seite dies mit dem Ende der Strapazen der Werktage, während die andere darin einen Zusammenhang mit der kosmischen Bewegung der Seelen sah. Dass der Talmud bestimmte Stellungen oder den Geschlechtsverkehr in einem beleuchteten Raum ablehnte, wurde von den Rationalisten als Versuch erklärt, die Würde der Eheleute zu wahren, während die Mystiker darin die Absicht erkannten, das Paar vor unsichtbaren zerstörerischen Kräften zu schützen. Der Geschlechtsakt an sich wurde von den Rationalisten vor allem unter den Gesichtspunkten der Fruchtbarkeit und Gesundheit betrachtet und galt als unverzichtbarer Bestandteil der Ehe, während die Mystiker in ihm eine Möglichkeit sahen, die zerrissene Welt zu heilen. Bemerkenswert ist, dass keine der beiden Schulen freizügiger oder restriktiver ist als die andere; auch lässt sich keiner von ihnen eine positivere oder negativere Haltung gegenüber Sexualität zuschreiben: Alle Schattierungen und Abstufungen finden sich sowohl in den Schriften der Rationalisten als auch in denen der Kabbalisten.

Seit etwa der Mitte des 20. Jahrhunderts erscheinen in orthodoxen Kreisen viele Monografien zum Thema. Die unterschiedlichen Einstellungen der Autoren zu Vernunft und Mystik erklären bis zu einem gewissen Grad die Diskrepanzen, die sich hier finden, doch sind Aspekte wie etwa psychologische Begrifflichkeiten, das heutige Verständnis von Physiologie, Geschlechterrollen, Gleichberechtigung, das Streben nach Glück und Selbstverwirklichung, New Age und sogar politische Überzeugungen von großer, oft sogar größter Bedeutung. Viele Autoren greifen selektiv auf das Gedankengut früherer Generationen zurück und fühlen sich nicht verpflichtet, sich auf einen bestimmten Standpunkt festzulegen. Im Gegensatz zur Vergangenheit sind einige dieser Autor*innen oder Co-Autor*innen Frauen, und immer mehr dieser Werke richten sich genauso an Frauen wie an Männer.
Die Auswirkungen all dieser Neuerungen liegen auf der Hand: Zahlreiche sexuelle Praktiken, die in früheren Generationen verurteilt wurden, gelten nun als vollkommen legitim. Viele dieser modernen Handbücher sind derart bemüht zu versichern, dass nahezu alles, was in gegenseitigem Einverständnis geschieht, legitim ist. In gewisser Weise untergraben sie so ihre eigene Autorität. Man braucht sie nicht wirklich zu konsultieren, um die Quintessenz zu kennen: Wenn ein jüdisches Ehepaar einvernehmlich sexuelle Handlungen vollzieht – vorausgesetzt die Frau befindet sich nicht im Zustand menstrueller Unreinheit –, sind diese legitim. Es mag zwar sein, dass einige der Ratgeber von bestimmten Handlungen abraten, aber selbst in diesen Fällen heißt es im Allgemeinen, dass sie nicht wirklich verboten seien.

Ist diese Entwicklung überraschend? Meines Erachtens nicht. Religionen im Allgemeinen und religiöse Rechtssysteme im Besonderen haben im Grunde zwei Möglichkeiten: Entweder sie passen sich kulturellen Trends und geänderten Lebensrealitäten an oder sie verschwinden in der Bedeutungslosigkeit. Natürlich sind Ausmaß und Geschwindigkeit der Anpassungen nicht immer gleich und auch nicht immer vorhersehbar. In unserem Kulturkreis ist eine negative Einstellung zur Sexualität im Allgemeinen und zu ehelichem Sex im Besonderen gegenwärtig aus der Mode gekommen. Kluge rabbinische Autor*innen wissen, dass, wenn sie etwas für unzulässig erklären, jemand anderes es erlauben wird. Das Spiel mit den Verboten scheint heute so gut wie vorbei.

1 Dieser Frage habe ich ein ganzes Buch gewidmet: Evyatar Marienberg, Traditional Jewish Sex Guidance: A History, Leiden/Boston 2022.

Weibliche Sexualität im Werk amerikanischer Künstlerinnen

Gail Levin

Auf die ausgeprägt sexuelle Bildsprache in der Kunst jüdisch-amerikanischer feministischer Künstlerinnen der 1960er- bis 1980er-Jahre wurde ich vor knapp 20 Jahren aufmerksam, als ich mich mit dem gesellschaftlichen und politischen Kontext jener Werke beschäftigte.[1] Ich entdeckte gewisse Parallelen zur Arbeit jüdisch-amerikanischer Frauen im Bereich des Theaters, von Sophie Tucker bis zu Eve Enslers „Vagina-Monologen".[2] Zudem passte der Aktivismus dieser feministischen Künstlerinnen zur Tradition von Jüdinnen und Juden, die sich, aufgrund ihres Glaubens an soziale Gerechtigkeit und des Wunsches nach politischen Reformen, radikalen politischen Positionen zuwandten, zunächst in Osteuropa und dann in Amerika; ein Beispiel dafür ist die Aktivistin Emma Goldman.
Einige Werke von feministischen Künstlerinnen mit sexuell eindeutigem Inhalt lösten Zensurbestrebungen aus, wobei die metaphorische Kraft des Sujets oftmals verkannt wurde. Ich gelangte zu dem Schluss, dass die von mir untersuchten Kunstwerke und Auseinandersetzungen das Bewusstsein dafür schärfen sollten, dass der Drang nach freiem Ausdruck in der Kunst eng mit dem Bestreben von Frauen verbunden ist, ihre Sexualität, ihre Handlungsfreiheit und ihre Macht einzufordern. Mir wurde deutlich, dass jüdische Frauen, die nicht von den viktorianisch-protestantischen Idealen weiblicher Reinheit und Frömmigkeit belastet waren, dabei eine Vorreiterrolle einnahmen.

Ab den 1960er-Jahren bis Ende der 1980er-Jahre tauchen in den Werken feministischer jüdisch-amerikanischer Künstlerinnen – wie Joan Semmel, Judy Chicago, Hannah Wilke, Nancy Spero, Anita Steckel und vielen anderen – Arbeiten auf, die Sexualität freimütig mit dem weiblichen Körper in Verbindung bringen. Lag es jüdischen Künstlerinnen näher, sich kreativ mit Sexualität zu beschäftigen?
Zu Beginn des 20. Jahrhunderts trat Sophie Tucker, eine in Russland geborene jüdische Einwanderin, mit Liedern auf, die die gängigen Moralvorstellungen infrage stellten und ein Bild weiblicher Sexualität zeichneten, das im Widerspruch zu den puritanischen Sitten in Amerika stand.[3]
Die jüdische Anarchistin und Feministin Emma Goldman war ideologischer und politischer ausgerichtet; sie forderte Gleichberechtigung und Unabhängigkeit für Frauen, einschließlich der absoluten Meinungsfreiheit, der sexuellen Freiheit und des Rechts auf Abtreibung, die zu dem Zeitpunkt illegal war. Goldman, wie Tucker im Russischen Kaiserreich geboren, emigrierte 1885 im Alter von 16 Jahren in die Vereinigten Staaten, wurde allerdings 1919 wieder nach Russland abgeschoben. In ihren Vorträgen über Sexualität prangerte sie nicht nur den Puritanismus an, sondern auch die Freud'sche Theorie, die einen Zusammenhang zwischen Unterdrückung der Sexualität und Kreativität behauptet. „Der schöpferische Geist ist kein Gegenspieler des Sexualtriebs", betonte sie, „sondern Teil von dessen kraftvollem Ausdruck. [...] Sex ist die Quelle des Lebens. [...] Wo die Sexualität fehlt, fehlt alles."[4]
Das Vermächtnis jüdischer Frauen wie Tucker und Goldman und ihr kühner Umgang mit Sexualität zeigt sich auch in den Werken feministischer Künstlerinnen, die zufälligerweise jüdisch sind. Unter den Künstlerinnen in den USA gibt es eine kleine, aber vernehmbare Zahl, die feministische Kunst macht. Einige davon

bringen ihren Feminismus mittels sexueller Inhalte zum Ausdruck, die – je nach kultureller Matrix der Künstlerin – von Selbstquälerei bis zur Feier der Sexualität reichen. Mit dem Einsatz sexueller Bildsprache zelebrieren jüdische Künstlerinnen immer wieder, neben der Sexualität selbst, auch die weibliche Handlungsfähigkeit.

Häufig werden Darstellungen weiblicher Anatomie und Nacktheit als lediglich erotisch missinterpretiert. Doch für eine Feministin der frühen 1970er-Jahre hatte die politische Frage der weiblichen Identität oft Vorrang vor anderen Bedeutungen. „Ein Großteil der feministischen Kunst, die als ‚erotisch' bezeichnet wird, weil sie Genitalien abbildet oder auf entsprechende Darstellungen anspielt, ist nichts dergleichen", erklärte Barbara Rose 1974 in ihrem Artikel „Vaginal Iconology".[5]
Rose erkannte, dass Werke von Frauen, die „Vaginen verherrlichen [...] eine der grundlegendsten Überzeugungen männlicher Vorherrschaft angreifen: dass ein Penis aufgrund seiner Sichtbarkeit überlegen ist."[6] Die Darstellung weiblicher Genitalien durch Künstlerinnen wurde von Kunstkritiker*innen wie Laien oft als skandalös empfunden und abgelehnt. Doch viele dieser Kritiker*innen fanden von männlichen Künstlern gestaltete Phallus-Darstellungen durchaus akzeptabel, selbst nur minimal verschleierte oder metaphorisierte: Man denke an Constantin Brâncuși „Princesse X" (1915/16) oder Claes Oldenburgs riesigen Lippenstift. Daneben gab es auch Darstellungen weiblicher Genitalien, von Gustave Courbets „L'Origine du Monde" (1866) bis hin zu Marcel Duchamps „Étant donnés: 1° la chute d'eau / 2° le gaz d'éclairage" 1946/66).[7]
Ihre feministische Agenda, gegen diese Doppelmoral anzugehen, veranlasste Hannah Wilke, am 15. Juni 1976 im Philadelphia Museum of Art einen Striptease hinter Duchamps „The Bride Stripped Bare by Her Bachelors, Even (The Large Glass)" (1915/23) vorzuführen. Sie brachte die zweite Bedeutung von Duchamps wortspielerischem Pseudonym „Rrose Selavy" (Eros, c'est la vie / Eros, das ist das Leben) zum Ausdruck und behauptete mit Nachdruck: „‚Eros bejaht das Leben', aber ‚The Large Glass' tut das nicht."[8]
Zu diesem Zeitpunkt hatte Wilke bereits Vaginadarstellungen geschaffen, angefangen mit Terrakottaskulpturen zu Beginn der 1960er-Jahre, die sie 1966 in New York ausstellte. Für Wilke war die Vagina ein Symbol der Stärke: „Niemand zuckt zusammen, wenn er das Wort phallisch hört."[9] Da Wilke dem typischen männlichen Blick auf den weiblichen Akt zuvorkommen wollte, inszenierte sie sich in ihrer Kunst nackt, und kontrollierte damit selbst, wie sie gesehen wurde. Auch ihre jüdische Herkunft thematisierte sie in einigen ihrer Werke explizit, vor allem in „Venus Pareve" aus dem Jahr 1982, ein dreidimensionales Porträt ihres Körpers aus Schokolade. Sowohl der metaphorische Titel als auch das Medium dieses Werks suggerieren Genuss: durch das Körperliche, durch Venus, die Göttin der Liebe, und nicht zuletzt durch die Bezugnahme auf parve Lebensmittel, die von Menschen, die koscher leben, sowohl mit Milch als auch mit Fleisch verspeist werden können. Somit birgt dieser Genuss keinerlei Einschränkungen.

Wilke, die in einer jüdischen Familie zur Welt kam und jüdisch erzogen wurde, sagte: „Ich habe mir meine eigene Religion erschaffen, den Feminismus für das Überleben und die Erneuerung des Lebens."[10] In „S.O.S. – Starification Object Series" (1974) befestigte Wilke Kaugummistücke in der Form von Vaginen | vgl. S. 108 | an ihrem Körper, als handele es sich um Narben, während sie wie ein Starlet verführerisch für Fotoaufnahmen posierte. Wilke bestand auf „Selbstverwirklichung angesichts der körperlichen Überlegenheit der Frau, die Leben spendet: Um gleichzuziehen, muss die gefährliche Macht der von Männern erdachten separatistischen religiösen Ideale entschärft werden – die Jungfrau als höherstehendes Wesen, die Nonne, der zölibatäre Priester, der blutende Jesus als eine verkappte weibliche Fruchtbarkeitsfigur [...]. [Es gilt], die Spuren, die Wunden, das Leiden, den Schmerz, die Schuld, die Verwirrung, die Mehrdeutigkeit der Gefühle zu verstehen."[11]

Sexualität steht auch im Mittelpunkt des Werks von Joan Semmel, die 1932 als Tochter osteuropäischer jüdischer Emigrant*innen in der Bronx geboren wurde. Zu Beginn der 1970er-Jahre malte sie Paare, die miteinander schlafen. Als Anspielung auf Patriotismus und Zensur gab sie später einer Darstellung von ineinander verschlungenen männlichen und weiblichen Figuren den Titel „Red, White and Blue". Später schuf sie monumentale, realistische Akt- und Selbstporträts, in denen sie sich mit ihrem männlichen Liebhaber zeigt. Dafür wählte sie den eigenen, unromantischen Blickwinkel, also die Perspektive, aus der sie selbst auf ihren Körper hinabblickt, etwa in „Hold" (1973) | siehe S. 59 |, „Antonio and I" (1974), „Intimacy/Autonomy" (1974) und „Touch" (1977).

„Die sexuelle Beziehung zwischen Männern und Frauen hat meist den Boden dafür bereitet, dass die männliche Dominanz weibliche Bestrebungen in anderen Bereichen ausschloss", bemerkt Semmel.[12] Sie betrachtet die Sexualität der Frauen – genau wie ihre Intellektualität – als etwas, das Männer „unterdrückt und dann negiert haben. Religion und Kunst schufen gemeinsam Idealbilder von der ‚jungfräulichen' Geburt und der ‚reinen' Frau. Der Mann hatte somit freie Hand, um eine sexuelle Mythologie zu erfinden, die seinen eigenen Ängsten und Fantasien entsprach."[13]

Semmel, die von 1963 bis 1970 in Spanien unter Francos Diktatur gelebt hatte, sagte, sie reagiere auf eine von der Regierung geförderte kulturelle Unterdrückung, die sie beobachtet hatte. Die Unterdrückung der weiblichen Sexualität aus Sicht der Frau anzusprechen, wurde für Semmel und andere Künstlerinnen ihrer Generation – von denen viele wie sie jüdisch waren, aber nicht nach religiösen Vorschriften lebten – eine Form des politischen Engagements. Sie brachten ihren Protest in der von Anita Steckel gegründeten Fight Censorship Group zum Ausdruck, der später nicht nur Semmel angehörte, sondern unter anderem auch Judith Bernstein, Martha Edelheit, Eunice Golden und Hannah Wilke.

Die in New York geborene Steckel war die Tochter russischer Einwanderer*innen. Zu Hause wurde Jiddisch gesprochen, und sie erinnert sich, dass die jüdische Kultur in ihrer Familie überall präsent war, auch ohne die Ausrichtung an religiöse Vorschriften. Die Erfahrungen ihrer Eltern mit Ungerechtigkeiten gegenüber

Jüdinnen und Juden und den Widrigkeiten, unter denen Eingewanderte zu leiden hatten, ermutigten sie zu Widerspruch. „Wenn man aus einer Kultur kommt, die auf brutale Weise unterlegen war, lehnt man sich eher gegen Ungerechtigkeiten auf", so Steckel.[14]

Steckel beschäftigte sich mit Darstellungen von Sexualität sowie mit Politik und Genderfragen. 1963 veranstaltete sie eine Ausstellung mit dem Titel „Mom Art", mit der sie die für die Pop Art charakteristische sexistische Bildsprache ins Lächerliche ziehen wollte. Bemerkenswert in diesem Zusammenhang ist ihr Bild „Eat Your Power, Honey, Before It Grows Cold" (1973), das zu der 1970 begonnenen Serie „The New York Skyline" gehört | siehe S. 142/143 |. Davidsterne stehen am Himmel, Schwärme von „Gefilte Fisch" ziehen durch den Hudson River. Über der Skyline wird ein Muskelprotz von seiner Mutter mit seinem eigenen Sperma gefüttert: „Eat your power, honey, before it gets cold." (Iss deine Macht, Schatz, bevor sie kalt wird.) Das Empire State Building geht im riesigen Phallus des Muskelmanns auf. Auf seinem Arm prangt ein Tattoo: „Lenny Bruce Lives" (Lenny Bruce lebt), eine Anspielung auf den berüchtigten jüdischen Komiker, der die Konventionen der Meinungsfreiheit strapazierte. Darunter hat Steckel geschrieben: „Wegen dieser Tätowierung kann er nicht auf einem jüdischen Friedhof begraben werden" (nach jüdischem Gesetz sind Tätowierungen verboten; vgl. Leviticus 19:28). Oben rechts ist (der als „Adolph 6.000.000" bezeichnete) Hitler als patriarchalische Bedrohung dargestellt, dem eine nackte weibliche Figur, die eine Axt zwischen ihren Beinen schwingt, die Kehle durchscheidet. Inmitten des Flusses, inmitten des Gefilte-Fisch-Schwarms, hat die Künstlerin ihren Namen gesetzt.

Eunice Golden, die sich der Fight Censorship Group anschloss, schrieb: „Wir wollten der Kunstwelt klarmachen, dass unsere ‚erotische Kunst' eine Feier der Sexualität und nicht mit Pornografie zu verwechseln war, die Frauen herabwürdigt und ausbeutet. Wir teilten eine gemeinsame Vision, nämlich ein Bewusstsein für unsere Kunst zu schaffen, die ursprünglich war und autobiografische Wurzeln hatte."[15]

Nancy Spero, eine weitere feministische jüdische Künstlerin und Aktivistin, die sexuell eindeutige Kunst machte, griff erotische Darstellungen von antiken griechischen Skulpturen und Vasen auf. In „Chorus Line I" (1982) fassen sich primitive Frauengestalten an ihre großen Vaginen. Spero sagte dazu:

> Mir geht es darum, dass die Vorstellung vom weiblichen Körper über das von Männern geschaffene Frauenideal in einer von Männern kontrollierten Welt hinausgeht. [...] Am subversivsten an dem Werk ist vermutlich das, was ich mit der Darstellung des weiblichen Körpers zu sagen versuche: dass Frauen nicht ‚das Andere' sind, sondern dass die Darstellung des Weiblichen universal ist.[16]

„Das muss von einer jüdischen Frau sein, es ist so unverhohlen sexuell", lautete eine typische Reaktion auf Judy Chicagos Kunstwerk „The Dinner Party" (1979), in der viele der Gedecke vulvaähnliche Formen zeigen.[17] Chicagos „Vagina"-Teller

versetzten einige Betrachter*innen in Erstaunen, andere in Schrecken und führten in den USA zu einem Backlash gegen sexuell eindeutige Kunst.
Als Inspiration diente der 1939 als Judith Sylvia Cohen in Chicago geborenen Künstlerin das Thema des Abendmahls, das nach den synoptischen Evangelien ein Sederabend war. Indem sie ihre Teller auf der dritten und chronologisch letzten Seite ihrer dreieckigen Tafel ins Dreidimensionale ausgreifen ließ, schuf Chicago eine Metapher für die Befreiung der Frau. Das gesamte Werk greift somit das Thema des Pessachfests auf – also die Befreiung –, steht aber eher für die Befreiung der Frauen als die der Jüdinnen und Juden beim Auszug aus Ägypten.[18]
„Die Fixierung von Künstlerinnen auf die Vagina", erklärte sie, „steht für ihren Versuch, mit dem, was sie wirklich sind, in Kontakt zu kommen."[19]
In ihrer Bildersprache wie auch in ihrem Leben stellte Chicago die Lust und die Handlungsfähigkeit von Frauen in den Vordergrund. Die Bilder sollten eine aktive Rolle der Frau vermitteln: „Wir wurden von den Männern immer als passives Loch dargestellt. Ich wollte ein neues, aktives Verständnis vom Frausein schaffen."[20]
Bereits 1964 hatte Chicago (die damals noch den Nachnamen ihres ersten Mannes, Gerowitz, trug) eine bemalte Tonskulptur geschaffen und präsentiert, die – eingefasst in geschwungene Formen – eine Vagina-ähnliche Öffnung darstellt; die Künstlerin nannte die Arbeit „In My Mother's House" | siehe S. 201 |. Der Titel leitet sich aus dem Lied der Lieder ab, das vielen als „erotischster Text der jüdischen Überlieferung" gilt.[21] In der Zeile, auf die der Titel anspielt, sagt die Sprecherin über ihren Geliebten: „Ich packte ihn, ließ ihn nicht mehr los, / bis ich ihn ins Haus meiner Mutter brachte" (Hohelied 3:4). Chicagos metaphorische Lesart von der „Mutter Haus" als „Vagina" spiegelt die Interpretationen jüdischer Schriftsteller wie Judah Leib Ben-Ze'ev (1764–1811) wider, die diesen Vers als Beschreibung der vaginalen Penetration deuteten.[22]
Der Aktivismus dieser feministischen Künstlerinnen kann als Erbe jener Jüdinnen und Juden gelesen werden, die sich zunächst in Osteuropa und dann in den USA an radikalen politischen Aktionen beteiligten. Die Frauen der jüdischen Einwanderergemeinde waren maßgeblich beteiligt an bedeutenden Protesten wie dem Boykott von koscheren Metzgereien 1902, dem Streik der Hemdennäherinnen 1909, an Mietstreiks und am vehementen Eintreten für das Frauenwahlrecht. Das Vermächtnis jener mutigen Proteste gab den jüdisch-amerikanischen Feministinnen in den 1960er- bis 1980er-Jahren Auftrieb.

Heute besteht eine große Kluft zwischen den Befürworter*innen einer offenen, liberalen Gesellschaft – inklusive der Gleichstellung der Frauen – auf der einen Seite und gesellschaftspolitisch konservativen Kreisen auf der anderen. Letztere wollen einschränken, wohin Frauen gehen und was sie sagen dürfen, was sie anziehen oder welchen Beruf sie ausüben, und sie wollen auch die Macht und Freiheit der Frauen bei so wichtigen Entscheidungen wie der Wahl des Ehepartners oder dem Recht auf Schwangerschaftsabbruch begrenzen. Das Recht jüdischer Künstlerinnen, in ihren Werken zu sagen, was sie wollen, wird durch Maßnahmen zur Einschränkung der Meinungsfreiheit behindert, insbesondere wenn es um die Thematisierung weiblicher Sexualität geht. Bisweilen gehen mit

Bestrebungen, sexuell explizite Arbeiten zu verbieten, antisemitische Äußerungen über die visuellen Künste und Theaterinszenierungen jüdischer Frauen einher. Die hier beschriebenen Kunstwerke und Auseinandersetzungen sollen unser Bewusstsein dafür schärfen, dass das Streben nach freiem Ausdruck in der Kunst eng mit dem Anspruch der Frauen verbunden ist, ihre Sexualität, ihre Handlungsfähigkeit und ihre Macht auszuleben. Jüdische Frauen gehören in diesem Streben zu den Wegbereiterinnen.

1 Eine längere Fassung dieses Textes inklusive umfangreicher Quellenangaben erschien unter dem Titel Censorship, Politics and Sexual Imagery in the Work of Jewish-American Feminist Artists, in: *Nashim: A Journal of Jewish Women's Studies and Gender Issues* 14 (2007), S. 63–96. Von den neun Künstlerinnen, die darin besprochen werden, habe ich acht interviewt: Judith Bernstein, Judy Chicago, Martha Edelheit, Eunice Golden, Joyce Kozloff, Joan Semmel, Nancy Spero und Anita Steckel. Zudem habe ich ausführliche Gespräche mit der inzwischen verstorbenen Hannah Wilke geführt, die ich gut kannte.

2 Ellen Schiff, What Kind of Way is that for Nice Jewish Girls to Act? Images of Jewish Women in Modern American Drama, in: *American Jewish History* 70/1 (1980), S. 106.

3 Zu Sophie Tucker, siehe Lewis A. Erenberg, Steppin' Out: New York Nightlife and the Transformation of American Culture, 1890–1930, Chicago, 1981, S. 197–199, und Armond Fields, Sophie Tucker: First Lady of Show Business, Jefferson, NC 2003, S. 91.

4 Zitiert in: Candace Falk, Love, Anarchy, and Emma Goldman, New York 1984, S. 160.

5 Barbara Rose, Vaginal Iconography, in: *New York Magazine* 7 (1974), S. 59.

6 Ebd.

7 Robert Hughes, An obsessive Feminist Pantheon, in: *Time*, 15. Dezember 1980, S. 85. Siehe auch Robert Hughes, Nothing If Not Critical: Selected Essays on Art and Artists, New York 1990, S. 99f. und 177f., oder die positiven Kommentare Hilton Kramers über Duchamp, Brâncuși, Courbet oder Oldenburgs Lippenstifte in: ders. Revenge of the Philistines: Art and Culture, 1972–1984, New York 1985, S. 277, die in scharfem Gegensatz zu seiner Ablehnung der Darstellungen auf den Tellern in Judy Chicagos The Dinner Party stehen, S. 92.

8 Hannah Wilke, zitiert in: Joanna Frueh, So Help Me Hannah, in: Thomas H. Kochheiser (Hg.), Hannah Wilke: A Retrospective, Minneapolis 1989, S. 35.

9 Ebd., S. 48, Zitat aus einem Interview mit Wilke aus dem Jahr 1985.

10 Ebd., S. 71.

11 Hannah Wilke, Intercourse With…, in: Kochheiser (Hg.), Hannah Wilke, S. 139; Wilkes Essay entstand ursprünglich 1976 als Bewerbung für ein Stipendium der Guggenheim Memorial Foundation und „Visual Prejudice", S. 141.

12 Aus einem Interview der Autorin mit Joan Semmel am 29. November 2004.

13 Joan Semmel, Imaging Eros: The Politics of Pleasure, unveröffentlichter Text.

14 Äußerung Anita Steckels im Gespräch mit der Autorin am 7. Januar 2007.

15 Eunice Golden, Sexuality in Art: Two Decades from a Feminist Perspective, in: *Woman's Art Journal* 3/1 (1975), S. 14.

16 Nancy Spero in einem Interview mit Jeanne Siegel, Nancy Spero: Woman as Protagonist, in: *Arts Magazine* (1987), zitiert in: Jon Bird, Jo Ann Isaak und Sylvère Lotringer, Nancy Spero, London 1996, S. 134.

17 Diese Bemerkung – zufällig gehört von Diane Gelon, die die Aufsicht über „The Dinner Party" führte – wird von Letty Cottin Pogrebin in „Antisemitism in the Women's Movement" wiedergegeben (*Ms.*, Juni 1982, S. 66) und ist abgedruckt in: Letty Cottin Pogrebin, Deborah, Golda, and Me: Being Female and Jewish in America, New York 1991. Siehe auch Gail Levin, Becoming Judy Chicago: A Biography of the Artist, New York 2007.

18 Siehe Gail Levin, Beyond the Pale: Jewish Identity, Radical Politics, and Feminist Art in the United States, in: *Journal of Modern Jewish Studies* 4 (2005), S. 205–232, sowie Levin,

Becoming Judy Chicago, S. 6 und S. 251. Chicago hält ein Foto von ihrem Vater in Ehren, das ihn zeigt, wie er im Alter von etwa dreizehn Jahren mit der Familie den Seder begeht.

19 Judy Chicago, zitiert in: Mary George-Geisser, Judy Chicago: Artist and Feminist, *Gold Flower* 6/7 (Februar 1975), S. 1.

20 Chen Haider, Chicago's Butterfly, in: *Chicago Sun-Times*, 19. Juni 1975, S. 81.

21 David Biale, Eros and the Jews: From Biblical Israel to Contemporary America, Berkeley, CA, 1997, S. 31.

22 Ebd., S. 161.

Kinder und Körper. Die Fortpflanzungsethik charedischer Frauen

Michal Raucher

Das Thema Fortpflanzung in Israel beschäftigt Politologinnen, Historiker, Soziologinnen, Demografen und Anthropologinnen schon seit Langem. Das liegt zum Teil daran, dass der Staat und die israelische Gesellschaft eine ausgeprägt pronatalistische Haltung vertreten. Schon vor der Staatsgründung verfolgte eine geburtenfreundliche Politik das Ziel, insbesondere innerhalb der jüdischen Bevölkerung die Geburtenrate zu steigern.[1] Israels Pronatalismus manifestiert sich seitdem in finanzieller Unterstützung durch den Staat und in der Zunahme von Kinderwunschbehandlungen; er entspricht dem gesellschaftlichen Bestreben, die Anzahl von Jüdinnen und Juden nach der Schoa wieder zu stärken und in Israel die jüdische Bevölkerungsmehrheit zu erhalten. Diese Maßnahmen und Einstellungen haben insgesamt und unabhängig von der Zugehörigkeit zu bestimmten jüdischen Gruppierungen zu höheren Geburtenraten geführt. So liegt in Israel die Geburtenrate bei etwa 2,9 Kindern pro Familie, während sie in anderen westlich geprägten demokratischen Ländern etwa 1,2 Kinder pro Familie beträgt. Am höchsten ist die Rate bei den Frauen der sehr orthodoxen Gruppe der Charedim in Israel. Seit den 1990er-Jahren liegt die Geburtenrate dieser Frauen bei fünf bis acht Kindern pro Familie. Es wird vielfach angenommen, dass diese Entwicklung auf die Einhaltung des biblischen Gebots „Seid fruchtbar und mehret euch" (Genesis 1:28) sowie auf eine Reihe rabbinischer Gesetze zurückzuführen ist, die vorschreiben, wie sich Charedim fortpflanzen sollten.

Unterschiedliche Instanzen, die je ein eigenes Interesse an der Aufrechterhaltung hoher Geburtenraten haben, versuchen, die Fortpflanzungspraktiken von sehr orthodoxen Frauen zu überwachen und zu steuern: Die israelische Regierung gewährt diesen Familien, die viele Kinder haben, finanzielle Unterstützung, und Ärzt*innen und Rabbiner arbeiten bei der Betreuung dieser Frauen in Fragen der Fortpflanzung zusammen – bisweilen allerdings widerstrebend. Jede*r betrachtet die anderen als Instrument für die Durchsetzung eigener Ziele: Die Rabbiner beanspruchen die Hoheit in fortpflanzungsbezogenen Entscheidungen, weil es bei der Reproduktion um nichts Geringeres geht als darum, eine Verbindung zur nächsten Generation zu etablieren. Sie wollen, dass ihre Autorität zu einem zentralen Bestandteil der Familienstruktur wird. Ärzt*innen wiederum arbeiten mit den Rabbinern zusammen, weil sie entweder ein finanzielles Interesse an der orthodoxen Klientel haben oder darin die einzige Möglichkeit sehen, charedische Patientinnen medizinisch gut versorgen zu können.

Das Kontrollgefüge der Betreuung charedischer Frauen im Vorfeld von Schwangerschaft und Geburt könnte den Eindruck erwecken, dass sie in ihrer Entscheidungsfähigkeit und -befugnis bezüglich der Schwangerschaft eingeschränkt wären. Doch im Allgemeinen sind sich die Frauen dieses Gefüges bewusst und bezeichnen die Schwangerschaft als ihr ureigenes Terrain. Wenn sie schwanger sind, treffen sie Entscheidungen, ohne ihre Rabbiner, Ehemänner oder Ärzt*innen zu konsultieren, denn die körperliche Erfahrung der Schwangerschaft stärkt sie darin, Entscheidungen ohne männliche Autoritäten zu treffen. Sie entwickeln einen ausgeprägten Sinn für ihre Eigenständigkeit hinsichtlich schwangerschaftsbezogener Entscheidungen, etwa was Empfängnisverhütung betrifft, den Entbindungsort oder die Frage, ob sie Ultraschallbilder ihrer ungeborenen Kinder sehen möchten. Orthodoxe Frauen wissen, dass die meisten Rabbiner Empfängnisverhütung – gemeint ist die hormonelle Verhütung – erst dann erlauben, wenn eine Frau bereits einen Jungen und ein Mädchen zur Welt gebracht hat. Rabbiner genehmigen Verhütung ungern länger als sechs Monate, und sie stimmen dem Einsatz von Verhütungsmethoden nicht zu, wenn finanzielle Gründe geltend gemacht werden. Doch charedische Frauen und andere orthodoxe Jüdinnen haben oft ihre eigenen Gründe, warum sie nicht erneut schwanger werden wollen. Möglicherweise brauchen sie körperlich oder psychisch eine Pause vom Kinderkriegen, leiden unter postnataler Depression, wollen ihr Studium beenden oder es bereitet ihnen Mühe, sich um die Kinder zu kümmern, die sie bereits haben. Mitunter finden sie einen Rabbiner, der für diese Gründe Verständnis hat, doch manchmal bemühen sie sich um Verhütung, ohne um Erlaubnis zu fragen. In Israel ist Empfängnisverhütung unter orthodoxen Frauen weit verbreitet.[2]

Nach charedischem Verständnis ist Schwangersein „das, was eine jüdische Frau tut“, wie es eine meiner Informantinnen ausdrückte – womit sie zugleich unterstrich, dass Schwangerschaft und Fortpflanzung eigenverantwortlich bestimmt werden. Dieses Verständnis von Autorität versetzt diese Frauen, deren Leben in vielen Bereichen streng reguliert ist, in die Lage, sich über die Einflussnahme der Rabbiner hinwegzusetzen. Angesichts der Tatsache, dass das Leben der Charedim auf der Auslegung der göttlichen Gesetze durch die Rabbiner beruht, ist das durchaus erstaunlich. Doch die ultraorthodoxen Frauen sind der Auffassung, dass die (ausschließlich männlichen) Rabbiner nie die göttliche Autorität erfahren haben, die durch eine Schwangerschaft zuteil wird, und diese auch nie erfahren werden. Aufgrund dieser Tatsache treten Männer bei Entscheidungen, die die Fortpflanzung betreffen, in den Hintergrund. Indem sich eine orthodoxe Frau auf die körperliche Erfahrung der Schwangerschaft und auf jene kulturellen Normen beruft, die ihr biologisch die Aufgabe der Reproduktion zuweisen, kann sie selbst Verantwortung übernehmen.

Von Charedim wird erwartet, dass sie für einen Großteil ihrer Entscheidungen – vor allem wenn es um gesundheitliche Fragen geht – einen Rabbiner mit einbeziehen. Charedische Frauen sind sich dessen bewusst, aber sie behalten sich aufgrund der Verantwortung, die sie allein für die Fortpflanzung und die Erziehung der Kinder tragen, und der Tatsache, dass sie das Kind in ihrem Körper austragen, das Recht vor Entscheidungen zu treffen, die nicht der üblichen Entscheidungsfindung unterliegen.

Partnerschaft und Sex

Viele charedische Paare heiraten nach einer kurzen Phase des Kennenlernens im Alter von 20, 21 oder 22 Jahren und bekommen Kinder, noch bevor sie einander gut kennen. Die Ehe wird von Heiratsvermittlerinnen arrangiert und von beiden Familien abgesegnet, wobei manchmal auch ein Familienmitglied die vermittelnde Aufgabe übernimmt. Heiratsvermittlerinnen spielen eine wichtige Rolle bei der Wahrung gesellschaftlicher Werte. Oft bringen sie und andere führende Persönlichkeiten der Gemeinde den jungen Frauen und Männern bei, wie sie die Absichten ihres zukünftigen Partners oder ihrer zukünftigen Partnerin besser beurteilen können: Bestimmte Eigenschaften und Aspekte, einschließlich religiöser Perspektiven und Einhaltung von Vorschriften, sollten übereinstimmen. Im Anschluss muss das junge Paar sein Einverständnis geben. Auch wenn die beiden nicht lange miteinander ausgehen, so treffen sie sich doch bei einer arrangierten Begegnung beispielsweise in einer Hotellobby oder an einem anderen öffentlichen Ort, um einander kennenzulernen. Sie haben die Möglichkeit über ihre Familien und ihre Pläne für die Zukunft zu sprechen, darüber, wie viele Kinder sie haben möchten und wie und wo diese Kinder erzogen werden sollten, welche religiösen Einstellungen sie teilen und wo sie leben wollen. Wenn sie finden, dass sie zueinander passen, beginnen die Eltern mit den Hochzeitsvorbereitungen; die Hochzeit wird innerhalb der Gemeinde gefeiert und findet üblicherweise wenige Monate nach der ersten Begegnung statt.[3]

Vor der Eheschließung besuchen die jungen Frauen – und manchmal auch die jungen Männer – nach Geschlechtern getrennte Vorbereitungskurse, in denen sie etwas über ihre Rolle in der Ehe und über die Einhaltung der Menstruationsgesetze lernen. Letztere beinhalten ein ganzes Bündel jüdischer Gesetze, von denen die Partner*innen bis kurz vor der Heirat nichts wussten.[4] Diese Ehevorbereitungskurse vermitteln vor allem den jungen Frauen Werte wie Selbstlosigkeit und die Notwendigkeit, mit ihrem Ehepartner zu kommunizieren und eine gemeinsame Basis zu finden, insbesondere was religiöse Fragen betrifft. Die Frauen erfahren, wie sie im Einklang mit der Halacha (dem jüdischen Gesetz) mit dem Menstruationszyklus umgehen, aber sie lernen sehr wenig über körperliche Intimität. Doch genau das sind die Themen, über die die jungen Bräute unbedingt etwas erfahren möchten; aber ihre Lehrerinnen – ältere orthodoxe Frauen, die nicht für diese Art von Unterricht ausgebildet wurden – sind peinlich berührt und scheuen sich, darüber zu sprechen.[5] Somit bereiten die Kurse die jungen Männer und Frauen nicht ausreichend auf die sexuelle Begegnung vor, die in der Hochzeitsnacht zum ersten Mal auf sie zukommt. Wenn man in einer Gesellschaft mit strikter Geschlechtertrennung aufgewachsen ist und seinen Körper nie dem Blick eines oder einer Angehörigen des anderen Geschlechts ausgesetzt hat, kann die Hochzeitsnacht eine furchterregende Erfahrung sein.

So ringen die Paare in ihren ersten Ehejahren mit dem neuen Leben zu zweit, während sie gleichzeitig kleine Kinder großziehen. Obwohl sich in letzter Zeit einiges verändert hat, sind es nach wie vor die charedischen Frauen, die sich in erster Linie um Kinder und den Haushalt kümmern. Ihre Männer übernehmen zwar allmählich mehr Verantwortung; man sieht sie des Öfteren mit dem Kinderwagen und ihrem Nachwuchs an der Hand durch die Straßen spazieren oder mit ihren Kindern auf Spielplätzen sitzen. Die Rabbiner ermutigen Väter, sich aktiver an den familiären Pflichten zu beteiligen, um ihre Ehefrauen zu unterstützen und zu verhindern, dass die familiären Aufgaben einen zu hohen Tribut von ihnen fordern.[6] Doch obwohl sich die Männer inzwischen stärker einbringen, führen sehr orthodoxe Frauen und Männer auch als Verheiratete ein getrenntes Leben.

Diese Trennung kann sich günstig auf die Entscheidungsmacht der charedischen Frauen hinsichtlich der Fortpflanzung auswirken. Wenn etwa ein Ehepaar nicht über das Thema Schwangerschaft spricht und die Frau in keinem direkten Austausch mit ihrem Rabbi steht, dann gibt ihr das die Chance, in Bezug auf eine Schwangerschaft selbstbestimmt zu handeln: Wenn es einer orthodoxen Frau unangenehm ist, mit ihrem Ehemann darüber zu sprechen, dass sie gern verhüten würde, wird ihr Wunsch niemals zum Rabbiner vordringen. Einige Studien zeigen, dass sich manche Männer mit verschiedenen Rabbinern beraten, ohne ihre Frau einzubeziehen.[7] Wenn allerdings der Ehemann es nicht für schicklich hält, seine Frau zu einem Arzttermin zu begleiten, kann eine Schwangere Ultraschalluntersuchungen durchführen lassen, die die Gemeinde ansonsten vielleicht verbieten würde. So wird deutlich, dass die Art der ehelichen Beziehung und die Stellung einer Frau in ihrer Familie ihre Handlungsfähigkeit fördern können, weil dabei ein gewisser Handlungsspielraum entsteht, der nicht von männlichen Autoritäten reglementiert wird.

Das Volk des Buches und die Frau des Körpers

Jüdinnen und Juden werden oft als „Volk des Buches" bezeichnet. Das liegt daran, dass Bücher – insbesondere solche, die rabbinische Abhandlungen über Recht und Gesetz enthalten – als verbindliche Richtlinien für das jüdische Leben betrachtet werden. Diejenigen, die in der Materie dieser Bücher beschlagen sind, gelten als Autoritäten. Dies trifft insbesondere auf die ultraorthodoxen Juden in Israel zu, wo infolge der Beschäftigung mit diesen Büchern regelrechte Gelehrtengemeinschaften entstanden sind. Das Leben der Frauen ist zweifellos von den religiösen Büchern sowie denjenigen, die diese Bücher studieren, geprägt, doch ist ultraorthodoxen Frauen der Zutritt zur Jeschiwa, der Talmudschule, verwehrt. Ihr Zugang zu den rabbinischen Texten ist begrenzt und wird durch Dritte, die diese Texte interpretieren, vermittelt: Väter, Söhne, Ehemänner oder Rabbiner. Obwohl charedische Frauen in nichtreligiösen Themen unterrichtet worden sind und den Lebensunterhalt der Familie bestreiten, sind sie nicht in der Lage, diese Texte zu lesen oder zu verstehen. Das liegt vor allem an der strengen Rollenverteilung zwischen Mann und Frau innerhalb der orthodoxen Gemeinschaft und an der Tatsache, dass Frauen – und ihre Körper – für andere Aufgaben gebraucht werden, nämlich zum Arbeiten und zur Kindererziehung. Auf diese Weise gehören die Frauen zwar dem Volk des Buches an, aber sie sind nicht unmittelbar Teil der Buchkultur. Da man religiöse Autorität durch die Kenntnis der Bücher erlangt, wird den Frauen des ultraorthodoxen Judentums im Allgemeinen keine religiöse Autorität zugesprochen.
Die charedischen Frauen protestieren gegen dieses Denkschema, indem sie betonen, dass ihre schwangeren Körper die Bücher und Rabbiner ersetzen. Zwar mag der Körper einer Frau ein Hindernis darstellen, was ihre religiöse Autorität betrifft, doch die Frauen werden durch ihre Erfahrungen beim Gebären in die Lage versetzt, religiöse Entscheidungsmacht auszuüben. Nachdem eine Frau zwei oder drei Kinder zur Welt gebracht hat, entwickelt sie eine Art „reproduktiver Kompetenz". Das bedeutet, dass sie weiß, wie sie ihre körperlichen Erfahrungen von Schwangerschaft und Geburt als Wissen, Fachkompetenz und somit auch als Autorität in Fragen der Fortpflanzung nutzen kann. Mit jeder weiteren Schwan-

gerschaft trauen sich die Frauen mehr, die anerkannten Autoritäten, also Ärzt*innen und Rabbiner, zu hinterfragen und sich stattdessen auf ihre eigene Kompetenz zu verlassen.

Die körperlichen Erfahrungen von Schwangerschaft und Geburt sind Quell eines maßgeblichen Wissens. Das liegt an gewissen theologischen und kulturellen Vorstellungen, die eine unmittelbare Beziehung zwischen dem Körper einer schwangeren Frau und Gott postulieren. In Schwangerschaftsratgebern und in den Lehren der Charedim findet sich die Vorstellung, dass eine schwangere Frau einer Art gottähnlichen Schöpfungsfunktion nachkommt und dass die Nabelschnur sie nicht nur mit dem Fötus, sondern auch mit Gott verbindet. Laut der religiösen Auffassung umgeht diese direkte Verbindung die Rabbiner und die Gesetzesbücher, deren Aufgabe es sonst ist, den göttlichen Willen zu deuten. So wie orthodoxe Männer ihr Buchwissen nutzen, um den Willen Gottes zu verstehen und auszuführen, nutzen orthodoxe Frauen ihr Wissen über Fortpflanzung.

Fazit

Die Fortpflanzungspraktiken der charedischen Frauen bleiben in Israel und anderswo Gegenstand öffentlichen und religiösen Interesses. Manchmal werden sie dafür bewundert, dass sie zum Bevölkerungswachstum beitragen, manchmal werden sie für ihre vermeintlich ausufernde Kinderzahl verunglimpft. Doch bei alldem wurde die besondere Art und Weise, in der orthodoxe Frauen Familienplanung handhaben und diesbezüglich Entscheidungen treffen, lange übersehen. Es besteht oft die Annahme, charedische Frauen seien patriarchalischen Autoritäten unterworfen und hätten keinerlei Kontrolle oder Entscheidungsgewalt über ihre Schwangerschaften. Ihre Herangehensweise offenbart jedoch ein vollkommen anderes Verhältnis zwischen körperlicher Erfahrung und Autorität.

Charedische Frauen stützen sich auf ihre körperliche Erfahrung der Schwangerschaft; dadurch stellen sie einerseits ultraorthodoxe Normen infrage, andererseits bestätigen sie diese. Indem sie sich biologisch fortpflanzen, bestätigen die Frauen die geschlechtsspezifische Norm, nach der ihre Körper bestimmt werden – eine Norm, die Ungleichheit und Unterordnung festigt. Andererseits sind jene Normen, die von Frauen verlangen fortwährend schwanger zu sein, dieselben Normen, auf die sie sich beruft, um sich männlichen Autoritäten zu widersetzen. Das, was ihre geschlechtsspezifische Rolle innerhalb der Gemeinschaft bedingt – die Verpflichtung, eine Familie zu gründen und Kinder zu zeugen, ihre Distanzierung von der Entscheidungsgewalt des Mannes, die besondere Bedeutung, die ihrem Körper beigemessen wird, und die Frage, wann ihr Mann Zugang zu ihrem Körper hat – ist zugleich die Grundlage ihrer Selbstwerdung und der Fähigkeit, die körperlichen Erfahrungen als Grundlage ihrer Macht zu begreifen.

Dieser Text basiert auf folgenden Veröffentlichungen: Michal Raucher, Conceiving Agency. Reproductive Authority Among Haredi Women, Bloomington IN, 2020; sowie Michal Raucher, People of the Book, Women of the Body. Ultra-Orthodox Jewish Women's Reproductive Literacy, in: *Body and Religion* 3.2 (2019), S. 108–129.

1 Lilach Rosenberg-Friedman, Birthrate Politics in Zion. Judaism, Nationalism, and Modernity under the British Mandate, Bloomington 2017.

2 Lea Taragin-Zeller, Have Six, Have Seven, Have Eight Children: Daily Interactions between Rabbinic Authority and Free Will, in: *Judaism, Sovereignty, and Human Rights* 3 (2017), [auf Hebräisch], S. 113–138.)

3 David Lehmann/Batia Siebzehner, Power boundaries and institutions. Marriage in Ultra-Orthodox Judaism, in: *Archives of European Sociology* 50 (2009), S. 273–308.

4 Tova Porush, Paradigmatic Models of Pre-marital Education for Adults. A Study of Pre-marital Education predominantly within the Haredi Community, Masterarbeit, Touro College 1993.

5 E. R. Goshen-Gottstein, Growing Up in Geula: Mental Health Implications of Living in an Ultra-Orthodox Jewish Group, Ramat Gan 1980.

6 Nurit Stadler, A Well-Worn Tallis for a New Ceremony. Trends in Israeli Haredi Culture, Boston 2012.

7 Lea Taragin-Zeller, A Rabbi of One's Own? Navigating Religious Authority and Ethical Freedom in Everyday Judaism, in: *American Anthropologist* 123 (2021), S. 833–845.

↑
Adam und Eva mit ihrem Erstgeborenen
Lesser Ury
Berlin, 1896

Aus dem Paradies vertrieben, sitzt das erste biblische Paar, Adam und Eva, auf der Erde. Adam wendet den Blick vom lichten Himmel zurück zu Eva, die ihr Kind im Arm hält.

↑
Joodse bruiloft
Jozef Israëls
Den Haag, 1903

Die elegante Hochzeitsgesellschaft beobachtet das Geschehen genau. Gerade steckt der Bräutigam seiner Braut den Ring an den Zeigefinger, ein Symbol für den traditionellen „Erwerb" der Frau. Meist halten die Anwesenden die *Chuppa*, den Hochzeitsbaldachin, über das Paar. Hier sind Braut und Bräutigam von einem *Tallit*, dem traditionellen Gebetsschal, umhüllt.

↑
A Jewish Wedding
Yitzchak Woolf
Jerusalem, 2008

Das Paar hat sich für die Hochzeitszeremonie an dem Gemälde von Jozef Israëls orientiert. Lange suchten Benny und Nir nach einer Gemeinde, die bereit war, das homosexuelle Paar zu trauen. Schließlich heirateten sie unter einem *Tallit*, um mit diesem weniger üblichen Brauch auf den ungeklärten Status von gleichgeschlechtlichen Paaren in ihrer Gemeinde hinzuweisen.

↑ →

Ketubba mit Abbildung des Brautgemachs
Padua, 1750–1828

Auf diesem Ehevertrag zur Hochzeit eines Paares ist oberhalb des Textes eine Szene dargestellt, die einen Mann und eine Frau zeigt, die auf ihr Ehebett zugehen.

I AM MY BELOVED'S AND MY BELOVED IS MINE

ברית אהובים

On ________ (day of week) the ______ day of ________ (month), 57___ according to Jewish reckoning (________ month ________ day ________ year, according to secular reckoning), in the city of ________ (state or region), ________ (country), ________ (Hebrew name) daughter/son of ________ and ________ whose surname is ________ and ________ (Hebrew name) daughter/son of ________ and ________ whose surname is ________ confirm in the presence of witnesses a lovers' covenant between them and declare a partnership to establish a household among the people of Israel. The agreement into which ________ and ________ are entering is a holy covenant like the ancient covenants of our people, made in faithfulness and peace to stand forever. It is a covenant of protection and hope like the covenant God swore to Noah and his descendants, saying When the bow is in the clouds, I will see it and remember the everlasting covenant between God and all living creatures, all flesh that is on earth. That," God said to Noah, "shall be the sign of the covenant that I have established between me and all flesh" (Gen. 9:16–17). It is a covenant of distinction, like the covenant God made with Israel, saying You shall be My people, and I shall be your God (Jer. 30:22). It is a covenant of devotion, joining hearts like the covenant David and Jonathan made, as it is said, And Jonathan's soul was bound up with the soul of David. Jonathan made a covenant with David because he loved him as himself (1 Sam. 18:1–3). It is a covenant of mutual lovingkindness like the wedding covenant between God and Zion, as it is said, I will espouse you forever. I will espouse you with righteousness and justice and lovingkindness and compassion. I will espouse you in faithfulness and you shall know God (Hos. 2:21–22).

Provisions of the Covenant

The following are the provisions of the lovers' covenant into which ________ (Hebrew name) daughter/son of ________ and ________ and ________ (Hebrew name) daughter/son of ________ and ________ now enter: 1. ________ and ________ declare that they have chosen each other as companions, as our rabbis teach: Get yourself a companion. This teaches that a person should get a companion, to eat with, to drink with, to study Bible with, to study Mishnah with, to sleep with, to confide all one's secrets, secrets of Torah and secrets of worldly things. (Avot D'Rabbi Natan 8). 2. ________ and ________ declare that they are setting themselves apart for each other and will take no other lover. 3. ________ and ________ hereby assume all the rights and obligations that apply to family members: to attend, care, and provide for one another [and for any children with which they may be blessed] [and for ________ ________ child/children of ________]. 4. ________ and ________ commit themselves to a life of kindness and righteousness as a Jewish family and to work together toward the communal task of mending the world. 5. ________ and ________ pledge that one will help the other at the time of dying, by carrying out the last rational requests of the dying partner, protecting him/her from indignity or abandonment and by tender, faithful presence with the beloved until the end, fulfilling what has been written: Set me as a seal upon your arm, for love is stronger than death. (Song of Songs 8:6).

To this covenant we affix our signatures.

The partners:

____

____

Witnessed this day the ______ day of Parashat ________ (Hebrew date).

The witnesses:

____

____

↑
Brit Ahuwim
Israel, 2023

Der *Brit Ahuwim* ist eine egalitäre Alternative zur traditionellen jüdischen Hochzeitszeremonie. Ursprünglich von der amerikanischen Theologin Rachel Adler für ihre eigene Hochzeit entwickelt, wurde sie von progressiven jüdischen Gemeinden weitgehend übernommen. Im Unterschied zur traditionellen *Kidduschin*-Zeremonie, in der ein Ehemann seine Ehefrau „erwirbt", bietet der Bund der Liebenden die rechtliche Grundlage für eine Ehe, in der sich beide Partner Rechte und Pflichten gleichermaßen teilen.

↑
Kaffeeservice
Staffordshire, England, 1769

Auf diesem Hochzeitsgeschenk ist eine traditionelle Hochzeitszeremonie dargestellt. Der über dem Brautpaar schwebende Adler hält Worte, die zur Hochzeit gesprochen werden: „Wie der Bräutigam sich freut über die Braut, so freut sich dein Gott über dich."

←

Hochzeitsvertrag
Rom, 1763

Vor Zeugen gehen die Ehepartner einen schriftlichen Vertrag ein, die *Ketubba*. Zu den Pflichten des Ehemanns, umfassend für seine Frau zu sorgen, zählt auch die Sexualität. Sie wird als *Ona*, als gemeinsame Zeit, bezeichnet. Außerdem werden Mitgift und später mögliche Abfindungen festgelegt. Für römische Ketubbot, die sich durch elegante Kalligrafie und Illustration auszeichnen, ist die Darstellung harmonischer Ehepaare typisch. Das Pergament wird von oben nach unten zusammengerollt und am sich verjüngenden Ende zugebunden.

→

A Recontextualized Ketubbah
Gay Block und Malka Drucker
USA, 1994

Die Fotografin Gay Block und die Rabbinerin Malka Drucker haben ihr Hochzeitfoto mit einer italienischen *Ketubba* aus dem 18. Jahrhundert und dem Stoff des Hochzeitskostüms kombiniert. Das Paar schafft so neue Lesarten: Eine lesbische Hochzeit steht hier in Verbindung mit einem traditionellen, heiligen Ehevertrag, der durch die Möglichkeit einer inklusiven Zukunft revitalisiert wird.

→
Fruchtbarkeitsstatuette
Syrien, Mittlere Bronzezeit

Die Entstehung neuen Lebens fasziniert Menschen seit jeher. Weibliche Tonfiguren aus vielen Regionen und Kulturen haben sich über Jahrtausende erhalten. Ihre Geschlechtsmerkmale sind betont und zeugen von Respekt vor dem Wunder der Schöpfung und der sie begleitenden Gefahr für Leib und Leben.

↑
Rezepte für die Liebe
Fundort: Kairo, vor 1899

Von der Antike bis zum Mittelalter gehörten Zauber und magische Amulette zum jüdischen Volksglauben. Dieses Papier enthält Anleitungen für die Liebe und zur Vorhersage von Schwangerschaften. In der Tabelle sind magische Worte und Silben sorgfältig mit Vokalen notiert.

←

Brautglas
Österreich-Ungarn, ca. 1790

Die hebräische Inschrift auf dem reich verzierten Glas wünscht der Braut Rachel zahlreiche Kinder: „Du sollst dich mehren, viel Glück Rachel.“

→

Be Fruitful and Multiply
Andi LaVine Arnovitz
Jerusalem, 2019

Die Gesetze zur Familiären Reinheit erlauben den Geschlechtsakt erst einige Tage nach Ende der Menstruation. Jedoch können Frauen, deren Monatszyklus sehr kurz ist, nach diesen Regeln nicht schwanger werden. Andi LaVine Arnovitz weist mit dieser Arbeit auf das Phänomen der *Halachischen Unfruchtbarkeit* und die vielen ungeborenen Kinder hin.

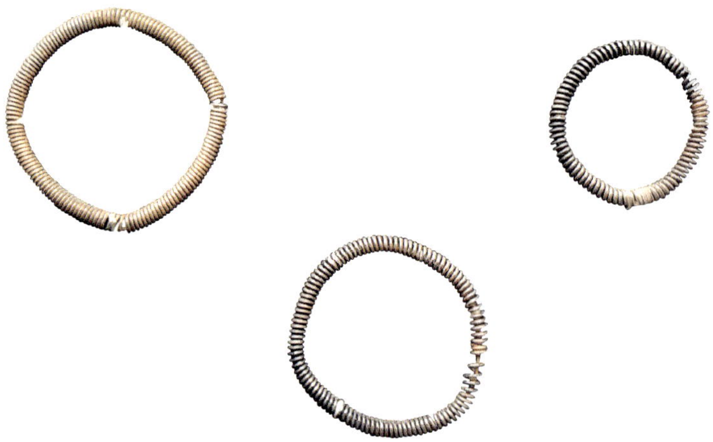

←

Gräfenberg-Ringe
Ernst Gräfenberg
1925–1935

Der Gräfenberg-Ring, ein in die Gebärmutter eingesetztes Pessar, war eines der ersten gängigen Empfängnisverhütungsmittel. In den 1920er-Jahren von dem deutsch-jüdischen Gynäkologen Ernst Gräfenberg erfunden, wurde er bis zum Aufkommen von Kunststoffalternativen in den 1960er-Jahren eingesetzt. Die schwer fassbare erogene Zone, der „G-Spot“, wurde posthum nach Gräfenberg benannt und ehrt seine Forschung zur weiblichen Lust.

NOW IS THE TIME TO SHARE PROUDLY
REPRODUCTIVE FREEDOM IS A JEWISH VALUE
73 FORWARD
POWERED BY NATIONAL COUNCIL OF JEWISH WOMEN
After Roe: A Havdalah Ritual for Losing Abortion Access
NCJW
National Council of Jewish Women
Proudly, Loudly, Jewishly,
PRO-ABORTION ACCESS
Tzedek, tzedek tirdof
Justice, justice shall you pursue
צדק צדק תרדף
ABORTION BANS ARE AGAINST MY RELIGION
SAY ABORTION
73 FORWARD
THE NEXT CHAPTER OF ABORTION ACCESS
ABORTION BANS ARE AGAINST MY RELIGION
NCJW

→

Adam en Eve
Eli Content
Amsterdam, 2018

Eli Contents Darstellung der ersten Menschen im Paradies betont deren Nacktheit und hebt vor allem ihre Geschlechtsorgane hervor.

←

Reproductive Freedom Kit
National Council of Jewish Women
USA, 2022

Im Juni 2022 urteilte das Oberste Bundesgericht in den Vereinigten Staaten gegen das verfassungsmäßige Recht auf Abtreibung und hob damit nahezu 50 Jahre reproduktive Selbstbestimmung auf. Als Antwort auf das dramatische Urteil entwickelte der National Council for Jewish Women dieses Kit, das Sticker, Magneten und ein Hawdala-Set enthält und es Jüdinnen und Juden ermöglicht, ihre Unterstützung für das Recht auf Abtreibung im jüdischen Kontext auszudrücken.

←
The Honeymoon Suite
Regie: Sam Leifer
Großbritannien, 2010

Der Kurzfilm begleitet Braut und Bräutigam bei ihren ersten unbeholfenen Schritten der ehelichen Intimität. Für viele orthodoxe Paare ist die Erwartung, sofort nach der Hochzeitszeremonie den ersten Sex zu haben, eine dramatische Herausforderung, nach einer Jugend mit nahezu keinem Kontakt zwischen den Geschlechtern.

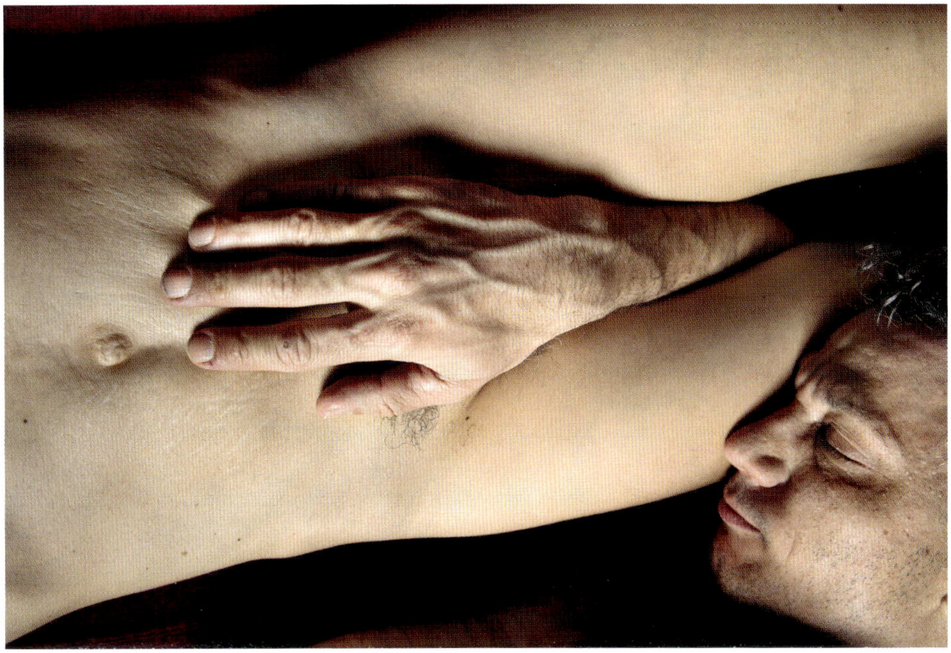

↑
Signs of Time (Midlife Series)
Elinor Carucci
New York, 2017

Elinor Carucci dokumentiert in der Serie *Midlife* ihr Leben mit Ehemann und Familie. In dieser über Jahre gewachsenen Beziehung sind die körperlichen Spuren, die das Leben hinterlässt, Bestandteil ihrer gelebten Intimität geworden.

←
Yentl
Barbra Streisand
USA, 1983

Der *Iggeret ha-Kodesch*, der Heilige Brief, liefert eine kabbalistische Anleitung für den angemessenen ehelichen Umgang mit sexueller Lust und Begehren. Dieses mittelalterliche Handbuch spielt in dem amerikanischen Film *Yentl* als Hochzeitsgeschenk eine Rolle: Yentl, die sich als der junge Mann Anshel ausgibt, gespielt von Barbra Streisand, erhält einen Rat für die Hochzeitsnacht: „Sprich Worte, die in ihr Liebe, Begehren und Leidenschaft aufwecken; ihre Stimmung sollte deiner gleichen (…) wenn sie bereit ist, lass ihr Begehren zuerst befriedigt sein; ihre Lust ist es, worauf es ankommt."

↓
It is so
Nicole Eisenman
USA, 2014

Nicole Eisenman untersucht in ihren Werken das menschliche Zusammenleben mit Humor und Zärtlichkeit. Ihre Figuren sind nahbar. Sie ordnen sich keinem Geschlecht zu. In intensiven Farben handeln ihre Szenen oft von queerer Liebe.

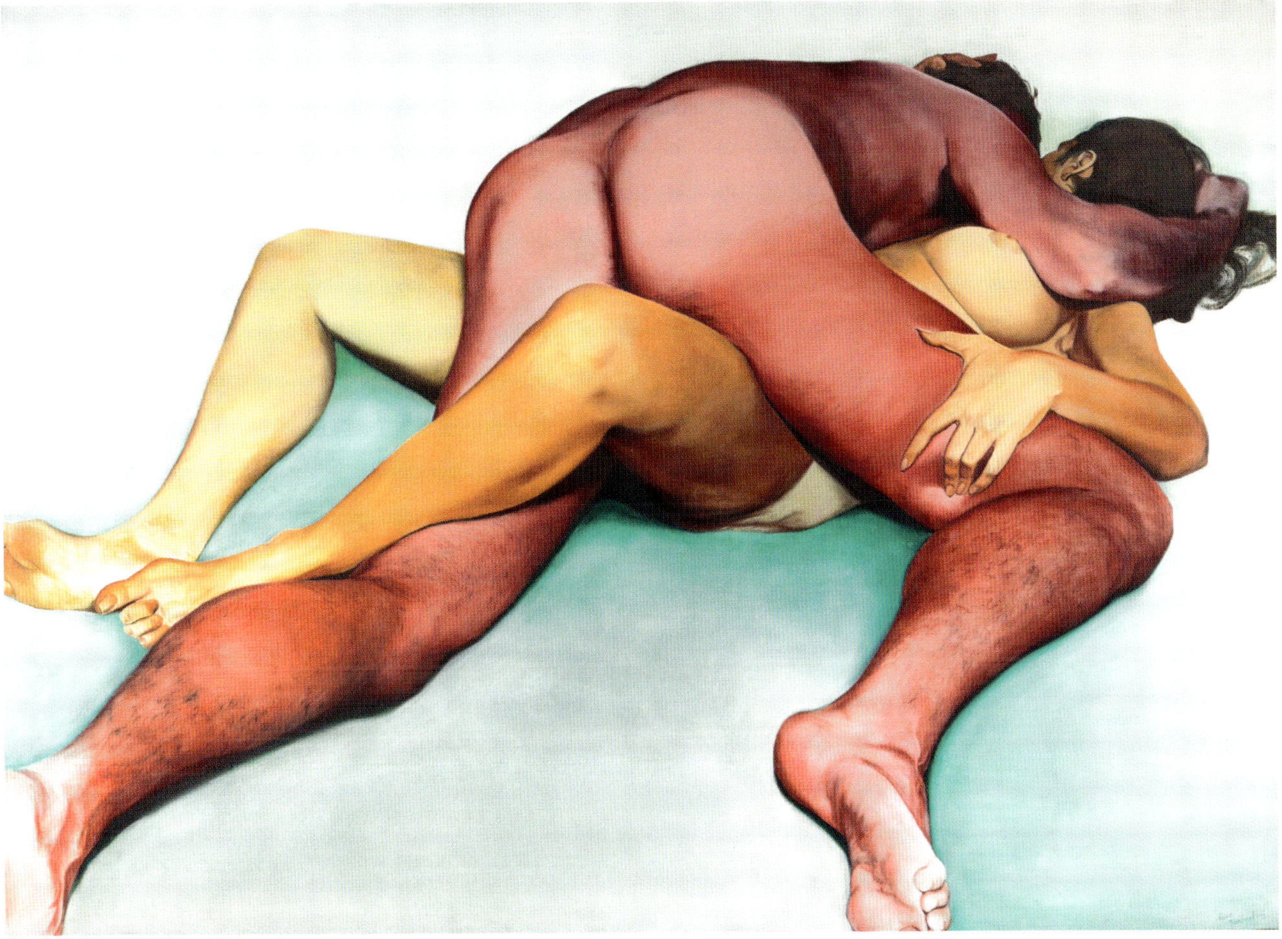

↑
Hold (Erotic Series)
Joan Semmel
New York, 1972

Die Aktmalereien von Joan Semmel veränderten die Wahrnehmung des weiblichen Körpers. Mit der „Erotic Series" betont Semmel den weiblichen Zugang zur Sexualität und setzt beim heterosexuellen Sex die Gleichberechtigung von Mann und Frau voraus. Semmel war Mitglied der 1973 gegründeten Fight Censorship Group, die dem Sexismus in der Kunstwelt entgegenwirken und Frauenkörper als Subjekte etablieren wollten.

→
WaterSlyde™
Maureen Pollack,
The Pleasure Parlor
USA, 2014

Die WaterSlyde™ ist ein für Frauen entworfener Lust-Artikel, um in der Badewanne sexuelle Stimulation zu genießen. 2014 entwarf Maureen Pollack, orthodoxe Jüdin und Intimitätscoach, dieses Produkt, das sowohl der sexuellen Gesundheit als auch der weiblichen Hygiene dient. Vor der Vermarktung der WaterSlyde™ erhielt Pollack den Segen ihres Rabbiners. Er erlaubte das Sexspielzeug, da es die sexuelle Intimität zwischen Ehepartnern fördern könne.

↑
Dr. Ruth's Game of Good Sex
Ruth Westheimer, Victory Games, Inc.
New York, 1985

Ruth Westheimer ist als Sexualtherapeutin mit einer eigenen Fernsehsendung berühmt geworden. Das Brettspiel nimmt dieses Thema auf: Seine Spielfelder beziehen sich auf verschiedene Phasen des intimen Ehelebens. Die Spielkarten stellen Fragen zum Alltag. Belohnung oder Zurücksetzung: Das Zielfeld am Ende des Parcours heißt „gegenseitige Lust".

Zum Kunstwerk „Tumtum"
Gil Yefman

„Der Aussätzige mit dem Anzeichen soll eingerissene Kleider tragen und das Kopfhaar ungekämmt lassen, er soll den Bart verhüllen und ausrufen: ‚Unrein! Unrein!'", Levitikus 13:45

„Ein Tumtum und ein Androgynos sollen ihren Kopf bedecken, ihre Kleider zerreißen und ihr Gesicht verhüllen, da ihr Stand unklar ist."
Mischne Tora, Das Buch der Reinheit, 10:9

Der Begriff *tumtum* findet sich in der Mischna. Das erste bedeutende Werk der rabbinischen Literatur enthält Lehren, die über Jahrhunderte hinweg weitergegeben und um das Jahr 200 u. Z. zusammengefasst wurden. Interessanterweise glaubten die Rabbiner schon damals den Zeitpunkt bestimmen zu können, an dem das Geschlecht des Embryos zu erkennen ist. Talmud und Mischna unterscheiden sechs beziehungsweise sieben Geschlechtskategorien: *männlich, saris* (zwei Varianten), *tumtum, androginos, aijlonit* und *weiblich. Tumtum* bezeichnet eine Person, deren Geschlechtsorgane versteckt oder verdeckt sind, während ein Androgynos jemand ist, dessen Geschlechtsorgane weder eindeutig männlich noch eindeutig weiblich sind. Beide gelten als eigenständige Geschlechter, die sich zudem am eindeutigsten vom Männlichen und Weiblichen abgrenzen. Bis heute herrscht unter Gelehrten große Uneinigkeit darüber, wie man mit jenen umgehen sollte, die *tumtum* oder *androginos* sind.
Der Begriff *tumtum* erhielt durch den Gelehrten Maimonides (Rambam) und dessen Rechtsprechung zu den jüdischen Gesetzen zur Kaschrut Aufmerksamkeit und Bedeutung. Phonetisch gibt es eine Verbindung zwischen *tumtum* und *tumah*, was „unsauber" bedeutet und eine negative moralische Konnotation hat. Im heutigen Hebräisch wird der Ausdruck umgangssprachlich verwendet und hat eine leicht abwertende Bedeutung im Sinne von Dummheit. (Die Beobachtung der etymologischen Entwicklung wirft die Frage auf, ob die heutige Bedeutung von *tumtum* die Folge einer Gesellschaft ist, die in ihren eigenen vorurteilsbehafteten politischen Vorstellungen und Vorhaben von Trennung und Kontrolle gefangen ist, oder aber daher rührt, dass Nichtbinäres vereinfachend mit dem Grenzüberschreitenden verknüpft wird.)
Die Installation „Tumtum" ist das Ergebnis meiner Suche nach dem Ursprung des hebräischen Wortes. Ich wollte religiöse Vorbehalte und Einschränkungen erforschen und sie von der doppeldeutigen Bedeutung des Begriffs lösen. Meine Installation erweitert daher den Begriff, indem sie seine Bedeutungsvielfalt erkundet: „Tumtum" setzt sich zusammen aus dem Wort für „versiegelt" und dem für „unklar, zweideutig" und beschreibt Genitalien, die anders funktionieren und aussehen als die Norm.
Da ich infolge einer Geschlechtsdysphorie in der Pubertät magersüchtig war, interessierte mich die Frage, inwieweit Sex und Gender von gesellschaftlichen Normen geprägt sind. Als transdisziplinäre*r Konzeptkünstler*in habe ich mich mit Garnen und Textilien und ihrer Verwendung beschäftigt. Die weichen Materialien bilden ein Gegengewicht zu harten Themen und halten sie zusammen, während die Eigenschaften des achtsamen Strickens und Häkelns helfen können, Traumata aufzulösen und zu transformieren. Stricken und Handarbeiten zählen bislang nicht zu den hohen Künsten, sondern galten als Tätigkeiten, die von Frauen und anderen marginalisierten Gruppierungen ausgeübt werden. Indem ich diesen Aspekt in meine Arbeit einbeziehe, knüpfe ich an ein historisch-kulturelles Erbe alternativer Identitäten an. Häkeln ist für mich wie Schreiben: Das Garn symbolisiert den Gedankenstrang, während die stiftgroße Nadel kleine, monotone, runde Bewegungen ausführt und dadurch eine Kette bildet, deren Schlaufen wie vielfältige Augen als Zeugen verstanden werden können, Zeugen für unterschiedliche Blickwinkel, die das Objekt selbst konstruieren. Diese ineinander verschlungenen Beziehungen zwischen Text, Textil, Textur und Kontext werden immer wieder von Neuem untersucht; sie lösen traditionelle Erzählungen auf, knüpfen sie neu und schaffen so alternative Geschichten und individuelle Erfahrungen.
„Tumtum" enthält eine Unmenge tropfender, vielfarbiger Körperteile, die in der Luft hängen: Hände, Augäpfel und Brüste, aber auch Genitalien wie Vulven und Penisse. Das Ganze ist zu einer wunderschön monströsen Kreation zusammengehäkelt, die nicht eindeutig ist, aber eine enorme Material- und Bedeutungsfülle aufweist. Man könnte dieses aus vielerlei Verkettungen entstandene viszerale Objekt als eine sanfte Abrissbirne betrachten, die dogmatische Vorstellungen des Binären zu zerstören droht und verschiedenen Interpretationen einer neuen Ordnung Raum gibt. Man sollte es als ein kraftvolles Kunstwerk betrachten, das die Betrachter*innen auffordert, sich mit ihrer eigenen Auffassung von Sex, Gender und binären Strukturen auseinanderzusetzen. So erinnert uns „Tumtum" daran, dass es viele verschiedene Arten gibt, Mensch zu sein, und dass wir die Vielfalt unserer Körper und unserer Erfahrungen feiern sollten.

←
Tumtum
Gil Yefman
Installationsansicht, Petach Tikwa, 2013

II

Kontrolle und Begehren

Im Gegensatz zum Christentum lehnt das Judentum das Zölibat entschieden ab. Niemand ist von der Pflicht zu heiraten ausgenommen, und der Talmud verbietet selbst den bedeutendsten Gelehrten, auf Sex zu verzichten. Sex gilt als wesentlicher Bestandteil des Menschseins – allerdings nicht ohne Einschränkungen. Gemessen an heutigen gesellschaftlichen Normen ist das Sexualleben im rabbinischen Judentum streng geregelt. Zwar stellt Begehren an sich kein Problem dar, es muss aber im Rahmen strenger Parameter kontrolliert und in positive Bahnen gelenkt werden.

Nach den überlieferten jüdischen Gesetzen ist Sex nur innerhalb einer (heterosexuellen) Ehe erlaubt, und auch dann nur zu ganz bestimmten Zeiten. Die Gesetze der Familiären Reinheit, die ihren Ursprung in der hebräischen Bibel haben und im Talmud weiterentwickelt wurden, verbieten Sex – sowie jede Form von körperlichem Kontakt – während und unmittelbar nach der Menstruation, insgesamt also während fast eines halben Monats. Ein Paar kann erst wieder zusammenkommen, nachdem die Frau ein rituelles Tauchbad in der Mikwe vollzogen hat.

Diese Gesetze sind grundlegende religiöse Prinzipien, und traditionell praktizierende Jüdinnen und Juden richten sich in ihrem ehelichen Sexualleben nach ihnen. Die damit einhergehenden regelmäßigen Zeiten der körperlichen Trennung haben sowohl auf die Frau als auch auf den Mann eine tiefgreifende Wirkung. Heutige Befürworter*innen dieser traditionellen Rituale behaupten oft, dass die erzwungene Abstinenz wie ein religiös induziertes Aphrodisiakum wirke; die Lust werde so immer wieder neu entfacht und damit Leidenschaft in der Monogamie aufrechterhalten. Andererseits kann die Strenge dieser Gesetze, die Sexualität und Intimität in so hohem Maße einschränken, auch zu einer Entfremdung zwischen Mann und Frau führen und dem gegenseitigen Begehren entgegenwirken.

Es überrascht wohl kaum, dass die Gesetze der Familiären Reinheit für jüdische Künstler*innen ein Ausgangspunkt ihrer Arbeiten sind, um sich mit der Sexualität und den patriarchalischen Grundlagen des rabbinischen Judentums zu befassen. Namhafte Künstlerinnen wie Helène Aylon[1] und Mierle Laderman Ukeles[2] beschäftigten sich mit den einzelnen Ritualen, die vor und während des Eintauchens in die Mikwe beachtet werden müssen; dazu beschritten sie neue Wege, um sich kreativ mit religiösen Vorschriften zum (weiblichen) Körper auseinanderzusetzen. Heute führen Künstlerinnen wie Gabriella Boros, Nechama Golan und Hagit Molgan diesen Diskurs fort, indem sie mit einem weiblichen Blick die vielen, von Männern erdachten Rituale und Texte hinterfragen, die den Körper der Frau jahrhundertelang definiert und kontrolliert haben.

Nach jüdischem Rechtsverständnis spielt das Geschlecht für die Sexualität eine maßgebliche Rolle; die männliche und die weibliche Sexualität gelten als angeboren und deutlich voneinander unterschieden. Das sexuelle Begehren muss kontrolliert werden, doch werden an Männer und Frauen diesbezüglich je sehr spezifische Pflichten und Erwartungen gestellt. Die rabbinischen Schriften, die sich immer an eine männliche Leserschaft wenden, behandeln die weibliche Sexualität nur im Kontext der Pflichten des Ehemanns gegenüber seiner Frau. Frauen wiederum werden auf das biologische Faktum ihres Menstruationszyklus reduziert; sie werden nicht als vernunftbegabte, den Männern ebenbürtige Wesen betrachtet, die in der Lage sind, sich zu mäßigen.

Der Talmud legt das Augenmerk auf das sexuelle Verlangen des Mannes; vom Mann wird erwartet, dass er sein Begehren kontrolliert und in den Dienst des Guten stellt. Interessanterweise wird das Konzept des *Jezer ha-ra*, des „Triebs zum Bösen", der jemanden dazu verleitet zu sündigen, häufig mit sexuellen Übertretungen in Verbindung gebracht. Beim ehelichen (und fortpflanzungsorientierten) Sex wird dieser „Trieb" in Richtung heiliger Zwecke gelenkt.

Orthodoxe Gemeinschaften missbilligen in der Regel jeglichen Sex, der nicht der Fortpflanzung dient, ebenso wie die Masturbation; beides gilt als Verstoß, weil „Samen verschwendet wird". Die Sprache, mit der die rabbinischen Autoritäten insbesondere Masturbation verurteilen, ist in ihrer Schärfe verblüffend. So setzt der mittelalterliche Autor des „Sohar", des bedeutendsten Werks der Kabbala, Masturbation mit Mord gleich.

Sowohl Gebete als auch Rituale und sogar Kleidung dienen dazu, Verlangen zu zügeln. In der hebräischen Bibel weist Gott die Israeliten an, Schaufäden an ihrer Kleidung anzubringen, als eine Art verleiblichter Erinnerung, um nicht vom göttlichen Weg abzukommen. Die Wortwahl macht deutlich, dass das Verhalten, welches die Schaufäden in Schach halten sollen, in erster Linie sexueller Natur ist: „Ihr sollt [die Quaste] ansehen und euch an alle Gebote des Herrn erinnern; ihr sollt sie tun und nicht hinter eurem Herzen und hinter euren Augen herschweifen, indem ihr ihnen nachhurt." (Numeri 15:39). Ferner bürden die umfangreichen rabbinischen Gesetze zu züchtiger Kleidung, die im Laufe mehrerer Jahrhunderte entwickelt wurden, einzig den Frauen die Verantwortung dafür auf, dass die Männer nicht in Versuchung kommen: Arme und Beine sowie jegliche andere Hautpartien, die die Fantasie der Männer anregen könnten, müssen sorgfältig bedeckt sein.

Die bloße Existenz dieser Gesetze zeugt von Spannungen zwischen dem, was das Gesetz vorschreibt, und dem, was hinter verschlossenen Türen tatsächlich geschieht. Schließlich sind Verbote nur dann notwendig, wenn die betreffende Handlung bereits bis zu einem gewissen Grad toleriert oder gar die Norm ist. Das bestätigt sich auch in der Beschäftigung mit antiken Quellen: Betrachten wir sie aus heutiger Perspektive, kommen überraschende Stimmen zum Vorschein, die klassische Vorstellungen davon, wie Menschen früher sexuellen Normen entsprachen oder eben nicht, stark infrage stellen. Beispielsweise ist ein Großteil der hebräischen Gedichte des Mittelalters, die von einigen der bedeutendsten Vertretern des spanischen Judentums wie Jehuda ha-Levi und Solomon ibn Gabirol verfasst wurden, ausdrücklich homoerotisch. Unabhängig davon, ob diese Gedichte nun auf tatsächlichen homosexuellen Erfahrungen beruhen oder nicht, lassen sie zweifellos auf ein weitaus vielfältigeres und umfassenderes erotisches Empfinden schließen, als die halachische Literatur der damaligen Zeit vermuten ließe.[3]

Auch wenn wir uns von der Vergangenheit ab- und der Gegenwart zuwenden, kann die Einbeziehung gesellschaftlicher Werte in die Auseinandersetzung mit traditionellen Quellen neue Interpretationen schaffen und tradierte Überzeugungen infrage stellen. Die Erfahrungen von Feministinnen und LGBTQ+-Künstler*innen geben Aufschluss darüber, dass sexuelle Normen sich stets wandeln, dass sie angefochten und neu definiert werden können. Jüngere künstlerische und kulturelle Auseinandersetzungen mit dem jüdischen Gesetz sind fest im Kampf gegen Sexismus und Homophobie verwurzelt; sie zeigen, dass sexuelle Befreiung und Religion sich nicht zwangsläufig widersprechen. Wenn religiöse Traditionen und sexuelle Freiheiten nebeneinander bestehen können, entsteht Raum für neue Geschichten und neue Zukunftsperspektiven.

1 Helène Aylon schuf „My Bridal Chamber: My Marriage Bed / My Clean Days", 2000–2001 als Teil ihrer Werkreihe „The G-d Project".

2 „Mikva Dreams" wurde erstmals 1977 von Mierle Laderman Ukeles in New York performed.

3 Weitere Informationen zu diesem Thema finden sich in Norman Roths richtungsweisendem Aufsatz „‚Deal Gently with the Young Man.' Love of Boys in Medieval Hebrew Poetry of Spain", in: *Speculum* 57 (1982), S. 20–51. Er liefert eine Analyse hebräischer Poesie Spaniens im Mittelalter und untersucht, wie die säkulare arabische Poesie deren Entwicklung beeinflusst hat.

„Sex ist eine Kraft“

Talli Rosenbaum

Talli Rosenbaum, Sie sind ausgebildete Sexual- und Beziehungstherapeutin und begleiten praktizierende Jüdinnen und Juden, die in ihrem Alltag die religiösen Gesetze in unterschiedlichem Maße befolgen. Wie, würden Sie sagen, wirken sich diese Gesetze auf das Sexualleben und die Gefühlswelt aus?

Wer in sehr orthodoxen Gemeinschaften aufwächst, lebt lange in einer nahezu sexfreien Welt; doch mit der Hochzeitsnacht wird von jungen Paaren erwartet, dass sie sexuell aktiv werden. Paare, die Schwierigkeiten haben, ihre Ehe in der Hochzeitsnacht oder danach zu vollziehen, suchen möglicherweise eine Sexualberatung auf. In meinem beruflichen Alltag, in dem ich sowohl mit frisch verheirateten Frauen als auch mit Paaren arbeite, begegnet mir immer wieder sehr, sehr große Angst – Angst der oder des Einzelnen, Angst in der Familie, gesellschaftlich geprägte Angst – vor der Idee, dass der Geschlechtsakt vollzogen werden muss. Was mir wirklich zu Herzen geht, sind die Erfahrungen von Frauen, denen Sex Schmerzen bereitet oder die an Vaginismus leiden, bei dem sich der Körper aus Angst vor dem Geschlechtsverkehr verkrampft. Teil der Behandlung ist dann, dass die Betroffenen mit Vaginaldilatoren üben. In meinem vorherigen Beruf als Beckenboden-Physiotherapeutin hatte ich mit Frauen zu tun, die traumatisiert waren und die dissoziierten, also sich von ihren eigenen Empfindungen abkapselten. Sie sagten dann Dinge wie: „Ich muss in der Lage sein, Sex zu haben. Ich muss dazu einfach in der Lage sein, aber es tut mir weh, und es muss aufhören, wehzutun. Also tun Sie, was Sie tun müssen, ignorieren Sie mich einfach. Ich muss keine Lust empfinden, ich will einfach nur, dass es nicht wehtut, damit ich meiner Pflicht nachkommen kann." Klar war: Sie fürchteten die Auswirkungen, wenn sie ihrer ehelichen Pflicht nicht nachkämen. Wegen dieser Erfahrungen habe ich mich dann dem Bereich der psychischen Gesundheit zugewandt.

Welche Gemeinschaften oder Einzelpersonen betreuen Sie?

Ich würde sagen, dass die große Mehrheit – wahrscheinlich 95 Prozent – der Einzelpersonen und der Paare, mit denen ich arbeite, der orthodoxen Welt angehören. Das reicht von Angehörigen der offenen Orthodoxie über Reformierte bis hin zu sehr, sehr orthodoxen Charedim und Chassidim.

Der Titel unserer Ausstellung lautet: „Sex. Jüdische Positionen". Wenn Sie jüdische Werte in zentrale Positionen oder ethische Grundsätze fassen müssten, welche wären das?

Das ist eine sehr weitreichende Frage! Ich denke, wir müssen uns zunächst ansehen, welche Bedeutung Sexualität im Judentum hat – meines Erachtens gibt es da nicht nur eine einzige, monolithische Position. Der Talmud ist voll von Geschichten über *Tannaim* und *Amoraim*, die mit sexueller Versuchung und Begierde konfrontiert wurden. In den jüdischen Texten wird Sex als Versuchung oder Kraft präsentiert, als ein *Jezer*, dem man entgegentreten und den man regulieren muss.

Was die Haltung des Judentums zur Sexualität betrifft, so gibt es mehr als einen Standpunkt. Einige rabbinische Quellen versuchen, den lustvollen Aspekt von Sex herunterzuspielen, und präsentieren Askese als eine Art Vorbild. Manche Texte thematisieren Sexualität kaum, andere sind diesbezüglich sehr technisch. Dann wieder gibt es Quellen, die ihre Wurzeln im mystischen Judentum haben: Sie verherrlichen die sexuelle Lust und deren Befriedigung in der Ehe und betrachten Sex als göttliches Geschenk und heilige Pflicht.

Und drittens gibt es die Haltung von Maimonides, auch Rambam genannt, die näher am Alltag der Menschen und ausgewogener ist. Sex wird weder verherrlicht noch verteufelt, vielmehr erkennt dieser Ansatz an, dass Jüdinnen und Juden genau wie alle anderen Menschen Sex haben und dass Geschlechtsverkehr in der Ehe sowohl der eigenen Lust als auch der Fortpflanzung dient.

Insgesamt gilt Sex im Judentum als eine gute Sache, solange er zwischen Mann und Frau und im ehelichen Rahmen stattfindet. Bei den Beschränkungen und Verboten bezüglich Sex geht es also weniger um die Tatsache, *dass* es zu sexuellen Handlungen kommt, als um den *Kontext*, in dem dies geschieht. Was die Ethik betrifft, so enthalten die alten Texte sexuelle Vorschriften, die mit der Ethik, der Moral und den Werten der damaligen Zeit übereinstimmen. Doch im Gegensatz zur Tora ist eine Gesellschaft nicht festgeschrieben. Deshalb müssen wir als Jüdinnen und Juden gegenüber aktuellen Wertvorstellungen offenbleiben, um sie annehmen und mit den Werten der Tora in Übereinstimmung bringen zu können.

Gibt es in Ihren Augen eine spezifisch jüdische Sexualität, die aus diesen Werten hervorgegangen ist, sei es aufgrund halachischer Schriften oder kultureller Normen?

Die Antwort auf diese Frage kann in ganz unterschiedliche Richtungen führen! Ich glaube, dass die Geschichten des Talmud, in denen es um Versuchung und Lust geht, uns tatsächlich etwas lehren, indem sie zeigen, dass die Auseinandersetzung mit Sexualität und mit der sexuellen Entwicklung des Menschen einfach zum Menschsein dazugehört. Das ist ein Teil des Lebens. Die Vorstellung von einem sehr beherrschten sexuellen Selbst, das nur Dinge tut, die nach der Halacha erlaubt sind, gilt vermutlich als Ideal. Doch die talmudischen Geschichten zeigen uns auch, dass dies ein ständiger Kampf ist und auch ein ständiger Kampf sein soll. Wenn wir beispielsweise davon ausgehen, dass Selbstbefriedigung – die der Halacha zufolge verboten ist – zur Entwicklung eines Menschen dazugehört, werden wir feststellen, dass es sogar im Rahmen des gesetzestreuen Judentums zu einem existenziellen Konflikt kommt. Und der kann sich auf den individuellen Menschen sehr unterschiedlich auswirken.

Ich kann nicht pauschal sagen, welche Schwierigkeiten junge Männer und Frauen durchmachen. Doch für einige junge Männer könnte solch ein innerer Konflikt ein Grund sein, sich vom orthodoxen Judentum zu entfernen. Nach dem Motto: Wenn es ein Gesetz gibt, das ich nicht einhalten kann, dann ist die ganze Angelegenheit vielleicht nichts für mich. Andere gehen so damit um, dass sie ihre sexuelle Seite gewissermaßen von sich abspalten. Doch die Folge davon ist Scham, und dann müssen sie die verarbeiten und bewältigen. Mit gesundem Verstand für die eigene Entwicklung gelingt es vielleicht auch besser, Dinge für sich selbst anzunehmen, die man bedenklich findet. Ich könnte beispielsweise anerkennen, dass ich das Gesetz nicht immer zu 100 Prozent einhalten kann, so wie ich auch die Gesetze, meine Zunge zu hüten und nicht zu tratschen oder zu lästern – die Laschon ha-ra – nicht zu 100 Prozent einhalte. Indem ich mir zugestehe, dass es mir schwerfällt, vergebe ich mir gleichzeitig das innere Ringen. Ein Teil der therapeutischen Arbeit bestünde also darin, diese Verhältnisse zu ergründen und zu betrachten, wie sie sich auf das eigene Empfinden auswirken.

Sie sind Co-Moderatorin des Podcasts „Intimate Judaism“ und haben viel über die Berührungspunkte von Sexualität und Halacha geschrieben, wenn es um heutige Fragen und Probleme, veränderte Einstellungen zu mentaler Gesundheit sowie emotionales Wohlbefinden geht. Haben Sie in den letzten Jahren irgendwelche Veränderungen beobachten können? Es gibt beispielsweise zahlreiche religiöse Gesetze, deren Einhaltung für orthodoxe Menschen, die feministische Auffassungen vertreten oder sehr spät heiraten, schwierig sein kann.

Auf jeden Fall! Und doch haben wir noch einen weiten Weg vor uns, wenn es darum geht, Sexualerziehung, heutige Werte und Moralvorstellungen mit den Lehren von Tora und Halacha in Einklang zu bringen. Nehmen wir zum Beispiel Einvernehmlichkeit: Einvernehmlichkeit ist ein wichtiges Konzept, wenn es um Sexualität geht, aber in den Quellen wird kaum direkt angesprochen, dass die Zustimmung beider Partner*innen unerlässlich ist. Als ich auf diesen Punkt hinwies, hieß es, dass die Zustimmung beider in den Quellen impliziert ist, aber meiner Meinung nach müsste deutlich mehr darüber gesprochen werden. Wenn in den Quellen von Sex die Rede ist, suggeriert die Wortwahl, dass der Mann mit seiner Frau machen kann, was er will – solange er keinen Samen verschwendet. Aber nirgendwo steht deutlich geschrieben: sofern sie es zulässt, sofern sie es will, sofern sie Lust hat. Es ist wichtig, dies in die Sexualerziehung einzubeziehen, auch dann, wenn wir über Werte sprechen. Wenn orthodoxe Jugendliche zum Beispiel die Gesetze der *Schmirat negia* kennenlernen – die besagen, dass jede Art von vorehelicher Berührung verboten ist – und ansonsten überhaupt nicht über Einverständnis, Grenzen, Verlangen oder Lust gesprochen wird, was dann? Ist dann nach der Hochzeit alles erlaubt? Und wie wird mit Zustimmung und Grenzen umgegangen, wenn Schmirat negia *nicht* eingehalten wird?

Glücklicherweise wird die Auseinandersetzung mit dem Thema Sex in orthodoxen Kreisen heutzutage offener geführt als früher. Ich war 2007 an der ersten veröffentlichten Studie beteiligt, die die Sexualität und Erfahrungen verheirateter orthodoxer Frauen untersucht hat. Sie umfasste knapp 400 Frauen, denen wir viele Fragen zu ihrer Sexualität und ihrem Sexualleben stellten.[1] Wir befragten sie auch zu Dingen, die sie vor ihrer Hochzeit gern gewusst hätten. Diese Frauen gaben an, dass sie nicht einmal Grundlegendes über sexuelle Lust, über ihre eigenen Körper oder darüber, was in der Hochzeitsnacht geschehen sollte, erfahren hatten. Und sie hatten sicherlich nicht das Gefühl, ein Recht auf Zustimmung zu haben.

Wenn ich mir die Sexualerziehung von vorehelichen Ausbilderinnen in modernen orthodoxen Gemeinschaften anschaue, stelle ich fest, dass Zustimmung und Einvernehmlichkeit heute eine größere Rolle spielen. Das Eden Center in Israel bietet traumasensible Kurse für voreheliche Ausbilderinnen an. Weibliche halachische Beraterinnen auf diesem Gebiet, die *Joazot halacha*, berichten, dass ihnen immer wieder Fragen gestellt werden wie: „Was ist, wenn ich in meiner Hochzeitsnacht oder in der Mikwe-Nacht keinen Sex haben möchte?“ Es gibt inzwischen mehr Informationsmaterial, mehr Bücher und mehr Blogbeiträge. In Facebook-Gruppen oder durch Instagram-Influencer*innen wird in den sozialen Medien viel mehr über Sex und Intimität in der orthodoxen Welt gesprochen. Ich halte das alles für einen sehr, sehr positiven Schritt nach vorn.

Gemeinsam mit dem erfahrenen orthodoxen Sexualtherapeuten Dr. David Ribner habe ich das Buch „I Am for My Beloved. A Guide to Enhanced Intimacy For Married Couples"[2] veröffentlicht. Das Buch richtet sich zwar speziell an orthodoxe Paare, enthält aber auch Bilder von Genitalien und ihrer Anatomie. Außerdem abgebildet sind verschiedenen Stellungen beim Sex; diese Praktiken werden ebenso besprochen wie Pornografie und Untreue. Ich glaube, dieses Buch ist wirklich einer der ersten Ratgeber zu Intimität und Sexualität für orthodoxe Menschen.

Absolut! Sie haben eben von vorehelichen Unterweisungen gesprochen: Welche Rolle spielen denn die *Chatan-* und *Kallah*-Lehrerinnen bei all dem?

Viele junge orthodoxe Menschen, vor allem in den sehr orthodoxen Gemeinden, sprechen zum ersten Mal offiziell über Sex, wenn sie sich auf die Ehe vorbereiten. Die Art und Weise, wie diese Aufklärung vonstattengeht, ist sehr unterschiedlich, es gibt keine einheitlichen Vorgaben oder Standards. Ein positives Beispiel ist in meinen Augen das schon erwähnte Eden Center, eine Organisation, die von Dr. Naomi Marmon Grumet gegründet wurde. Sie hat in Israel sehr viel dafür getan, Frauen besser auf die Ehe vorzubereiten. Indem am Eden Center intensive Schulungen für Ausbilderinnen zum Thema Sexualität angeboten werden, können diese ihr Wissen an junge Frauen weitergeben und sie damit richtig und angemessen informieren. Zudem hat sie untersucht, welche gesellschaftlichen Botschaften junge Männer und Frauen in modern-orthodoxen oder zionistisch-orthodoxen Gemeinden zum Thema Sex empfangen. Sie fand heraus, dass Sexualität in der Entwicklung junger Frauen kaum Platz eingeräumt wird: Sexualität bedeutet im Wesentlichen, sich sittsam zu kleiden und zu verhalten, um bei Männern kein Begehren zu wecken.

Bei jungen Männern ist das anders. Sexualität wird anerkannt und sexuelle Gedanken und Gefühle werden bestätigt. Einem jungen Mann wird gesagt: „Wir wissen, dass du damit zu kämpfen hast. Aber wenn du heiratest, gibt es jemanden, mit dem du deine sexuellen Bedürfnisse ausleben kannst." Und diese Botschaft, so wahr sie vielleicht klingt, kann mitunter großen Schaden anrichten. Sie weckt Erwartungen, sodass viele junge Männer glauben: „Meine Frau wird mich erlösen; und all die Fantasien und Wünsche, die ich bislang unterdrücken musste, kann ich nun ausleben." Doch wenn diese Vorstellungen nicht von Beginn an Aspekte von Gegenseitigkeit und Einverständnis beinhalten, wenn es kein Vokabular für diese Dinge gibt – wie soll ein junges Paar dann darüber vor der Hochzeit sprechen? Wie können sie herausfinden, was sich gut anfühlt, wie die jeweiligen Bedürfnisse und Bedenken artikulieren? Wie stellt man sich das gemeinsame Intimleben vor, beziehungsweise wie möchte man Intimität fortführen, wenn diese schon vor der Hochzeit bestand? Und wie möchte man als junges Paar die Einhaltung der Gesetze handhaben? Wenn es darum geht, offen über diese Fragen zu sprechen, sind die sehr Orthodoxen und die Charedim, also die stärker chassidisch ausgerichteten Gemeinschaften, noch nicht wirklich so weit. Aber da heutzutage weltliche Botschaften auch zu ihnen durchsickern, ist es nicht ungewöhnlich, dass junge charedische Frauen zu uns kommen und sagen: „Ich wollte in meiner Hochzeitsnacht keinen Sex haben. Ich kannte meinen Mann kaum. Ich bin bloß da, um seine Bedürfnisse zu befriedigen." Ein solches Bewusstsein entstammt nicht dem gesellschaftlichen System, in dem sie aufwuchsen, sondern kommt von außen. Und in dem Maße, in dem westliche Botschaften von den Charedi aufgegriffen werden, müssen auch sie sich mit diesen Ideen gesellschaftlich auseinandersetzen. Doch auch für Männer kann der Beginn einer sexuellen Beziehung mit Ängsten behaftet sein. Männer haben oft das Gefühl, dass sie alles wissen müssten. Dass sie das Sagen haben. Und das kann für sie sehr, sehr schwierig sein.

Wie wirken sich die Gesetze zur Familiären Reinheit Ihrer Meinung nach auf die Intimität aus, sowohl für die Frau als auch für den Mann?

Uns allen wurde früher gesagt, dass *taharat ha-mischpacha*, die Gesetze zur Familiären Reinheit, der Weg zu einem sexuell befriedigenden Intimleben seien. Uns wurde beigebracht, dass, wenn man diese Gesetze einhält, die Beziehung frisch bleibe, denn die monatliche Erneuerung gebe einem das Gefühl, dass man sich immer wieder auf sexuelle Intimität freue. Da meine Kolleg*innen und ich bei orthodoxen Paaren jedoch häufig sexuelle Funktionsstörungen feststellten, haben wir irgendwann begonnen, diese Behauptungen zu hinterfragen. Einige Paare entscheiden sich bewusst für einen anderen Umgang mit den taharat ha-mischpacha, was sich auf ihr Sexualleben positiv auswirken kann, in dem Sinne, dass es ihnen ein Gefühl von Autonomie vermittelt. Es kann aber auch zu Konflikten führen, wenn unterschiedliche Auffassungen darüber vorliegen, wie streng die Gesetze innerhalb der Partnerschaft eingehalten werden sollen. Heutzutage sind die Unterweisungen diesbezüglich viel ehrlicher, zum Beispiel wenn den Paaren oder den Verlobten offen gesagt wird: „Es ist nicht einfach." Und das ist es auch nicht.

Aber die Gesetze zur Familiären Reinheit sind bloß ein Beispiel; voreheliche Berührungen, vorehelicher Sex sind andere Themen, die Paare beschäftigen können. Und dann ist da natürlich noch das Thema LGBTQ+ und die Frage, was ist, wenn die eigene sexuelle Orientierung nicht in den Quellen erwähnt wird, wenn sie nicht gebilligt wird oder die eigene Partnerschaft nicht als richtige Ehe gilt. In der Tora heiraten Männer keine Männer. Und Frauen heiraten keine Frauen. Dafür gibt es keine Vorlage, kein Beispiel. Und das löst oft eine Identitätskrise aus: Wie bringe ich meine jüdische Identität, meine halachische Identität, meine religiöse Identität mit meiner sexuellen Identität in Einklang, damit, zu wem ich mich hingezogen fühle, wen ich liebe? Das wäre ein weiteres Beispiel für Themen, die vor etwa 20 Jahren gesellschaftlich noch überhaupt nicht diskutiert wurden; heute gibt es mehrere Organisationen, die sich damit beschäftigen.

Bei LGBTQ+-Themen scheinen bestimmte Rabbiner, insbesondere innerhalb der modernen Orthodoxie, Fortschritte gemacht zu haben. Gibt es andere Bereiche, bei denen Therapie und Fragen der psychischen Gesundheit Rabbiner dazu bewegen, etwas nachsichtiger zu sein?

Ja, auf jeden Fall! Und zwar in vielen Bereichen, nicht nur bei Fragen der Sexualität. In den meisten rabbinischen Studiengängen lernen die Rabbiner heute viel über psychische Gesundheit. Im Judentum gibt es den Begriff *Pikuach nefesch*, der besagt, dass es Ausnahmen von den halachischen Regelungen geben muss, wenn das Leben bedroht ist. Beim Fasten gilt das zum Beispiel für Menschen, die an einer Essstörung leiden. Es wird also anerkannt, dass LGBTQ+-Personen in einen inhärenten Konflikt mit der Halacha geraten, was sich auf die psychische Gesundheit auswirkt. Um Einfühlungsvermögen zu zeigen und um Depressionen oder – Gott bewahre – Selbstmord zu verhindern, müssen die Dinge noch viel inklusiver werden. In der LGBTQ+-Welt gibt es einen großen Wunsch nach Akzeptanz, der über das bloße Berücksichtigtwerden hinausgeht: LGBTQ+ ist keine Erkrankung, und LGBTQ+-Personen wollen nicht als psychisch Kranke betrachtet werden, wenn es um ihre Identität geht. Allerdings müssen wir meines Erachtens anerkennen, dass sie, wenn sie religiös sind, wenn sie orthodox sind, wenn sie Charedim sind, Konflikte erfahren werden.

In unserem Podcast gibt es eine Episode mit Rabbi Benny Lau, der über *lo tow hajot ha-adam lewado* spricht – die Idee, dass „es nicht gut ist, dass der Mensch allein bleibt". Wenn man also homosexuell ist, sollte man mit einem Mann zusammenleben. Und innerhalb der Gemeinde fragen wir nicht, was du in deinem Schlafzimmer tust, ganz gleich, ob du hetero- oder homosexuell bist. In der Tora steht nicht, dass man nicht homosexuell sein darf, sondern dort wird ein bestimmtes Verbot gegen eine bestimmte Handlung ausgesprochen. Das klingt nach einem moderneren Ansatz.

In der Ausstellung „Sex. Jüdische Positionen" befassen wir uns mit Tabus und Fantasien. Inwiefern sind unsere Fantasien vom jeweiligen religiösen und kulturellen Hintergrund geprägt?

Das müsste man tatsächlich mal untersuchen! In meinen Augen ist Fantasie etwas sehr Menschliches und betrifft nicht speziell das Judentum oder irgendeine Religion. Natürlich kann man nicht aus wenigen anekdotischen Erzählungen allgemeine Schlüsse ziehen, aber einige sehr orthodoxe Frauen, mit denen ich gesprochen habe, haben mir von ihren Dominanzfantasien berichtet, vor allem wenn sie sich im Alltag unterdrückt fühlten. Menschen, die aufgrund religiöser und kultureller Gepflogenheiten rund um das Thema Sex sehr gehemmt sind, haben mit dem Inhalt ihrer Fantasien zuweilen schwer zu kämpfen; die Vorstellung, dass wir unsere Sexualität kontrollieren müssen, kann geradezu erdrückend sein. Und ich glaube, es ist auch wichtig, Menschen klarzumachen, dass wir zwar Kontrolle über unser Verhalten ausüben können, aber dass unsere Sexualität auch etwas sehr Komplexes ist. Nicht jedes Begehren oder jeder Gedanke, der uns in den Sinn kommt, bedeutet zwangsläufig, dass mit uns etwas nicht stimmt oder auch nur, dass wir diese Fantasie tatsächlich ausleben wollen. Die Meinungen und Haltungen einer Gesellschaft zu Fantasien sind selten wirklich liberal. Die Idee, sich ganz auf eine*n Partner*in zu fokussieren und Dinge bewusst zu tun, ist ein wunderbares Achtsamkeitsprinzip und kann sicherlich zu unglaublichen sexuellen Erfahrungen führen. Aber im Alltag ist das schlichtweg nicht immer möglich. Und manchmal haben Menschen eben Fantasien. Sie sind Teil dessen, wie unser Gehirn funktioniert. Deshalb könnte es für viele Menschen therapeutisch hilfreich sein, wenn sie sich diese Fantasien zugestehen würden. In einer Fantasie kann man sein, wer man will, und tun, was man will, ohne dafür bestraft zu werden. Also ja, Fantasien haben definitiv einen Sinn.

Die #MeToo-Bewegung hatte ungeheure Auswirkungen auf den heutigen Kulturbetrieb und den Umgang mit Geschlecht und Gender. Hat die Debatte auch in der orthodoxen Welt etwas bewirkt?

Ja, ich glaube, #MeToo hat ziemlich viel verändert! Denn es gibt zahlreiche Frauen, die sexuelle Erfahrungen gemacht haben, für die sie sich schämen und für die sie sich selbst die Schuld geben. Teilweise ist das jedoch dem Wertekanon geschuldet, der von unserer Gesellschaft vermittelt wird: Wenn du etwas getrunken hast, auf eine bestimmte Weise gekleidet warst oder dich auf eine bestimmte Art und Weise verhalten hast... und wieso warst du überhaupt noch so spät nachts mit dem Typen unterwegs? Ich glaube, die #MeToo-Bewegung hat möglicherweise dazu beigetragen, die Scham etwas zu lindern, zu heilen. Und sie hat auch geholfen zu erklären, weshalb die Betroffenen in solchen Situationen erstarren: Inzwischen suchen traumatisierte Frauen und Männer weltweit eine*n Therapeut*in auf und verstehen endlich, dass der sogenannte Freeze-Zustand der Grund dafür war, dass sie nicht geschrien und geweint haben.

Außerdem ist das Thema der Einvernehmlichkeit allmählich bei den Leuten angekommen – dass es also nicht in Ordnung ist, jemanden zu zwingen oder auszunutzen. Ich denke, in der Vergangenheit haben sich junge Frauen, die Sex hatten, gesagt: Eigentlich sollte ich so etwas nicht tun und damit gegen *Schomer* verstoßen – und wenn ich es doch tue, dann steht mir das Privileg oder das Recht auf Zustimmung oder Ablehnung gar nicht erst zu. In meinen Augen sollten wir uns gegenseitig darin unterstützen eigene Entscheidungen treffen zu können; dann können wir auch selbst besser über Grenzen und Zustimmung entscheiden.

Eine Freundin von mir hat einmal gesagt: Bittet man Menschen in New York, die Augen zu schließen und sich eine*n Sextherapeut*in vorzustellen, dann sehen sie eine jüdische Frau. Nehmen wir Hirschfeld und Freud, Dr. Ruth und Esther Perel – kann es sein, dass sich Jüdinnen und Juden besonders stark für dieses Thema interessieren? Und wenn ja, haben Sie eine Idee, woran das liegen könnte?

Meines Erachtens ist ein wichtiger Aspekt der, dass sich Jüdinnen und Juden einfach nicht in das katholische oder puritanische Wertesystem einordnen lassen. Und dass das Judentum Sexualität positiv gegenübersteht, auch wenn Sex nur innerhalb der Ehe befürwortet wird. Aber es wird nicht das Gefühl vermittelt, dass Sex an sich falsch oder schlecht oder böse ist. Sex ist eine Kraft. Und bei den damit verbundenen jüdischen Werten geht es eher um Reglementierung und um Heiligkeit. Sex sollte lustvoll und spielerisch sein – und wichtig für die eheliche Harmonie. Das könnte einer der Gründe sein, warum das Judentum eine relativ entspannte Haltung zum Thema Sex einnimmt.

Das Interview führte die Kuratorin Joanne Rosenthal.

1 Michelle Friedman u. a., Observant Married Jewish Women and Sexual Life: An Empirical Study, in: *Conversations* 5, 2009/5770.

2 David Ribner / Talli Rosenbaum, I Am For My Beloved: A Guide to Enhanced Intimacy for Married Couples, Urim Publications, 2020.

Die Kunst des Tabubruchs

David Sperber

Frauen jüdischer Herkunft spielten eine zentrale Rolle in der zweiten Welle der Frauenbewegung in den USA. Prominente Vertreterinnen von feministischer Theorie und Gendertheorie[1] waren ebenso darunter wie wegweisende feministische Autorinnen aus Geschichtswissenschaft,[2] Literaturkritik,[3] Psychologie[4] und Queertheorie.[5] Auch innerhalb der feministischen Kunstbewegung waren jüdische Künstlerinnen besonders aktiv. Ihre Liste ist lang und umfasst unter anderem Miriam Schapiro, Nancy Spero, Ida Applebroog, Anita Steckel, Audrey Flack, Joan Semmel, Eleanor Antin, Judy Chicago, Hannah Wilke, Judith Bernstein, Joyce Kozloff, Ruth Weisberg, Elaine Reichek und Martha Rosler.[6] Sie nahmen einen zentralen Raum ein, als es darum ging, Tabus rund um weibliche Körper und weibliche Sexualität zu brechen. Man denke an die Vagina-Arbeiten von Chicago und Wilke | siehe S. 108 und S. 200/201 |, die sexuell aufgeladenen Bilder von Steckel | siehe S. 142/143 | und Lee Lozano oder Semmels Darstellungen von Paaren beim Sex | siehe S. 59 |. Ihre Arbeiten galten und gelten als bedeutendster Beitrag der Kunst zum Feminismus.[7]

Unter den feministischen jüdischen Künstlerinnen in den USA hatte Mierle Laderman Ukeles in den 1970er-Jahren eine Sonderstellung inne. Während sich die meisten ihrer Kolleginnen nicht mit dem Judentum auseinandersetzten, machte sie die Religion unmittelbar zum Thema ihrer Kunst.[8] Als sie 1977 in der New Yorker Franklin Furnace Gallery ihre Performance „Mikva Dreams" zeigte, war es das erste Mal, dass das Untertauchen einer jüdischen Frau im rituellen Bad, der Mikwe, dem amerikanischen Kunstpublikum präsentiert wurde.[9] Der Halacha – also den tradierten Religionsgesetzen – zufolge dient die Mikwe der rituellen Reinigung einer Frau nach der Zeit ihrer Menstruation, der Nidda. Während der Menstruation dürfen jüdische Eheleute keinerlei Körperkontakt haben und müssen alle Handlungen unterlassen, die zu körperlicher Intimität führen könnten. Ist die Menstruation abgeklungen, taucht eine gesetzestreu lebende Jüdin in die Mikwe ein, bevor sie mit ihrem Mann wieder Sex hat. In ihrer Performance beschrieb Ukeles das Eintauchen in die Mikwe als einen Akt der Wiedergeburt, als Rückkehr ins Paradies und pries es als Ritual, durch das sich eine Frau mit ihrem inneren Wesen verbindet. Anschließend las sie einen Text vor, der von ihren eigenen Erfahrungen des rituellen Tauchbads handelte: von den Vorbereitungen über das Untertauchen bis hin zu dem Gefühl der Freude, das es in ihr auslöste. „Sie geht hinein, nackt, gereinigt von allem Staub [...] Die Mikwe dient ihrem inneren Selbst. Ihrem eigentlichen Selbst [...] Das Blut ist vor einer Woche versiegt. Sie ist der Mond."[10] Ukeles beendete die Performance mit einer Meditation, während derer sie 210-mal die Worte „Immerse again" (Tauche wieder ein) aussprach – so oft, wie sie ihren Berechnungen zufolge im Laufe ihres gebärfähigen Alters das Reinigungsritual vollziehen könnte.

Zum zweiten Mal performte Ukeles das Werk 1978 für die Zeitschrift *Heresies* am Ufer des Hudson River in New York, ohne Publikum. Im Magazin wurden aus den performativen und stimmlichen Aspekten der Arbeit drei Seiten Text plus Foto | siehe S. 94/95 |. Letzteres zeigte die Künstlerin von hinten in ein Laken gehüllt am Flussufer stehend; es war gerahmt von den 210-mal wiederholten Worten „Immerse again".[11] „Mikva Dreams" stellte die Mikwe und den Akt des Untertauchens als eine erhabene Form göttlicher Verehrung dar. Indem sich Ukeles auf diese Weise die Rituale der Frauen wieder aneignete und in den Blickpunkt rückte, stellte sie eine Verbindung her zwischen dem feministischen Bewusstsein von Körper und Weiblichkeit und dem jüdischen Ritual.

Mit „Mikva Dreams" reihte sich Ukeles in die spirituelle Bewegung ein, die in den 1970er-Jahren für die amerikanische feministische Kunst von Bedeutung war.[12] Ukeles' Sprachgebrauch ähnelt der Sprache des Great Goddess Movement, dem sich viele feministische Künstlerinnen anschlossen; sie griffen Vorstellungen des historischen Matriarchats auf, um feministische Erfahrungen und den Diskurs ihrer Gegenwart zu vertiefen:[13]

> Wie die meisten anderen Göttinnen wird auch *Matronit-schechina*, die weibliche Gottheit der Jüdinnen und Juden, von alters her so dargestellt, dass sie auf magische Weise die ewige Jungfrau, die ewig leidenschaftlich Liebende und die ewig schöpferische Mutter in sich vereint. Und die Mikwe ist der Ort, an dem diese göttlichen Energien einander durchdringen.[14]

Deshalb konzipierte die Künstlerin „Mikva Dreams" im Geiste der Großen Göttin. Sie wollte eine Verbindung schaffen zwischen ihrer Performance und der Zeremonie des jüdischen Ritualbads, das für sie eine Quelle göttlicher Energien war, die Frauen von Generation zu Generation untereinander weitergeben.

Trotz offensichtlicher Ähnlichkeiten zwischen „Mikva Dreams" und dem feministischen Great Goddess Movement gibt es Unterschiede: Der in den 1970er-Jahren in den USA vorherrschende feministische Diskurs brachte die jüdischen Menstruationsgesetze in Zusammenhang mit der patriarchalischen Auffassung, dass Menstruationsblut unrein sei, weshalb Feministinnen die jüdischen Reinheitsgesetze kritisierten. In einem Interview mit Linda Montano aus dem Jahr 2000 sagte Ukeles, viele Feministinnen jener Zeit hätten das Mikwe-Ritual primitiv gefunden und abgelehnt, während sie selbst darin eine Fortführung früherer matriarchalischer Religionen sah.[15] Immer wieder schuf sie Werke, die Praktiken des Eintauchens als ermächtigende Rituale für Frauen darstellten, wodurch sie sich von dem vorherrschenden Feminismus der 1970er-Jahre absetzte.

Darüber hinaus sind Ukeles' Mikwe-Arbeiten von entscheidender Bedeutung für ihre Institutionskritik im weiteren Sinne und für ihr Bestreben, die (meist geschlechterbezogene) Trennung zwischen öffentlich und privat zu untergraben – ein zentrales Motiv ihrer besser bekannten „Maintenance Art".[16] Die öffentliche Vorführung des weiblichen rituellen Bades stellte eine radikale Abkehr von der jüdischen religiösen Praxis der 1970er-Jahre dar, denn das Ritual galt als intimer Akt, der möglichst im Verborgenen stattfinden sollte und über den öffentlich nie gesprochen wurde.

1976, also kurz vor Ukeles' Mikwe-Performances in den USA, präsentierte Yocheved Weinfeld in der Jerusalemer Debel Gallery eine Performance, die Reinheits- und Trauergesetze aus dem jüdischen Kodex „Kizur Schulchan Aruch" miteinander verknüpfte.[17] Weinfeld zählte in den 1970er-Jahren in Israel zu den Schlüsselfiguren der Kunst und war eine der ersten, die Körperkunst machte.

Im Gegensatz zu Ukeles' Darstellung der Mikwe als erhabenem Weiblichkeitskult hatte sie bei Weinfeld eher etwas Düsteres.
Weinfelds Performance war als Vorbereitung einer Braut auf die Hochzeitszeremonie gestaltet: Die Künstlerin inszenierte sich darin als passive Frau, deren Körper erniedrigenden Handlungen ausgesetzt ist, die an Missbrauch grenzen. In Schwarz gekleidet, sitzt sie auf einem Stuhl und liest jüdische Gesetzestexte vor, wie zum Beispiel die Vorschrift, dass Paare während der Menstruation keinen Sex haben dürfen, da die Frau unterdessen als unrein gilt; andere Passagen handeln von diversen Trauerritualen. Dann zerreißt sie ihr Gewand als Zeichen der Trauer, oder so wie es der Priester bei einer Frau tut, die des Ehebruchs angeklagt ist, und rauft sich die Haare (Numeri 5:1–31; Mischna, Sotatraktat 1:5). Eine Frau in weißer Tracht (eine Mikwe-Badedienerin, Krankenschwester oder Priesterin) wischt ihre Füße mit einem feuchten Tuch ab, das sich Weinfeld dann zwischen die Beine steckt – eine Handlung, die an die rituelle Ermittlung von Resten Menstruationsbluts mittels eines Stücks weißen Tuchs erinnert. Nun schiebt die Mikwe-Badedienerin Weinfeld das Tuch in den Mund und klebt ihn mit medizinischem Tape zu: eine Anspielung darauf, dass Frauen durch vielerlei Zwänge und Einschränkungen zum Schweigen gebracht werden. Nachdem die Frau das Tuch aus Weinfelds Mund wieder entfernt hat, trägt sie Rouge und Lippenstift auf Weinfelds Wangen und Lippen auf. Schließlich werden der Künstlerin die Haare geschnitten. Ganz am Schluss wendet sie sich dem Publikum zu, in den Händen ein Tablett mit ihren Haaren und einem Glas Wein, der aus einer schmutzigen alten Flasche stammt. Sie reicht ihn wie beim Kiddusch-Ritual herum und bietet den Zuschauenden einen Schluck daraus an.
Ging es in der Performance anfangs um die soziale Kontrolle des weiblichen Körpers und weiblicher Sexualität, so verlagerte sich ihr Fokus auf Aspekte von Tod und Trauer, um das „Abjekte" in kultureller Konstruktion zu betonen. Die private, im Verborgenen gehaltene Zeremonie erfuhr in der öffentlichen Aufführung eine Intensivierung beziehungsweise Zuspitzung. Damit öffnet sie sich einer Interpretation, die eine Verbindung knüpft zwischen der Privatheit der im Judentum reglementierten Körperbilder und den Beziehungen zwischen Künstler*in und Betrachter*in in der Kunst. So, wie im Judentum Werte durch körperliche Rituale ausgedrückt werden, verlieh auch Weinfeld künstlerischen Vorstellungen durch ihren eigenen Körper Bedeutung.
Sowohl Ukeles als auch Weinfeld setzten sich in den 1970er-Jahren mit den Nidda-Ritualen auseinander. Doch trotz der Ähnlichkeit ihrer Arbeiten, die jeweils mit Tabus brechen, bewerten sie die Nidda-Gesetze auf vollkommen unterschiedliche Weise: Während Ukeles die Rituale preist, lässt sich Weinfelds Performance als Kritik daran deuten. Beide Strategien – Ukeles' Aneignung und Weinfelds Kritik – sind Ausdruck eines feministischen Tabubruchs: Beide behandeln Themen, denen in der Vergangenheit eine öffentliche Thematisierung verwehrt war.

Seit der Jahrtausendwende beschäftigen sich ein Dutzend Künstlerinnen mit der *Tewila* (dem Untertauchen) und der Mikwe und knüpfen an die beiden genannten Strategien an. Hagit Molgan setzt Weinfelds kritischen Ansatz fort.

Ihre Videoarbeit „Five Plus Seven“ ist amorph und geheimnisvoll, zugleich aber hebt sie die Unterdrückung von Frauen durch die Kontrolle ihrer Körper hervor. Die Arbeit zeigt sieben Frauen, deren Köpfe vom Bildrand abgeschnitten sind, vor drei neonblau beleuchteten Metalltürmen; ihre weißen Gewänder haben auf Höhe des Bauchnabels eine quadratische Aussparung. Zum Schlag eines Metronoms, das wie Wassertropfen klingt, schreiten die Frauen im Gänsemarsch durch Schalen, die abwechselnd mit rotem und mit klarem Wasser gefüllt sind. Auch nachdem sie in das klare Wasser eingetaucht sind, bleiben ihre Füße rot. Am Ende des Videos zoomt die Kamera auf Bauchhöhe ganz nah an eine der Frauen heran, als wollte sie in ihren Bauch eindringen. Im Bild erscheint eine Hand, die einen von Tüchern umwickelten Stab hält. Er dringt in den Bauch ein, legt ein Gefäß frei, das an eine Tamponhülle erinnert, und reinigt es von innen.

Molgan arbeitet in ihrer Kunst außerdem mit Bedika-Tüchern – mit denen eine orthodoxe Frau prüft, ob ihre Monatsblutung aufgehört hat – und initiierte damit eine Diskussion über die Bedeutung und Auswirkungen religiöser Praktiken in der orthodoxen Gesellschaft Israels.

Wie Molgan nutzte auch Ayelet Weil-nebensal Bedika-Stoff, um darauf Bilder bekannter israelischer Frauen aus ganz unterschiedlichen Bereichen zu drucken, etwa von Golda Meir, Ilana Dayan oder Gila Almagor. Daraus wurden kleine Kissen genäht und mit Bildern von Ameisen kombiniert. Die Künstlerin erklärte:

> Für mich ist die traditionelle Selbstuntersuchung mittels Tüchern eine Herabsetzung und Reduzierung des Wesens von Frauen. [...] Mit dieser Arbeit wollte ich darauf aufmerksam machen, wie die Rituale, die mit den Mizwa [den jüdischen Religionsgeboten] der Nidda verbunden sind, Frauen klein machen und abwerten.[18]

Andi Arnovitz wiederum schuf aus Bedika-Tüchern eine Art Buch; hier sind die Stoffe mit roten, gelben und braunen Buchstaben bedruckt (eine Anspielung auf die möglichen Farbnuancen von Blut auf Stoff) und in einem Umschlag aufbewahrt. Die Tücher beziehen sich auf den Brauch, einem Rabbiner das befleckte Tuch zu zeigen, damit er ein Urteil über Reinheit oder Unreinheit fällt. In dieser Arbeit mit dem Titel „He Loves Me“ stellt Arnovitz Blut, die Ehe und die Erlaubnis, Sex zu haben, unmittelbar in einen Zusammenhang. „Selbst wenn eine Frau das Gefühl hat, dass ihre Monatsblutung vorbei ist, verrät der Stoff oft etwas anderes“, so die Künstlerin.[19]

Anders als in dieser kritischen Kunst gehen Künstlerinnen vor, die Ukeles’ Ansatz unmittelbar fortsetzen, darunter die amerikanischen Künstlerinnen Janice Rubin und Shari Rothfarb. Seit der Jahrtausendwende ist in ihren Arbeiten die Mikwe Teil einer spezifisch „weiblichen Religion“,[20] und in einem Bereich angesiedelt, der vor männlicher Einflussnahme geschützt ist. Diese Werke heben die religiöse Erotik der Mikwe hervor; die Tewila erscheint als berauschender Moment, der eine Verbindung zu den Zeiten der Genesis schlägt.

Obwohl ich in diesem Text zwischen kritischer Kunst und affirmativer Kunst unterschieden habe, unterläuft meine Analyse eine solch eindeutige Gegenüberstellung. Vielmehr zeigt sie, dass es notwendig ist, das begriffliche Instrumentarium der Kritik selbst einer kritischen Untersuchung zu unterziehen. Denn was zunächst nach einer Kapitulation vor der bestehenden patriarchalischen Ordnung und deren Aufrechterhaltung aussieht, lässt sich oft auch als Ausdruck eines kritischen Feminismus deuten, der sich dem weiblichen Empowerment verschrieben hat. Gerade religiöse Frömmigkeit kann Frauen, die patriarchalische Texte und Gesetze deuten und nachvollziehen, dazu ermächtigen, diese als Inspirationsquelle zu betrachten und sie in bedeutungsvolle Praktiken zu verwandeln.[21]

1 Darunter Betty Friedan, Gloria Steinem, Letty Cottin Pogrebin, Adrienne Rich, Susan Moller Okin und Andrea Dworkin.

2 Gerda Lerner, Natalie Zemon Davis, Joan Wallach Scott.

3 Sandra Gilbert, Susan Gubar, Elaine Showalter.

4 Nancy Chodorow, Phyllis Chesler, Carol Gilligan.

5 Judith Butler, Eve Kosofsky Sedgwick; vgl. auch Joyce Antler, Jewish Radical Feminism. Voices from the Women's Liberation Movement, New York 2018.

6 Siehe auch den Beitrag von Gail Levin, S. 26ff.

7 Siehe Gail Levin, Beyond the Pale: Jewish Identity, radical politics, and feminist art in the United States, in: *Journal of Modern Jewish Studies* 4.2 (2005), S. 205–232. Über den Beitrag der feministischen Kunst zur feministischen Debatte im Allgemeinen, siehe Laura Meyer, Power and Pleasure. Feminist Art Practice and Theory in the United States and Britain, in: Amelia Jones (Hg.), A Companion to Contemporary Art since 1945, Oxford 2006, S. 317–342; Jane de Hart Mathews, Art and Politics in Cold War America, in: *American Historical Review* 81 (1976), S. 774.

8 Lisa E. Bloom, Jewish Identities in American Feminist Art. Ghosts of Ethnicity, New York 2006, S. 3.

9 Zu Ukeles' Arbeiten zur jüdischen Religion in den 1970er- und 1980er-Jahren siehe David Sperber, Mikva Dreams. Judaism, Feminism, and Maintenance in the Art of Mierle Laderman Ukeles, in: *Panorama. Journal of the Association of Historians of American Art* 5.2 (2019), S. 1–22.

10 Mierle Laderman Ukeles, Mikva Dreams. A Performance, in: *Heresies. The Great Goddess* 5 (1978), S. 53.

11 Ebd., S. 52–54.

12 Zur Bewegung feministischer Spiritualität, siehe Cynthia Eller, Living in the Lap of the Goddess. The Feminist Spirituality Movement in America, Boston 1995, S. 38–61.

13 Jennie Klein, Goddess. Feminist Art and Spirituality in the 1970s, in: *Feminist Studies* 35.3 (2009), S. 575–602.

14 Ukeles, Mikva Dreams. A Performance, S. 52.

15 Siehe Sperber, Mikva Dreams, S. 14–17.

16 Ebd.

17 Zu Weinfelds wegweisenden Arbeiten siehe Gannit Ankori, The Jewish Venus, in: Matthew Baigell/Milly Heyd (Hg.), Complex Identities. Jewish Consciousness and Modern Art, New Brunswick 2001, S. 247–250; David Sperber, The Abject. Menstruation, Impurity, and Purification in Jewish Feminist Art, in: Matronita. Jewish Feminist Art [Katalog einer Ausstellung im Mishkan Museum of Art, kuratiert von David Sperber und Dvora Liss], Mishkan Museum of Art, Jerusalem/Tel Aviv 2012, S. 134–131 (umgekehrte Seitenzählung).

18 Sperber, The Abject, S. 125.

19 Ebd., S. 127.

20 Danya Ruttenberg, Heaven and Earth. Some Notes on New Jewish Ritual, in: Reinventing Ritual. Contemporary Art and Design for Jewish Life [Katalog einer Ausstellung des Jewish Museum in New York, kuratiert von Daniel Belasco], The Jewish Museum, New Haven 2009, S. 87.

21 Zu entsprechenden Ansätzen im postmodernen, antikolonialen, feministischen Diskurs siehe z. B. Lila Abu-Lughod, Do Muslim Women Need Saving?, Cambridge, Mass. 2013.

Sexualität und Gender

Ronit Irshai

Das Judentum, so die geläufige Annahme der Judaistik, betrachtet Sexualität als etwas Positives.[1] Demnach vertritt es eine lebensbejahende Haltung, die, anders als das Christentum, körperliche Enthaltsamkeit nicht zum spirituellen Ideal erklärt. Diese theologische Anschauung zeigt sich auch deutlich im jüdischen Gesetz, der Halacha: So ist zum Beispiel ein Ehemann verpflichtet, regelmäßig Sex (*Ona*) mit seiner Frau zu haben,[2] unabhängig vom biblischen Gebot, fruchtbar zu sein und sich zu mehren.[3]

Seit Beginn der 1990er-Jahre führen neue Forschungsansätze in der Judaistik zu einer differenzierteren Auseinandersetzung mit Sexualität und Gender. Im Folgenden geht es darum, diese neuen Forschungsansätze – die unter anderem auf feministischer Kritik und Genderstudies beruhen – genauer zu betrachten. Insgesamt steht die wissenschaftliche Forschung zu Sexualität und Gender in der modernen halachischen Literatur und Theologie noch am Anfang.

Der Einzug von postmodernem Denken, feministischer Theorie und Kulturwissenschaften stellt den zuvor unumstrittenen Konsens, dass das Judentum eine positive Haltung zur Sexualität vertritt, infrage. Die vermeintlich genderneutrale Auseinandersetzung der Judaistik mit Theologie und Halacha wird angezweifelt, und der Blick richtet sich darauf, wie sich deren Maßgaben konkret auf das Leben von realen Frauen und Männern auswirken. Heutige Wissenschaftler*innen stellen die unterschwelligen genderbezogenen Grundannahmen innerhalb der jüdischen Geistestradition zur Debatte, genau wie im jüdischen Recht und in der jüdischen Theologie. Diese Grundannahmen prägen nicht nur die Paarbeziehung und die Familie als patriarchalische Institution, sondern bestimmen auch darüber, was Sexualität bedeutet und welche Rolle sie im Judentum spielt.

Es geht nun darum, neu zu auszuloten, in welchem Verhältnis die Pflicht des Ehemanns, Sex mit seiner Frau zu haben, sexuelle Lust (beider Partner) und Fortpflanzung zueinander stehen; es geht um den Unterschied zwischen männlichem und weiblichem Begehren; und es geht um „solitären Sex", also Masturbation von Männern und Frauen. Das Aufkommen der Queertheorie wiederum hat dazu geführt, dass auch die Haltung des Judentums zu heteronormativen sexuellen Identitäten eingehend untersucht wird.

Die neuen Theorieansätze, allen voran Genderstudies und die Kulturwissenschaften, werfen Fragen auf, die die traditionelle Judaistik nicht thematisiert hatte. So beschäftigen sich feministische Wissenschaftler*innen mit den Bestimmungen der religiösen Gesetze (Halachot) zum Körper der Frau (Stichworte sind besonders Anstand, menstruelle Unreinheit [Nidda] und Fortpflanzung) und fragen, wie sich diese heute in religiöser und sozialer Hinsicht auf das Leben von Frauen auswirken.

Im Zuge dessen, was man als „liberalen Feminismus" bezeichnen kann, vollzieht sich ein bemerkenswerter Wandel in der Erforschung von Gender und Sexualität in der frühen rabbinischen Literatur. Wissenschaftler*innen interessieren sich für die Haltung gegenüber Frauen, die in diesen Texten zum Ausdruck kommt; einige Forschende betonen die patriarchalischen und frauenfeindlichen Aspekte,[4] während andere auf Gesetze, die Frauen begünstigten, und auf gängige Versuche von Rabbinern, deren Status aufzuwerten, verweisen.[5] Durch die

Beschäftigung mit Themen wie Sexualität und Ehe, dem weiblichen und dem männlichen Körper, Ehebruch und Verführung erweitern sie das Themenspektrum der Judaistik und stellen bestehende Perspektiven auf den Prüfstand.

Weibliche Sexualität und das „Problem" der Männer

Feministische Publikationen machen zweierlei deutlich: Die Lösung des angeblichen „Problems" der Männer[6] wird den Frauen angelastet, und die halachischen Vorgaben orientieren sich in der Regel an den Bedürfnissen von Männern. Da in den halachischen Urteilen der alleinige, unhinterfragte Maßstab Männer sind, nimmt man keine Voreingenommenheit wahr, die in irgendeiner Weise problematisch wäre.[7] In Anlehnung an Laura Mulveys Ausdruck „to-be-looked-at-ness" (Angesehenwerden) konstatiert E. Fisher, dass der talmudische Diskurs davon ausgeht, dass Frauen „*nicht* dazu bestimmt [seien], angesehen zu werden" [Hervorhebung im Original][8] – wobei auch hier gilt, dass männliche Neigungen und Bedürfnisse die Regeln dafür diktieren, wie Frauen sich dem Angesehenwerden entziehen können.

Ein gutes Beispiel für diese Problematik aus dem israelischen Alltag ist der Streit über ein Verbot des Talmuds, das die Stimme einer Frau mit Nacktheit gleichsetzt (*kol ba-ischa erwa*: „Die Stimme einer Frau ist Nacktheit"). Dabei geht es insbesondere um das Singen von Frauen beim Militär, wo Männer und Frauen, ob religiös oder nicht, gemeinsam dienen. Tamar Ross unterstreicht den männlichen Bias dieses Verbots:

> Heutzutage fragen Frauen, warum es immer um die Reinheit männlicher Gedanken geht und keiner nach den Erfahrungen von Frauen fragt. Das bringt uns zurück zu dem Punkt, dass die Halacha den Frauen ungebührlich viel Verantwortung aufbürdet, da die traditionellen Sittenregeln stets davon ausgehen, dass die Frau den Mann verführt.[9]

Fisher verweist noch auf eine andere problematische Botschaft zur weiblichen Identität:[10] Frauen müssen sich vor allem deshalb bedecken, damit Männer keine „unreinen Gedanken" haben; allerdings ist nirgendwo in den Halachot davon die Rede, dass Männer ihren Körper bedecken sollen, damit Frauen keine unreinen Gedanken haben. In diesem Kontext könnte man darauf schließen, dass Frauen nicht als sexuelle Wesen mit sexuellen Bedürfnissen wahrgenommen werden. Tova Hartman wiederum vertritt die Auffassung, dass die liberale Kultur und religiös eingestellte Gesellschaften letztendlich das gleiche Frauenbild vermitteln: Erstere stellen Frauenkörper offen zur Schau, letztere fordern ihre maximale Verhüllung, doch unter dem Strich ist die Frau in beiden Fällen ein Sexualobjekt für Männer.[11]

Was die Moralvorstellungen betrifft, aufgrund derer Frauen aus religiösen Ritualen ausgeschlossen werden, ist die Angelegenheit noch offensichtlicher. Der Ausgangspunkt hier ist die Vorstellung, die Frau sei eine „tickende sexuelle Zeitbombe". Daran knüpft sich die Vorstellung von Heiligkeit: je verborgener die Frau, desto heiliger die Atmosphäre. Anders gesagt, gilt die Frau als unheilig oder gar als „anti-heilig", der Mann wiederum als „sexbesessen und hormongesteuert". Die Erforschung der Genealogie der Halacha kann solche moralischen Prämissen aufdecken, sie modernen orthodoxen Männern und Frauen vor Augen führen und fragen, ob sie bereit sind, in den Spiegel zu schauen und dieser Ansicht weiterhin zu folgen.[12]

Sowohl die feministische Kritik als auch die Genderanalyse arbeiten den Zusammenhang von Theologie und Sittengesetzen heraus. Eigene Erfahrungen mit dem Religionssystem und die Weigerung, sich zum Schweigen bringen zu lassen, schärfen bei Frauen das Bewusstsein für zugrunde liegende theologische Annahmen hinsichtlich dessen, inwieweit Frauen als religiöse Subjekte wahrgenommen werden und wer im Namen Gottes sprechen darf.

Queere Jüdinnen und Juden

Erst in jüngerer Zeit hat die Judaistik begonnen, sich mit Genderfragen und sexueller Orientierung zu befassen. Während die Auseinandersetzung mit Gender im weiblichen Kontext bereits in vollem Gange ist, steht die Beschäftigung mit der jüdischen Konzeption von Männlichkeit noch am Anfang. Daniel Boyarins Publikation „Unheroic Conduct. The Rise of Heterosexuality and the Invention of Jewish Men" aus dem Jahr 1997 ist das erste Buch, das die Vorstellung von jüdischer Männlichkeit untersucht – insbesondere in den rabbinischen Schriften:

> Dieses Buch versteht sich als kleiner Beitrag [...] zu jüdisch-rabbinischer Männlichkeit [...]. Es geht um die Idee eines Mannes, der, auch körperlich, ganz in der geltenden Ordnung von Sexualität und sogar Vaterschaft verankert ist und dennoch nicht den gängigen Narrativen von „maskulin" oder „männlich" entspricht; dadurch werden männliche Subjekte denkbar, die sich weigern, Männer zu sein.[13]

Der neue, anti-essenzialistische Blick auf „Männlichkeit" und „Weiblichkeit" versteht beides als Ergebnis kulturellen Handelns, und die Queertheorie, die in den 1990er-Jahren aufkam, löste in jüdischen Gemeinden und in den Jüdischen Studien eine intensive Auseinandersetzung mit Fragen der Genderidentität aus. Da dieses Thema seit Generationen von halachischen Autoritäten nur sporadisch in den Responsen (verbindliche Stellungnahmen zu Fragen des jüdischen Rechts) behandelt worden war, spielte es im jüdischen Alltag aus verschiedenen Gründen keine große Rolle: Sex zwischen Männern (nicht der zwischen Frauen) wird in der Bibel verboten, darauf steht die Todesstrafe; sofern es Menschen mit solchen Neigungen überhaupt gibt (so die Behauptung), sind sie eine kleine Minderheit; die Verletzung des religiösen Nomos durch Einzelne stellt das religiöse Narrativ an sich nicht infrage. Bis Mitte der 1980er-Jahre wurden „nichtheteronormative" Genderidentitäten in der jüdischen Fachliteratur, so gut wie gar nicht thematisiert; das galt auch für halachische Schriften.

Doch als sich die Haltung westlicher Gesellschaften gegenüber Menschen mit gleichgeschlechtlichen Orientierungen und Identitäten änderte, fanden die schmerzlichen Erfahrungen von religiös lebenden Homosexuellen Gehör, zunächst

im privaten Umfeld und später auch in der Öffentlichkeit. Tatsächlich ist diese Verschiebung ein gutes Beispiel dafür, welche Auswirkungen die veränderte Wahrnehmung von Sexualität im Allgemeinen und sexueller Vielfalt im Besonderen hat: Sie beeinflusste die Gesetzgebung in liberalen westlichen Gesellschaften ebenso wie die Wahrnehmung innerhalb der jüdischen Welt, und zwar sowohl was die Einstellung der unterschiedlichen religiösen Strömungen gegenüber Menschen mit einer divergierenden sexuellen Identität betrifft, als auch in der Wissenschaft. Das reformierte Judentum gehörte zu den ersten religiösen Gruppierungen, die verschiedenen sexuellen Identitäten respektvoll begegnete. Die liberaleren Strömungen ordinierten nichtheteronormative Rabbiner*innen, und sogar gleichgeschlechtliche Ehen wurden erlaubt. Diese Abweichung von der tradierten Norm wurde mit unterschiedlichen religiösen Argumenten begründet. Unterdessen ist selbst im orthodoxen Judentum, das Homosexualität nach wie vor unter Strafe stellt, ein veränderter Sprachgebrauch zu beobachten.
Immer mehr orthodoxe Rabbiner fühlen sich mittlerweile verpflichtet, homosexuellen Menschen emotionale Unterstützung zu bieten, ohne dabei zu versuchen, Einfluss auf ihre sexuelle Orientierung zu nehmen. Auch unterscheidet eine halachische Auslegung zwischen *Orientierung* und *Handeln*: Anders als einige orthodoxe Lehrmeinungen behaupten, macht allein die homosexuelle Orientierung eines Menschen diesen nicht zum Straftäter, denn eine abweichende Orientierung an sich ist nicht illegal. Dieser Befund steht im Einklang mit der Studie von Boyarin, die zwischen Homosexualität und dem Verbot von gleichgeschlechtlichem Sex unterscheidet. Für die heftige Ablehnung, mit der das religiöse Establishment auf Homosexualität reagiert, gibt es laut Boyarin in den rabbinischen Schriften keine Entsprechung; außerdem wurden Menschen, die unerwünschte Taten begingen, nie als „andere" wahrgenommen. Dementsprechend fordere biblisches Recht zwar die Todesstrafe für jene, die den Schabbat misachten, aber der Umgang mit ihnen sei ein vollkommen anderer gewesen als die emotionsgeladene Ablehnung, die Homosexuellen entgegenschlägt. Boyarin ist davon überzeugt, dass das biblische Verbot auf eine Verkehrung von „männlich" und „weiblich" zurückgehe, mit anderen Worten: Der homosexuelle Mann werde als penetriert wahrgenommen. Im Grunde ginge es also um Gender und nicht um homosexuelle Identität. Tatsächlich verbietet das jüdische Recht – abgesehen vom Analverkehr – keine anderen homosexuellen Kontakte.
Kommen wir nochmal zurück zu der Unterscheidung zwischen Orientierung und Handeln. Einige Rabbiner und Halacha-Gelehrte, die diese Unterscheidung für richtig halten, betrachten Homosexualität dennoch weiterhin als Krankheit statt als irreversible Veranlagung. In ihren Augen sollten Menschen mit dieser „Krankheit" nicht verurteilt, sondern medizinisch behandelt werden, damit sie ein der Norm entsprechendes Leben führen können.[14] Wenn sich deren Ausrichtung nicht ändern lässt, könnte man sie vielleicht dazu bewegen, „ihre Ansprüche zu senken" und eine heterosexuelle Ehe mit einem Partner oder einer Partnerin einzugehen, der beziehungsweise die über die Lage Bescheid weiß und dennoch zur Eheschließung bereit ist.[15] Dann wieder gibt es jene, die eine Ehe zwischen einem schwulen Mann und einer lesbischen Frau befürworten, auf dass sie eine

jüdische Familie gründen. Manche verwenden in diesem Zusammenhang den juristischen Begriff des „Zwangs" (Hebräisch: *Ones*) und fordern einen wohlwollenden Umgang mit den Betroffenen, da es der Sexualtrieb sei, der ihre Orientierung diktiere.[16] Andere finden, dass die Angelegenheit nicht in der Öffentlichkeit thematisiert werden sollte,[17] weder von religiösen Homosexuellen noch in Erklärungen von Rabbinern. Schweigen gilt als das beste Mittel, um Homosexualität nicht anzuerkennen.[18]

In dem Maße, in dem Schwule und Lesben ihre Erfahrungen teilen – im familiären Umfeld und in den Gemeinden ebenso wie in den Medien und anderen öffentlichen Foren –, sind sie nicht länger bereit, auf ihre Religion zu verzichten, auch wenn sie von rabbinischen Autoritäten ausgegrenzt werden. Außerdem schlagen einige moderne orthodoxe Halacha-Gelehrten heute einen entschieden anderen Ton an. Zum einen sprechen sie das Thema überhaupt an, was an sich noch keine großen Veränderungen für orthodoxe Homosexuelle und Lesben bewirkt. Doch zum anderen wird nun Respekt gefordert und zwar dahingehend, dass man unterscheidet zwischen der*dem Einzelnen als Mensch und Anhänger*in der jüdischen Religion einerseits und andererseits den Vorbehalten gegenüber dem Sexualleben, die auf die Halacha zurückgehen und nicht Ausdruck gesellschaftlicher Ablehnung sind. Mit anderen Worten: Die Betroffenen werden nicht aus der Gemeinschaft oder aus religiösen Bildungseinrichtungen ausgeschlossen; auch wird nicht versucht, die heterosexuelle Ehe „um jeden Preis" durchzusetzen oder gar alle, die mit ihrer sexuellen Identität ringen, zur Therapie zu schicken, um sie zu „bekehren". Und das, obwohl die religiösen Kreise (in erster Linie die orthodoxen Gemeinschaften) Ereignisse wie Gay Parades nach wie vor ablehnen – aus Prinzip und aus emotionalen Gründen. Die Fragen, die sich nun stellen, betreffen die Ebene des Nomos: Ist es möglich, orthodoxe männliche wie weibliche Homosexuelle und ihre Familien in die religiöse Gemeinschaft zu integrieren, was Regelungen zu Eheschließung und Elternschaft einschließt? Und lässt sich die Diskussion auch auf Themen ausweiten, die religiöse trans*Personen betreffen?[19]

In den vergangenen zwanzig Jahren ist auch in orthodoxen Kreisen zu beobachten, dass das Interesse an Fragen bezüglich trans*Personen und an einer angemessenen halachischen Haltung ihnen gegenüber zunimmt. Geschlechtsangleichende Operationen und ein Leben als trans*Person ohne chirurgischen Eingriff wiederum haben aus halachischer Sicht verschiedene Implikationen, und die Auseinandersetzung mit diesen Fragen hat gerade erst begonnen. Doch anders als man vielleicht meinen könnte, sind nicht alle orthodoxen halachischen Positionen gleichermaßen strikt.[20]

Dieser Text basiert auf dem Artikel der Autorin „Judaism", in: Adrian Thatcher (Hg.), The Oxford Handbook of Theology, Sexuality and Gender, Oxford 2015, S. 413–431.

1 Siehe David M. Feldman, Birth Control in Jewish Law. Marital Relations, Contraception, and Abortion as Set Forth in the Classic Texts of Jewish Law, New York 1995; David Biale, Eros and the Jews. From Biblical Israel to Contemporary America, New York 1992; Daniel Boyarin, Carnal Israel. Reading Sex in Talmudic Culture, Berkeley 1993.

2 Maimonides, The Code of Maimonides. Book Four. The Book of Women, New Haven/London 1972, 14:1–7.

3 Ebd., 15:1.

4 Siehe Blu Greenberg, On Women and Judaism, Philadelphia 1981; Cynthia Ozick, Notes toward Finding the Right Question, in: Susannah Heschel (Hg.), On Being a Jewish Feminist. A Reader, New York 1983, S. 120–151; Judith R. Wegner, Chattel or Person? The Status of Women in the Mishnah, New York 1988; Judith Plaskow, Standing Again at Sinai, New York 1991; Rachel Adler, Engendering Judaism. An Inclusive Theology and Ethics, Jerusalem/Philadelphia 1998; Rachel Adler, Innovation and Authority. A Feminist Reading of the ‚Women's Minyan' Responsum, in: Walter Jacob/Moshe Zemer (Hg.), Gender Issues in Jewish Law, New York 2001, S. 3–32; Judith R. Baskin, Midrashic Women. Formations of the Feminine in Rabbinic Literature, Hanover 2002.

5 Judith Hauptman, Rereading the Rabbis. A Woman's Voice, Boulder, CO 1998; Lisa Aiken, To Be a Jewish Woman, Northvale, NJ 1992.

6 Tova Hartman, Modesty and the Religious Male Gaze, in: Dies. Feminism Encounters Traditional Judaism. Resistance and Accommodation, Waltham, MA 2007, S. 45–61; Tamar Ross, The Feminist Contribution to Halakhic Considerations. *Qol be-ishah ervah* as a Test Case, in: Avinoam Rosenak (Hg.), Philosphy of Halakhah: Halakhah, Meta-Halakhah and Philosophy. A Multi Disciplinary Perspective, Jerusalem 2011, S. 35–64 (auf Hebräisch).

7 Ronit Irshai, Halakhic Discretion and Gender Bias. A Conceptual Analysis, in: *Democratic Culture* 16 (2014), S. 1–38, (auf Englisch und Hebräisch).

8 E. Fisher, The Ethos of „Female Modesty" in Rabbinic Literature. Between the Woman's Obligation to Conceal Her Body and the Male Prohibition against Looking, Masterarbeit (BarIlan University, Ramat Gan, auf Hebräisch), 2009.

9 Ross, The Feminist Contribution, 2011, S. 47.

10 Fisher, The Ethos of „Female Modesty", 2009.

11 Hartman, Modesty and the Religious Male Gaze, 2007.

12 Ronit Irshai, Toward a Gender-Critical Approach to the Philosophy of Jewish Law (Halakhah), in: *Journal of Feminist Studies in Religion* 26/2 (2010), S. 55–77 u. S. 70.

13 Daniel Boyarin, Unheroic Conduct. The Rise of Heterosexuality and the Invention of the Jewish Man, Berkeley 1997, S. 11.

14 Norman Lamm, Judaism and the Modern Attitude to Homosexuality, in: Louis I. Rabinowitz (Hg.), Encyclopedia Judaica Year Book, Jerusalem 1974, S. 194–205; Moshe Halevi Spero, Homosexuality. Clinical and Ethical Challenges, in: *Tradition* 17/4 (1979), S. 53–73.

15 Gidon Rothstein, Should Orthodox Homosexuals Be Encouraged to Marry?, in: *Hirhurim—Musings*, 22.8.2010, http://torahmusings.com/2010/08/homosexuality-and-marriage.

16 Lamm, Judaism and the Modern Attitude, 1974; Hershel J. Matt, Homosexual Rabbis?, in: *Conservative Judaism* 39.3 (1987), S. 29–33; Yeshayahu Leibowitz, I Wanted to Ask You, Prof. Leibowitz. Letters to and from Yeshayahu Leibowitz, Jerusalem 1999, S. 79–178 (auf Hebräisch).

17 Orit Avishai, Queer Judaism: LGBT Activism and the Remaking of Jewish Orthodoxy in Israel, New York 2023; Avishai Mizrahi (2020), https://www.kamoha.org.il/?p=451694 (auf Hebräisch; zuletzt aufgerufen am 22.1.2024); Yoram Ettinger, Dozens of Orthodox Rabbis Penned a Manifesto Calling for Recognition of Homosexuals and Lesbians, in: *Ha-aretz*, 29.7.2010 (auf Hebräisch); R. Lubitz, The Jewish Stance on Homosexual Relations and Guidelines for Its Didactic Realization, in: *Mayim mi-delayav* (1996), S. 233–251 (auf Hebräisch).

18 Lamm, Judaism and the Modern Attitude, 1974.

19 Ronit Irshai/Tanya Tzion-Waldoks, Modern Orthodox Feminism in Israel. Between Nomos and Narrative, in: *Law and Governance* 15 (2013), S. 233–327 (auf Hebräisch).

20 Ronit Irshai, Cross-Dressing in Jewish Law (Halakha), and the Construction of Gender Identity, in: *Nashim* 38 (2021), S. 46–68; Ronit Irshai/Ilay Avidan, Beyond Essentialism. An against-the-grain reading of Orthodox Jewish Law (Halakhah) on Transgender People, in: *Nashim* (erscheint 2024).

↑
PMS
Elinor Carucci
New York, 1997

Elinor Carucci zeigt einen privaten Moment, in dem die Blutung bereits eingesetzt hat.

← ↓ →
Kit for Tevilah
Inbar Erez
Israel, 2020

Auch in Zeiten der Covid-19-Pandemie war es vielen praktizierenden Jüdinnen wichtig, sich rituell zu reinigen. Als in Israel die gemeinschaftliche Nutzung der Mikwe zu gefährlich wurde, entwarf die israelische Künstlerin Inbar Erez im Rahmen ihres Designstudiums eine Alternative. In aller Öffentlichkeit sollten Frauen nackt in das Meer eintauchen können: Sie bleiben dabei vollständig verhüllt, während der Umhang sie an der Wasseroberfläche hält.

→
Mikva Dreams: Hudson River
Mierle Laderman Ukeles
New York, 1978

Mierle Laderman Ukeles gehört zu den ersten Künstlerinnen, die in ihren Arbeiten das Ritual der Reinigung in der Mikwe untersuchen. Diese Fotografie zeigt ihre zweite Performance, in der sie das Untertauchen als Weg zur feministischen Wiedergeburt und Befreiung inszeniert.

↑
Schmuckkästchen für die Braut
Norditalien, 2. Hälfte 15. Jahrhundert

Als Hochzeitsgeschenk für eine Braut zeigt dieses verzierte Kästchen die drei religiösen Pflichten einer jüdischen Frau: das Anzünden der Schabbatkerzen, das Abzweigen von Teig für die Schabbatbrote und das monatliche Tauchbad. Untypisch für den jüdischen Kontext ist die Darstellung einer unbekleideten Frau.

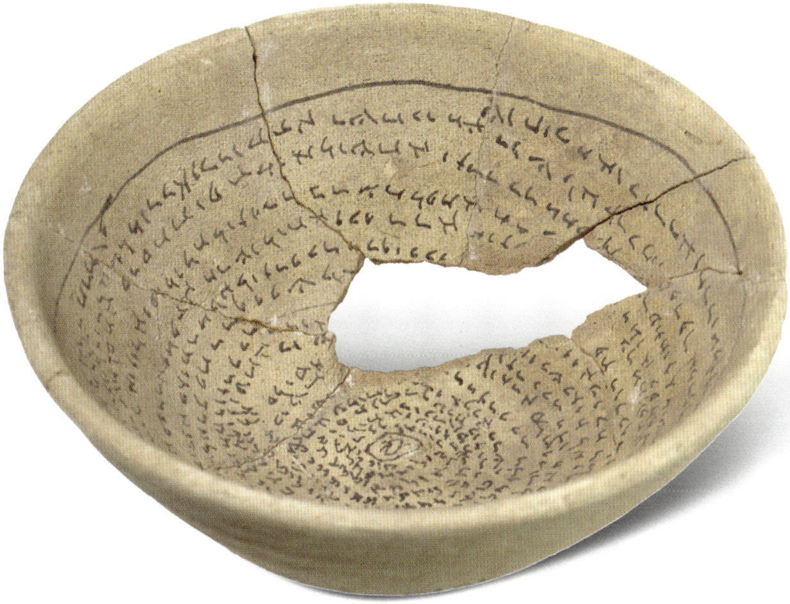

↑
Zauberschale
Mesopotamien, nach 200 u.Z.

In den antiken Kulturen Vorderasiens war Blut oft mit magischen Vorstellungen verknüpft. Perser wie Juden sahen in der Monatsblutung der Frauen einen Lebensquell, aber auch eine Gefahr. Die Zauberschale zeugt von diesem gegenseitigen Einfluss der Kulturen. Sie enthält einen Abwehrzauber, der die Macht des blutigen Tuchs einer menstruierenden Frau sowie den jüdischen Gottesnamen beschwört.

→
Magen (Jewish Cut)
Ken Goldman
Israel, 2015

Der Künstler betont mit der Technik des volkstümlichen Scherenschnitts den Akt der Beschneidung. Der mittelalterliche Philosoph Maimonides verstand die Beschneidung als Mittel zur Minderung männlicher Lust, diene sie doch der Vermeidung von Masturbation und vorehelichem Sex. Mit seiner stark vergrößerten Klemme voll weiblicher Symbolik fragt der Künstler auch nach den abwesenden Frauen an diesem von Männern praktizierten Ritual.

↑
Daumenring
Amsterdam, 1700–1850

Solche Ringe sollen von jungen Männern nachts getragen worden sein, um sich gegen die Versuchungen der Masturbation zu schützen. Die rabbinische Literatur lehnt Selbstbefriedigung mit der Begründung ab, dass hierdurch „Samen verschwendet" werde. Die Inschriften des Rings zitieren mystische Texte, die helfen, sexuelle Begierden zu überwinden und sich den religiösen Regeln unterzuordnen.

↑
Kippot der jüdischen LGBTQ+-Community Deutschland
Keshet Deutschland e.V.
New York, Juli 2021

Tadeo „Akiva" Berjón, Diplomat der Mexikanischen Botschaft, und sein Ehemann, der Performer Gustavo Thomas, tragen diese Kippot, die Keshet Deutschland e.V. für seine Mitglieder und Teilnehmer*innen der Pride Schabbatot hergestellt hat.

↑
Aus der *Friday Water Series*
Benyamin Reich
Lifta, Jerusalem, 2005

Anders als Frauen sind Männer nicht religiös verpflichtet, ein Tauchbad zu nehmen. Aber viele meist streng orthodoxe Juden gehen vor Beginn des Schabbats oder des Feiertags freiwillig zur Mikwe. Manche Männer suchen sie außerdem auf, um sich nach einer nicht erlaubten sexuellen Praxis, wie der Masturbation, spirituell zu reinigen. Die Fotografien von Benyamin Reich betonen den homoerotischen Aspekt dieses traditionellen Brauchs.

→
Please Do Not Pass in Immodest Clothes
Israel, vor 2021

Mit gut sichtbaren Straßenschildern wenden sich streng orthodoxe Gemeinden direkt an Frauen, um sie zur Einhaltung der Regeln einer zurückhaltenden Kleidung aufzurufen. Frauen sind in den Augen der Orthodoxie eine permanente sexuelle Versuchung, weshalb es ihnen obliegt, Männer nicht in Versuchung zu führen. Damit Frauen sich die nackten Schultern bedecken können, werden an der Westmauer in Jerusalem diese bedruckten Schals ausgegeben.

RLS WHO PASS THROUGH OUR NEIGHBORHOOD
YOU WITH ALL OUR HEARTS
ון של בקשה
E DO NOT PASS
OUR NEIGHBORHOOD IN
שכונתינו
DEST CLOTHES
צנוע
CLOSED BLOUSE, WITH LONG SLEEVES.
O TROUSERS, NO TIGHT-FITTING CLOTHES
ם שרוול ארוך.
ולא בלבוש צר
ISTURB THE SANCTITY OF OUR NEIGHBORHOOD,
IFE AS JEWS COMMITTED TO G-D AND HIS TORAH.
ת שכונתינו
ם לה' ולתורתו!
TORAH & WELFARE INSTITUTIONS
LOCAL RESIDENT COUNCILS
ועדי השכונות

→
Monisch
Jizchak Leib Perez, Pinchas Shaar
Paris, 1952

In diesem epischen jiddischen Gedicht beschreibt J. L. Perez die sich widersprechenden Wünsche des frommen Jeschiwa-Studenten Monisch: Das Torastudium und die Frau, die ihm gefällt. Diese Prachtausgabe erschien zum hundertsten Geburtstag des Autors mit Illustrationen des Künstlers Pinchas Shaar. Der Band beschreibt das Dilemma des Helden zwischen Gott und sexuellem Begehren.

↑
I'm With Stupid
Nicole Eisenman
USA, 2001

Mit ihrem Gemälde kommentiert Nicole Eisenman die manchmal überfordernden und ambivalenten Gelüste des Körpers und des Intellekts. In ihren Werken zeigt sie oft cartoonartige Figuren in all ihrem Scheitern mit Humor und Lebenslust, um das menschliche Dasein und die Sexualität zu beschreiben.

י.ל. פרץ
מאַניש

↑
Unorthodox
Zoya Cherkassky-Nnadi
Israel, 2020

Diese weltliche junge Frau erscheint ihrer chassidischen Familie wie eine Außerirdische. Ihre Missachtung orthodoxer Anstandsregeln lässt zwei Kulturen aufeinanderprallen. Obwohl sie entsetzt wirken, können die beiden Männer nicht ganz wegsehen. Als israelische Einwanderin aus der Ukraine lotet Zoya Cherkassky-Nnadi mit grenzüberschreitendem Humor das Thema Religion und Identität aus.

→
Holy
Dorothea Moerman
Oakland, Kalifornien, 2023

Zwei Frauen lieben sich hinter der Mechiza, die Männer und Frauen in orthodoxen Synagogen trennt. Thea Moermans Bildsprache aus der mittelalterlichen jüdischen Kunst würdigt queeren Sex als heiligen Akt. Oberhalb der Szene erscheint das Wort Heiligkeit in hebräischen Buchstaben: *kodesch.* Dieser Druck ist ein Beispiel für Moermans Projekt, die aus der Geschichte entfernten queeren Jüdinnen und Juden in der Kunst sichtbar zu machen.

קדש
D. MOERMAN 2023

←

That Place
Na'ama Snitkoff-Lotan
Israel, 2013

Begriffe wie „der Ort“ umschreiben in der rabbinischen Literatur die Vulva und sind bezeichnend für das problematische Verhältnis der frühen Rabbiner zum weiblichen Körper. Viele orthodoxe Gesetzkodizes untersagen dem Ehemann sogar, seine Frau „dort“ zu betrachten. Ohne die Vulva direkt zu benennen, präsentiert die modern-orthodoxe Künstlerin Na'ama Snitkoff-Lotan „den Ort“ der Öffentlichkeit. So scheint sie explizit kein Tabu zu brechen, widersetzt sich aber doch der Regel und bringt das Intime ans Licht.

→

Chewing Gum Sculpture
Hannah Wilke
USA, ca. 1975

Die feministische Künstlerin Hannah Wilke wollte mit ihren Skulpturen und Performances die Wahrnehmung von Frauen verändern. Aus Kaugummi formte sie eine Serie von Vulven. Wilke wählte das Material als perfekte Metapher für „die amerikanische Frau – zerkau sie, nimm dir, was du willst, wirf sie raus und steck ein neues Stück ein.“

↑
The Scourge
Gabriella Boros
USA, 2023

Jede dieser Figuren steht für einen Begriff, mit dem die Gelehrten des Talmud die Vulva umschrieben: „der Ort", „das Grab", „Zähne", „die andere Welt", „ihr anderes Gesicht", „ihr Starren", „ihr Atem". Das verschmitzte Wesen der Figuren unterläuft den Ton der religiösen Texte, die die Körper der Frauen verschleiern und problematisieren.

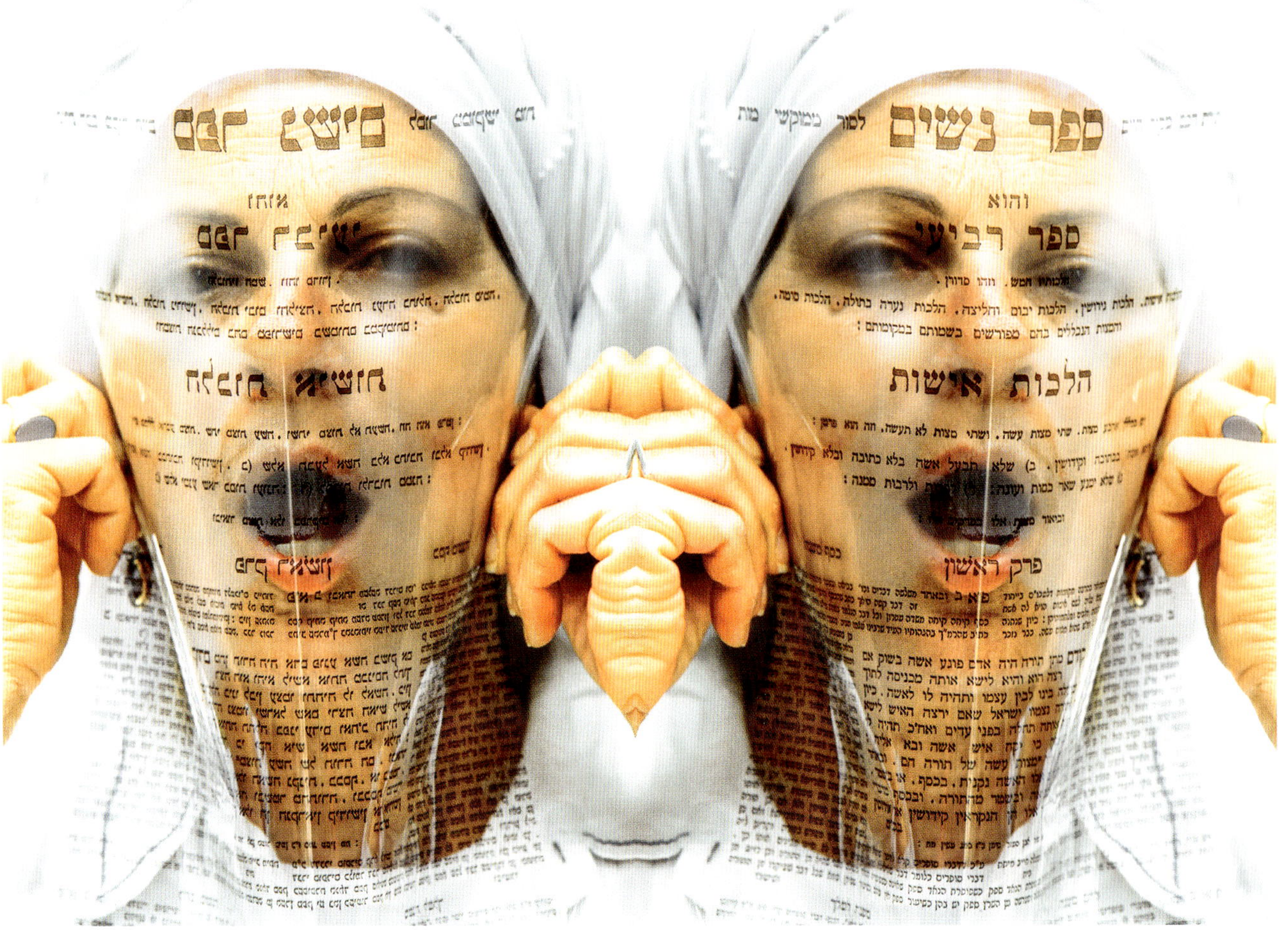

↑
Sefer Nashim
Nechama Golan
Israel, 2000

Nechama Golan zeigt sich erstickt vom „Sefer Naschim“, dem „Buch der Frauen“. Es ist Teil der „Mischne Tora“, dem klassischen Verzeichnis zur Halacha aus dem 12. Jahrhundert. Der Text behandelt Ehe, Scheidung und andere in der jüdischen Tradition den Frauen zugeordnete Themen. Eindrücklich bildet Golan den Konflikt zwischen ihren orthodoxen Werten und ihren feministischen Idealen ab.

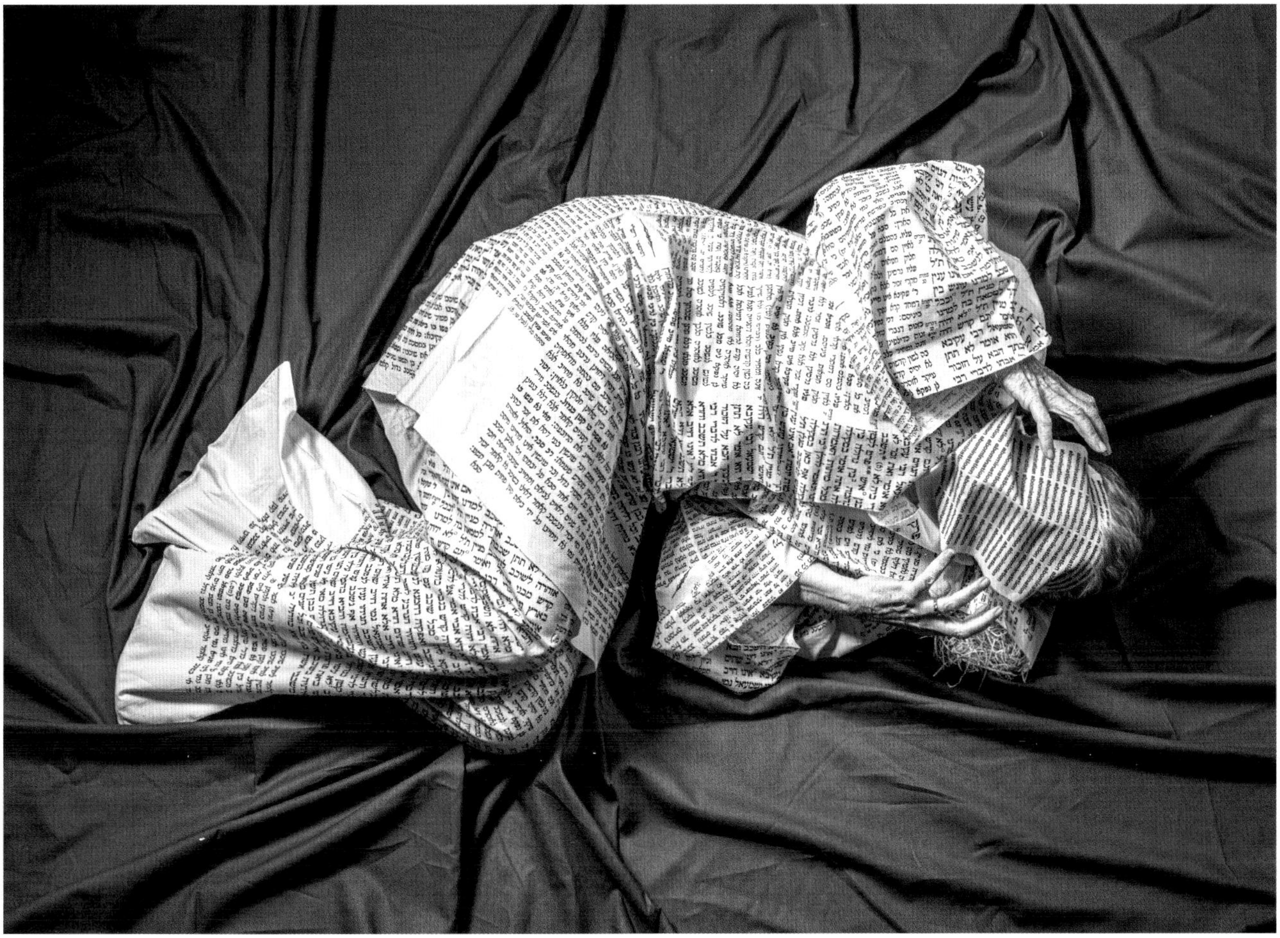

↑
Wrestling With Leviticus
Susan Kaplow
New York, 2012/2023

Susan Kaplow konfrontiert die religiös begründete Homophobie auf schmerzliche Weise, indem sie sich in eine vergrößerte Talmudseite einhüllt. Die Seite enthält die rabbinische Diskussion zu Levitikus Vers 18:22, der die männliche Homosexualität als Gräuel verdammt. Der Text wird zu einem Leichentuch, in dem die lesbische Künstlerin sich einkapselt. Nach der Performance übergab Kaplow das Tuch einer Genisa, dem traditionellen Ort zur Aufbewahrung ausgedienter religiöser Texte.

↑
Werbefoto für Sjalhomo
Jenny E. Wesly
Amsterdam, 1980–1990

Die 1979 in den Niederlanden gegründete Organisation Sjalhomo kämpfte für die Akzeptanz von Homosexualität in jüdischen Gemeinden und schuf einen Raum für homosexuelle Menschen, in welchem sie ihre jüdische Identität voll und ganz ausleben konnten.

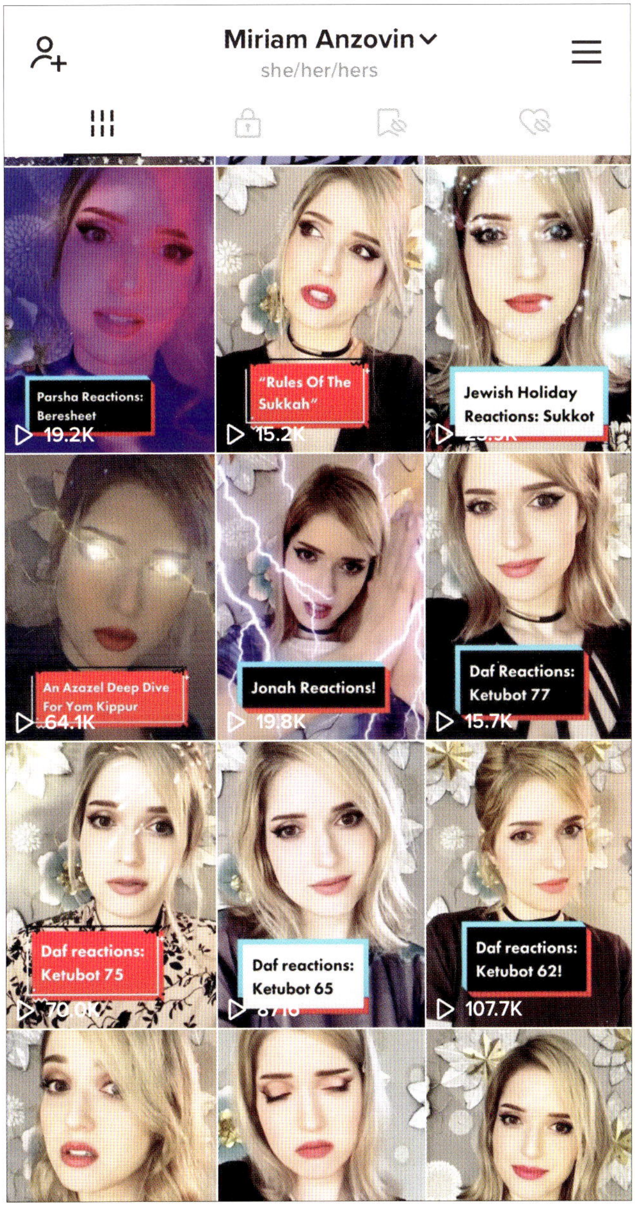

→
#DafReactions
Miriam Anzovin
USA, 2021–2022

Mit ihren ebenso originellen wie kenntnisreichen Kommentaren zum Talmud hat sich Miriam Anzovin in den sozialen Medien eine große Fangemeinde aufgebaut. Ihre Videos orientieren sich an der Tradition der *Daf Jomi*, dem täglichen Studium einer Talmudseite. Indem Anzovin die historischen rabbinischen Texte von einem feministischen Standpunkt aus interpretiert, erschließt sie die halachische Tradition einer neuen Generation.

III

Sexualität und Macht

Im Guten wie im Schlechten – Macht ist eng mit Sexualität verbunden. Denkt man an sexuelle Fantasien, geht es darin sehr wahrscheinlich in irgendeiner Weise um Dominanz oder Unterwerfung, darum, dass eine Seite Macht ausübt oder sich fügen muss. Macht kann möglicherweise Begehren befeuern; doch bei fehlender Zustimmung kann diese Macht auf verheerende Weise missbraucht werden, um andere sexuell auszubeuten, wie die #MeToo-Bewegung aufgezeigt hat. Darüber hinaus ist es die Macht – verkörpert durch gesellschaftliche Strukturen wie Religion oder Staat –, die bestimmt, welche Formen von Sexualität als legitim gelten und welche kriminalisiert oder tabuisiert werden.

Das Buch Levitikus der hebräischen Bibel ist vielleicht das bekannteste Regelwerk der Antike zu sexuellen Tabus und enthält eine umfangreiche Liste verbotener Handlungen. Sex zwischen Männern wird im hebräischen Original als *Toewa* (Gräueltat) verurteilt, was über Jahrhunderte hinweg als theologische Grundlage für die Verfolgung von homosexuellen Männern diente. Weitere Verbote betreffen den Ehebruch, Sex während der Menstruation, Sodomie sowie die verschiedensten Formen von Inzest.

Und doch scheint die hebräische Bibel ambivalent gegenüber sexuellen Tabus zu sein. Denn obwohl sexuelle Verbote eindeutig als göttliches Gesetz gelten, werden sie in den Geschichten der Bibel häufig unterwandert – mit oft erstaunlich positiven Folgen. Lots Töchter, die ihren Vater überlisten und zu einer inzestuösen Vereinigung verleiten, die Heirat von Rut und Boas über ethnische Grenzen hinweg, Davids ehebrecherische Beziehung zu Batseba – all diese Verstöße gegen die sexuelle Ordnung führten letztlich zur Sicherung von Königreichen und zur Aufrechterhaltung politischer Erbfolgen.

Es liegt in der Natur der Sache, dass Tabus kulturell bedingt sind und auch kulturell aufrechterhalten werden. Während die Ablehnung und Tabuisierung von Inzest in vielen Gesellschaften nach wie vor tief verwurzelt ist, unterscheiden sich heutige Einstellungen zu Themen wie Monogamie, Ehebruch und Homosexualität erheblich von denen vergangener Jahrhunderte. Die Frage, was im Rahmen des Zulässigen liegt und was außerhalb, ändert sich im Laufe der Zeit je nach geltenden gesellschaftlichen Normen. Und diese Normen werden ihrerseits durch neues Wissen und den gesellschaftlichen Wandel geformt und verändert.

Jüdische Wissenschaftler*innen und Forscher*innen waren maßgeblich an der Infragestellung sexueller Tabus beteiligt und haben dadurch unser Denken über die menschliche Sexualität von Grund auf verändert. Insbesondere die bahnbrechenden Arbeiten von Sigmund Freud und Magnus Hirschfeld ermöglichten eine neue Sicht auf die Geheimnisse sexuellen Begehrens und brachten festgefahrene Vorstellungen darüber, was in Bezug auf Sexualität „normal“ oder „pervers“ ist, ins Wanken.

Die Sexualität stand auch im Zentrum von Sigmund Freuds Werk. Selbst die schärfsten Kritiker seiner Theorie müssen bestätigen, dass Freud unser Verständnis der Sexualität revolutioniert hat. Seine Theorien über die Entwicklung von Sexualität bei Säuglingen und Kleinkindern, seine Schriften über das Unbewusste, den menschlichen Sexualtrieb und das Lustprinzip – all dies schuf eine neue Sprache und lieferte der Auseinandersetzung mit Sexualität eine neue Grundlage. Weil Freud die Vorstellung ablehnte, dass die unterschiedlichen Arten von Sexualität angeboren seien, entstanden neue Möglichkeiten der Anerkennung nichtnormativer Sexualitäten wie der Homosexualität, die damals in der Medizin als Geisteskrankheit galt.

Magnus Hirschfeld, ein Zeitgenosse Freuds, war einer der bedeutendsten Sexualwissenschaftler seiner Zeit und ein einflussreicher Kämpfer für die Rechte homosexueller Männer. Er definierte Homosexualität radikal neu, nämlich als natürlichen Ausdruck menschlicher Sexualität und nicht als Krankheit, die stigmatisiert oder bestraft werden musste. Der Film „Anders als die Andern“ aus dem Jahr 1919, an dem Hirschfeld mitwirkte, schildert das Schicksal von Paul Körner, einem erfolgreichen Violinisten, dessen Leben zerstört ist, nachdem er als homosexuell geoutet wurde. Hirschfeld tritt als „der Arzt" auf, eine fürsorgliche Autoritätsperson, die Körner versichert, dass seine Sexualität normal ist. Der Film sollte die deutsche Öffentlichkeit für eine Kampagne gegen den Paragraphen 175 gewinnen, der Homosexualität unter Männern in Deutschland unter Strafe stellte. Hirschfeld war seiner Zeit weit voraus – das Gesetz wurde erst 1994 abgeschafft.

Heute, im 21. Jahrhundert, herrscht weitestgehend die Auffassung, dass die menschliche Sexualität ein breites Spektrum an Ausrichtungen umfasst. Auch ist Sex nicht mehr nur etwas, das wir „tun". Sexuelle Wünsche und Verhaltensweisen sind mit sozialen Bedeutungen verknüpft, die mitunter unsere Identität und Gruppenzugehörigkeit definieren. Geschlechtsspezifische Unterschiede, die oft eher eingebildet als real sind, können dazu missbraucht werden, Macht gegen spezifische marginalisierte Gruppen auszuüben und sie zu stigmatisieren. Die antisemitischen Figuren des hypersexualisierten, raubtierhaften jüdischen Mannes und der *belle juive*, der verführerischen, exotischen jüdischen Frau sind zwei bekannte Beispiele dafür, wie Jüdinnen und Juden sexuell stereotypisiert wurden.

Doch die Sexualität spielt auch eine zentrale Rolle bei der Entwicklung eines Selbstverständnisses. Sie hat sich als mächtiges Instrument der Konstruktion und Neudefinition von kollektiven Formen jüdischer Identität erwiesen, oft als Reaktion auf antisemitische Stereotypisierung. Besonders deutlich wird dies am Beispiel des Zionismus: Das von Max Nordau propagierte „Muskeljudentum"[1] stellte den Juden der Diaspora als schwach und unterdrückt dar, ganz im Gegensatz zum virilen „neuen Juden", der über die Kraft und körperlichen Fähigkeiten verfügt, die für den Aufbau einer neuen Heimat nötig sind. Als politische Bewegung hatte der Zionismus ein interessantes Verhältnis zu Sexualität und Identität. Die frühen Zionisten vertraten bisweilen die Auffassung, dass sie einerseits an einer erotischen Revolution für Geschlechtergleichheit und freie

Liebe beteiligt waren, andererseits aber sahen sie sich als keusche, disziplinierte Pioniere mit reinem Herzen und reinem Körper.

Im Individuellen birgt Sexualität ein enormes Potenzial zur Erschaffung, Neuerfindung und Befreiung des Selbst. Besonders deutlich wird dies im Werk von Künstler*innen wie Claude Cahun und Gluck, die auf sehr unterschiedliche Weise die starren Binaritäten von Gender und Sexualität infrage stellten. Schon ihre Namen, mit denen sie sich gegen die weiblichen Namen wehrten, die ihnen bei der Geburt gegeben worden waren,[2] zeugen von der Macht des Individuums, sich radikal neue Möglichkeiten der Selbstdarstellung zu erschließen. Insofern überrascht es wohl kaum, dass diese jüdischen Künstler*innen des 20. Jahrhunderts seit einigen Jahren als queere Ikonen gefeiert werden.

1 Nordau führte diesen Begriff 1898 in seiner Rede auf dem zweiten Zionistenkongress in Basel ein.

2 Claude Cahun wurde als Lucy Schwob geboren, Gluck als Hannah Gluckstein.

Freud und seine Sexualtheorie

Ilka Quindeau

Mit den „Drei Abhandlungen zur Sexualtheorie" legte Sigmund Freud vor mehr als hundert Jahren eine bahnbrechende Sexualtheorie vor. Diese kleine Schrift ist ein Meilenstein psychoanalytischen Denkens.[1] Freud wendet sich damit gegen das herkömmliche Verständnis von menschlicher Sexualität als instinkthaftem Verhalten oder biologischem Programm und beschreibt zugleich Grundzüge einer Anthropologie. Mit seiner Sexualtheorie überwand Freud den Leib-Seele-Dualismus, der seit der griechischen Antike das europäisch-westliche Denken prägte.

Während im Alltagsverständnis körperliche Prozesse häufig nach wie vor als Grundlagen betrachtet werden, zu denen psychische Aktivitäten wie Fantasien hinzukommen und der menschlichen Sexualität ein spezifisches Gepräge verleihen, dreht Freud schon 1905 das Verhältnis von körperlichen und seelischen Verhältnissen um: Er ersetzt in seiner Sexualtheorie den Primat des Körperlichen durch den Primat des Psychischen.[2] Das Begehren, das Streben nach Lust und Befriedigung, wird zu einer zentralen Antriebskraft menschlichen Handelns, die sich nicht nur auf sexuelle Aktivitäten im engeren Sinn bezieht, sondern jeder menschlichen Tätigkeit zugrunde liegt. Diese Antriebskraft bezeichnet Freud als Sexualtrieb oder „Libido" – ein Begriff des Sexualwissenschaftlers Albert Moll. Im Unterschied aber zu diesem fasst Freud den Trieb nicht rein biologisch, sondern als Grenzbegriff zwischen dem Körperlichen und dem Seelischen.
Triebe besitzen keine inhaltliche Qualität, sondern beschreiben etwas Drängendes – eine Form von Energie ebenso wie ein motorisches Moment, das auf ein Ziel hinstrebt: Triebe seien als „Arbeitsanforderungen für das Seelenleben" zu verstehen.[3] Als Quelle des Triebs sieht Freud einen körperlichen Spannungszustand; sein Ziel ist die Aufhebung dieser Spannung. Erreicht wird dies an beziehungsweise mithilfe eines „Objekts". Ein solches Objekt kann eine andere Person oder auch ein Teil des eigenen Körpers sein. Freud betont, dass im Gegensatz zur Alltagsvorstellung das Objekt des Triebs zufällig und variabel sei. Die Befriedigung des Triebs muss auch nicht in einer Handlung bestehen, wie man sich das vielleicht vorstellt, sondern kann ebenso phantasmatisch erfolgen. Durch die Fantasie sowie die Variabilität und Offenheit grenzt Freud den Trieb sehr deutlich vom Instinkt ab, den er im Unterschied zum Trieb als hereditäres, in der genetischen Anlage verankertes, fixiertes und für die Art charakteristisches Verhalten fasst. Der Trieb hingegen verändert sich in der Geschichte des Subjekts; der anfangs ungerichtete, polymorphe Drang erfährt ein höchst persönliches Schicksal. In der englischen Standardedition wurde der Begriff des Triebes mit „instinct" übersetzt und ist oft im Sinne eines Dampfkesselmodells missverstanden worden; nicht zuletzt daher hat er in der neueren Psychoanalyse an Bedeutung verloren. Doch handelt es sich um ein äußerst elaboriertes Konzept, das die Ebenen des Sozialen, des Psychischen und des Somatischen verbindet.
Reimut Reiche fasst die Bedeutung der „Drei Abhandlungen zur Sexualtheorie" pointiert zusammen: Freud schuf im Unterschied zu all den Standardwerken über sexuelle Einzelfragen, die um die vorletzte Jahrhundertwende entstanden,

„eine allgemeine Sexualtheorie, die von der Biologie und Embryologie bis zur Soziologie der individuellen Entwicklung reicht und in deren Zentrum der unbewusste sexuelle Konflikt steht".[4] Ein erweitertes Verständnis von Sexualität ist für Sigmund Freud ein zentrales Anliegen: Sexualität ist weder auf das Erwachsenenalter noch auf Genitalität zu reduzieren, sondern umfasst ein weites Spektrum an Lust- und Befriedigungsmöglichkeiten – das heißt, sie besitzt einen sogenannten „polymorph-perversen" Charakter – und beginnt schon mit den ersten Lebensäußerungen eines Kindes, also mit dem Saugen. Die Bezeichnung „polymorph-pervers" mag abwertend klingen, aber Freud benutzt den Terminus „pervers" nicht in wertender Absicht, sondern allgemein – nicht nur bei der kindlichen Sexualität, sondern auch bei den sogenannten Perversionen Erwachsener – zur Beschreibung von Sexualformen, die nicht dem Ziel der Fortpflanzung dienen. Als „polymorph" werden die vielen unterschiedlichen Ausdrucksformen der kindlichen Sexualität beschrieben. Sexualität wird demnach nicht auf eine Fortpflanzungsfunktion beschränkt, sondern äußert sich in verschiedenen, psychisch gleichwertigen Formen. Dies betrifft sowohl Hetero- und Homosexualität als auch die sogenannten Perversionen.

Der Fantasie kommt eine zentrale Bedeutung im Sexualleben zu. Nach Freud ist sie ebenso aus Erinnerungsspuren gebildet wie die Erinnerungen selbst. Sie ist also keinesfalls zufällig oder willkürlich, sondern entwickelt sich spezifisch in jeder Lebensgeschichte. Fantasien besitzen eine doppelte Funktion und dienen der Erregung ebenso wie der Befriedigung.

Dieses breit angelegte, nicht konventionell wertende oder hierarchisierende Sexualitätskonzept, das sich insbesondere in der ersten der drei Abhandlungen findet, bietet eine Reihe von Vorteilen: Von besonderer Bedeutung erscheint, dass Freuds Modell eine normative Hierarchisierung von sexuellem Erleben und Verhalten vermeidet. Die Möglichkeit der Konzeptualisierung von psychisch gleichwertigen sexuellen Formen erfordert ein Konzept von Sexualität, das nicht erst im Erwachsenenalter ansetzt, also mit der Pubertät und der geschlechtlichen Reifung. Denn mit dem Primat der Genitalität geht zwangsläufig ein Primat der Fortpflanzungsfunktion einher, dem andere Formen untergeordnet wären. Unter dem Aspekt der psychischen Gleichwertigkeit aber lässt sich auch die Frage nach der Pathologisierung sexuellen Verhaltens und Erlebens noch einmal anders stellen: So ist – wie allgemein nach psychoanalytischem Krankheitsverständnis – nicht ein spezifisches Verhalten als pathologisch anzusehen, sondern im Wesentlichen bestimmt die Funktion, die dieses Verhalten hat, darüber, ob eine Krankheit vorliegt oder nicht. Dementsprechend kann auch die Grenze zwischen sogenanntem normalem und abweichendem oder pathologischem Verhalten nur im Einzelfall und nicht allgemein festgelegt werden. Dieser nichtnormative Charakter von Freuds Sexualtheorie wird in den drei Abhandlungen immer wieder spürbar und Freud sucht zu vermeiden, von Normalität zu sprechen. Doch relativiert er auch einige seiner Äußerungen in den verschiedenen Überarbeitungen und setzt sie in Beziehung zu damaligen Vorstellungen.

So beginnt er die erste Abhandlung mit den „sexuellen Abirrungen“. Darin zeigt sich indes kein klinisches Interesse; vielmehr versucht Freud, ihre Verwandtschaft mit der „normalen“ Sexualität deutlich zu machen. Zentral ist seine These, dass der Trieb unabhängig vom Objekt ist. Damit richtet er sich gegen einen bis in die Gegenwart hinein unverbrüchlich scheinenden Zusammenhang von Trieb und Objekt. Diese biologistische Annahme findet sich häufig auch in Diskursen über Homosexualität, die das Begehren essenzialisiert, es dem „Wesen“ der Person zuschreibt. Die Aufsprengung dieses Zusammenhangs ermöglicht es Freud hingegen, normative Abgrenzungen zu vermeiden. Daneben formuliert Freud eine weitere bahnbrechende These, indem er in den psychischen Symptomen eine Form von Sexualbetätigung sieht. So sei etwa die Hysterie gekennzeichnet durch den Gegensatz eines übergroßen sexuellen Bedürfnisses bei gleichzeitiger massiver Sexualabwehr.
Gegenstand der zweiten Abhandlung ist die infantile Sexualität. Damit meint Freud nicht allein die Sexualität im Kindesalter, sondern beschreibt den Kern auch der erwachsenen Sexualität. Nach wie vor würden kindliche Sexualäußerungen nicht selten übersehen. Die „infantile Amnesie“, welche die ersten Lebensjahre der Erinnerung weitgehend entzieht, trägt nach Freud zur Verdrängung der kindlichen sexuellen Regungen bei. Die kindliche Sexualentwicklung weise hingegen eine „Blütezeit“ im Säuglingsalter sowie im Alter von vier bis fünf Jahren auf und kehre dann in der Pubertät wieder. Dazwischen liege eine Zeit der Latenz, in der keine weiteren Sexualformen mehr entwickelt werden, die Sexualität aber gleichwohl weiterhin bedeutsam ist. Dieser Ansatz einer „zweizeitigen Sexualentwicklung“ ist von besonderer Bedeutung: „Sie scheint eine der Bedingungen für die Eignung des Menschen zur Entwicklung einer höheren Kultur, aber auch für seine Neigung zur Neurose zu enthalten.“[5] Die Sexualentwicklung erfolge durch Anlehnung des Triebs an vitale Körperbedürfnisse: zunächst an das Saugen, danach an die Ausscheidungsvorgänge. Die Sexualität macht sich davon wieder unabhängig und differenziert sich aus. Freud beschreibt dies mit den psychosexuellen Modalitäten der Oralität, Analität, Phallizität und Genitalität. Diese stellen keine Zeitachse in der Entwicklung dar, sondern beschreiben Lust- und Befriedigungsmodalitäten. Sie bilden sich entlang der vitalen Körperbedürfnisse und entstehen im Zuge bestimmter Entwicklungsaufgaben. Sie lösen sich dann aber wieder davon und bestehen lebenslang in bewusster oder unbewusster Form weiter.
Freud formuliert die folgenreiche These: „Nicht ohne Grund ist das Saugen des Kindes an der Brust der Mutter vorbildlich für jede Liebesbeziehung geworden. Die Objektfindung ist eigentlich eine Wiederfindung.“[6]
In der dritten Abhandlung geht es schließlich um die Umgestaltungen in der Pubertät, die das infantile Sexualleben in seine endgültige, erwachsene Form überführen: Während der Sexualtrieb bislang vorwiegend autoerotisch ist, findet er nun ein Objekt. Die erogenen Zonen ordnen sich dem Primat der Genitalzone unter, die Partialtriebe werden zu einem neuen Sexualziel zusammengefasst. Mit dieser Konzeptualisierung, dem Primat des Genitalen im Dienste der Fortpflanzung, zeichnet Freud ein höchst konventionelles Bild der erwachsenen Sexualität,

das sich deutlich von der Vielfalt und Ungerichtetheit der infantilen Sexualität abgrenzt. Entsprechend werde im Verlauf der Adoleszenzentwicklung konzeptionell sowohl die Vorherrschaft der Heterosexualität wieder zurückgewonnen als auch die Geschlechterpolarität und -hierarchie etabliert. So äußert Freud die Ansicht, dass „erst in der Pubertät sich die scharfe Sonderung des männlichen und weiblichen Charakters herstellt, ein Gegensatz, der dann wie kein anderer die Lebensgestaltung der Menschen entscheidend beeinflusst".[7]

Die Freud'sche Sexualtheorie kann aus (mindestens) drei Gründen nach wie vor als bahnbrechend angesehen werden: Sie bietet erstens eine nichtnormative Konzeptualisierung menschlicher Sexualität, die Pathologisierungen und die kategoriale Unterscheidung einer „normalen, gesunden" versus einer „problematischen, abweichenden" Sexualität zurückweist. Stattdessen betont sie die Gemeinsamkeiten und zeichnet ein breites Spektrum des Sexuellen mit graduellen Differenzen. Zweitens betont sie die Existenz einer infantilen, polymorphen Sexualität, die den Kern der genitalen Sexualität im Erwachsenenalter bildet. Und drittens begreift sie die Sexualität nicht als angeborenes, genetisches Programm, sondern siedelt ihre Entstehung in einem interpersonalen Raum an. Konstitutiv sind dabei Fantasien und Erinnerungen.
Kein Instinkt, sondern ein Begehren, das in der Beziehung zwischen dem Kind und dem Erwachsenen entsteht und in den Körper eingeschrieben wird, liegt dieser Sexualität zugrunde.

1 Sigmund Freud, Drei Abhandlungen zur Sexualtheorie, Frankfurt a. M. 1905.

2 Leider gelingt dieser Perspektivenwechsel nicht vollständig, und so fällt Freud in seiner Argumentation immer wieder auf die traditionelle Sichtweise zurück. Zeitlebens suchte er etwa vergeblich den Ursprung der Sexualität in endogenen, somatischen Prozessen, statt das „Ursprungsdenken" gänzlich zu verwerfen.

3 Vgl. Freud, Drei Abhandlungen, S. 67.

4 Reimut Reiche, Nachwort, in: Sigmund Freud, Drei Abhandlungen zur Sexualtheorie, Reprint der 1905 erschienenen Erstausgabe, Frankfurt a. M. 2005, S. 105.

5 Wolfgang Berner, Perversion, Gießen 2011, S. 136.

6 Freud, Drei Abhandlungen, S. 124.

7 Ebd., S. 120.

Jüdische Sexualität im Film

Nathan Abrams

Ein Buch über jüdische Sexualität im Film könnte den Titel „Und ... Schnitt!" tragen. Das ruft ein Regisseur, wenn er die Aufnahme einer Szene beenden will; zugleich würde dieser Titel auf das maßgebliche Merkmal jüdischer Männlichkeit anspielen: die Beschneidung. Man könnte ein ganzes Buch über die Darstellung des jüdischen Penis im Film schreiben.[1]
Nehmen wir *American Werewolf* (1981), in dem eine Krankenschwester sagt, sie glaube, der Protagonist sei Jude, weil er beschnitten ist; oder den Film *Hitlerjunge Salomon* (1990), in dem sich ein jüdischer Junge im von den Nazis besetzten Europa als Nichtjude ausgibt und in der Hitlerjugend stets darauf achten muss, seinen Penis nicht zu zeigen.
Die Darstellung jüdischer Sexualität im Film konzentriert sich größtenteils auf das männliche Glied. Doch gibt es noch mehr zu dem Thema zu sagen, und so ist es interessant zu sehen, wie sich im Zuge des Wandels der allgemeinen Sexualmoral und ihrer Wiedergabe im Film das Bild jüdischer Sexualität verändert hat.

Schon immer war jüdische Sexualität im Film präsent, aber für das ungeübte Auge war sie nicht unbedingt ersichtlich, da jüdische Figuren – vor allem weibliche – nicht immer als solche zu erkennen waren. In der Stummfilmzeit zum Beispiel wurde der jüdischen Schauspielerin Theda Bara (geb. Theodosia Goodman) in fast all ihren Filmen, darunter *Cleopatra* (1917) und *Salomé* (1918), die Rolle des herzlosen, männerfressenden Sukkubus zugewiesen. Ihre Paraderolle war die „Vampirin" – eine Frau, die den Männern die Lebenskraft raubt. Sie sollte die filmische Personifizierung der Gefahren und Freuden des Sex sein. Ihr unheilsames Image kam in den PR-Fotos für *Cleopatra* zum Ausdruck, die sie fast oben ohne zeigten, sieht man mal von einem knappen Schlangen-Bustier ab, das bei einem heutigen Popstar auch nicht fehl am Platz wäre.
Während nichtjüdische Charaktere oft in ihrer Sexualität gezeigt wurden, änderte sich die Darstellung jüdischer Sexualität im Film mit dem sogenannten Great Coming Out, insbesondere ab den 1960er-Jahren, als jüdische Darsteller*innen Sexualität immer vielfältiger verkörperten. Als Dustin Hoffman in *Die Reifeprüfung* (1968) die Rolle des Benjamin Braddock und Barbra Streisand in *Funny Girl* (1968) die Rolle der Fanny Brice spielten, wurde der jüdische Körper nicht nur als sexuell attraktiv wahrgenommen, sondern dies trug auch dazu bei, sexuelle Attraktivität in der US-amerikanischen Kultur insgesamt neu zu definieren. Woody Allen machte sich das in seinen Filmen jahrzehntelang zunutze, in denen er sich selbst in den Mittelpunkt weiblicher Aufmerksamkeit stellte.
Die Darstellung männlicher jüdischer Sexualität bewegt sich in der Regel zwischen zwei Polen. Entweder in einer Außenperpektive, wie mit der Darstellung des Juden als hypersexuelles Raubtier in dem berüchtigten Nazi-Propagandafilm *Jud Süß* (1940), oder in der Innenperspektive eines Neurotikers, dessen Ängste seinem Erfolg im Wege stehen, wie es in den Filmen von Woody Allen der Fall ist. Und irgendwo dazwischen haben jüdische Männer fast übermenschliche körperliche Fähigkeiten und wirken auf das andere – meist nichtjüdische – Geschlecht anziehend. Sie alle haben eine Obsession für Sex. Woody Allen spielt mit beiden Extremen.

Interessant war die Entscheidung von Stanley Kubrick, in seinem letzten Film *Eyes Wide Shut* (1999) die in diesem Zusammenhang sexuell uneindeutige Figur des Victor Ziegler in der Verkörperung durch Sydney Pollack zum Juden zu machen. Auch die jüngere Generation jüdischer Filmemacher*innen bringt immer mehr sexuell obsessive jüdische Männer hervor. Dies gilt vor allem für die diversen von Adam Sandler gespielten jüdischen Charaktere oder diejenigen in Judd Apatows Ensemble – darunter Seth Rogen und Jonah Hill –, die als Jew Tang Clan bekannt geworden sind. In der *American-Pie*-Trilogie geht es um die Entwicklung des glücklosen Jim (Adam Sandler) von einer Highschool-Jungfrau zum verheirateten Mann und um seine mehr oder minder erfolgreichen Versuche, Sex zu haben.

In ähnlich ausdrücklicher Weise werden jüdische Frauen vielfach entweder als frigide und unattraktiv präsentiert; oder aber sie werden als außerordentlich exotisch (Stichwort *la belle juive*) dargestellt und nur zugunsten der *Schickse* (einer nichtjüdischen Frau) zurückgewiesen. Dies ändert sich nun, da jüdische Frauen ungeniert und ohne Skrupel beim Liebesspiel gezeigt werden. Ihre Körper werden in einer bisher seltenen Nacktheit gezeigt. Solche Darstellungen imitieren, verspotten und verkehren einige der schlimmsten antisemitischen Tropen von der jüdischen Frau als lüsterne, manipulative, abartige, hypersexuelle und blutschänderische Prostituierte.
Zudem werden die jüdischen Frauen im Film immer sexhungriger. „Endlich: Jüdische Frauen haben auf der Leinwand Sex", rief Aviva Kempner 1999 triumphierend aus.[2] Angesichts der zunehmenden Sichtbarkeit jüdischer Autorinnen, Regisseurinnen, Darstellerinnen, Filmemacherinnen und anderer Mitarbeiterinnen der Branche rückt das weibliche jüdische Begehren in den Mittelpunkt vieler zeitgenössischer Filme, in denen häufig junge, unabhängige und emanzipierte Frauen auftreten, die ihr sexuelles Selbst immer expliziter zum Ausdruck bringen (verbal wie visuell). So stellt bereits der Titel *Amy's O* (2001) die sexuelle Lust der Protagonistin in den Vordergrund. In vielen Filmen, die oft zur Zeit des Holocaust spielen – darunter *Schindlers Liste* (1993), *Das schwarze Buch* (2006) und *Inglourious Basterds* (2009) –, kommen attraktive, erotisch unwiderstehliche Jüdinnen vor, die eine ausgeprägte Libido haben. *Shiva Baby* (2020) setzt mit den Geräuschen eines sich anbahnenden Orgasmus ein, gefolgt von den Worten „Fuck, yeah daddy, keep going", bevor überhaupt irgendetwas auf der Leinwand zu sehen ist. Demgegenüber vermittelt der britische Film *The Governess* (1998) ein sehr anderes Modell jüdischer Sexualität als die eben genannten amerikanischen Mainstreamfilme.

Die Jüdinnen und Juden der Diaspora waren auf der Leinwand nur selten beim gemeinsamen Sex zu sehen. In israelischen Filmen ist dies selten nicht der Fall. In Filmen der Diaspora waren jüdische Männer immer hinter nichtjüdischen Frauen her; sie lehnten jüdische Frauen ab und stigmatisierten sie als „Jewish American Princesses" (JAPs), denen sie dann die Schuld an allem gaben. Während dies nach wie vor der Fall ist, gibt es immer mehr Sexualpartner*innen aus unterschiedlichen ethnischen und religiösen Gruppen. Und es werden immer mehr jüdische Menschen gezeigt, die miteinander schlafen. Die Sexsequenzen in Steven Spielbergs Film *München* (2005) beeindrucken durch die schon fast idealisierte Darstellung von zwei schönen Körpern.

Während sich der jüdische Film immer noch überwiegend auf die heterosexuelle männliche Erfahrung konzentriert, haben sich die Darstellungen von Frauen und LGBTQ+ weiterentwickelt. Ein weiteres Indiz für gestiegenes Selbstbewusstsein ist die wachsende Zahl nichtnormativer jüdischer Geschlechtsidentitäten im gesamten Spektrum von Gender, sexueller Neigung, religiöser Überzeugung und Alter. Dies deutet auf eine zunehmende Inklusivität derjenigen hin, die „außerhalb" des normativen Judentums stehen. In zeitgenössischen Filmen outen sich jüdische Männer zunehmend als schwul. Es gibt viele Filme mit schwulen Charakteren, zum Beispiel *Das Kuckucksei* (1988) und *Sunday, Bloody Sunday* (1971). Oder man denke an *Die Harten und die Zarten* (1970), in dem Harold sagt: „Was ich, Michael, bin, ist eine 32-jährige, hässliche, pockennarbige jüdische Schwuchtel."

Das israelische Kino hat in dieser Richtung zahlreiche Filme hervorgebracht, insbesondere *Amazing Grace* (2006), *Yossi & Jagger* (2002), *Walk on Water* (2004), *The Bubble – Eine Liebe in Tel Aviv* (2006) und *Eyes Wide Open* (2009). Auch wurden mehrere Dokumentarfilme zu diesem Thema produziert, darunter *Treyf* (1988) und *Zittern im Angesicht des Herrn* (2001). *Keep Not Silent* (2004) war der erste Film, in dem es um lesbische Jüdinnen in Israel ging. Daneben gibt es weitere Filme über lesbische Jüdinnen, darunter *Aimée & Jaguar* (1999), *Kissing Jessica* (2001), *Ungehorsam* (2017) und *Shiva Baby* (2020).

In jüngerer Zeit sind zwei Kurzfilme über nichtbinäre jüdische Menschen herausgekommen: *Jude* (2020) und *Make Me A King* (2021). Letzterer schildert, wie die Hauptfigur in eine orthodoxe Familie hineingeboren und in jungen Jahren zur Ehe gezwungen wird, sich aber seitdem zu einer nichtbinären Person entwickelt. Die Charaktere sprechen offen über ihre religiösen, geschlechtlichen und sexuellen Identitäten. Die Tatsache, dass jüdische trans*Personen, Neurodiverse oder jüdische People of Colour und viele andere marginalisierte Gruppen in letzter Zeit einen Platz in der Filmindustrie gefunden haben, hat dazu geführt, dass die Entfaltung jüdischer Sexualität vor allem in den vergangenen zehn Jahren mit Filmen wie *Tahara* (2020) und *Fig Tree* (2018) an Dynamik gewonnen hat.

Diese Vielfalt deckt ein Spektrum an Glaubensüberzeugungen ab, das von dezidiert säkularen über reformierte und liberale bis hin zu konservativen Jüdinnen und Juden reicht. Auch das Leben der Charedim, sehr orthodoxer Gemeinschaften, wurde auf diese Weise thematisiert, was zu einer besonderen Erotisierung ultraorthodoxer Jüdinnen und Juden führte. Der israelische Film *Kadosh* (1999) zeigt das Ehe- und Sexualleben von Charedim in Jerusalem, darunter auch eine Szene von ehelicher Vergewaltigung. Die Charedim treten als Menschen mit denselben sexuellen Problemen, Trieben und Bedürfnissen auf wie säkular ausgerichtete Jüdinnen und Juden und werden damit weniger als Typen oder Symbole dargestellt. Dadurch beweisen die zeitgenössischen Filmemacher*innen ihre

Bereitschaft, bisher geltende Grenzen zu überschreiten und Bereiche zu betreten, die bislang nicht in einer solchen Tiefe beleuchtet wurden.
Die zunehmende Zurschaustellung jüdischer Körper in sexuell und erotisch aufgeladenen Situationen (außerhalb der Hardcore-Pornografie) ist eine deutliche Abkehr von der Tradition des Mainstreamkinos, das die eindeutige Darstellung jüdischer Sexualität und Nacktheit eher scheute und stattdessen auf Anspielungen, Zweideutigkeiten und Skandalisierungen setzte, wie typischerweise in den Filmen von Woody Allen. Diese neue Ausrichtung macht den jüdischen Körper sowohl zum Spektakel als auch zum erotischen Objekt. Durch die offene Auseinandersetzung mit dem jüdischen Körper in sexueller Hinsicht wird dieser fetischisiert.
Dies markiert eine deutliche Veränderung im Film. Einer der Gründe dafür ist sicherlich das verstärkte Vordringen der Pornografie in die Mainstreamkultur und damit ins Kino im Allgemeinen. Tatsächlich kam 2009 mit *Nice Jewish Girls* ein explizit jüdischer Pornofilm heraus, der sich über das Stereotyp der frigiden „Jewish American Princess" lustig macht. Wobei noch nicht einmal die Rolle berücksichtigt ist, die Jüdinnen und Juden im Bereich des Pornofilms sowohl vor als auch hinter der Kamera spielen, ob in Kalifornien oder anderswo.
Der andere Grund ist das jüdische sexuelle Selbstbewusstsein, das sich auf ein ganzes Spektrum an sexuellen und erotischen Definitionen hinsichtlich Gender, sexuellen Präferenzen, Alter und religiöser Ausrichtung erstreckt. Der zeitgenössische Film kehrt also viele der sexuellen Stereotypen über Jüdischsein um. Die alten Ängste verschwinden nicht ganz, gehen aber mit einem neuen Selbstbewusstsein einher. So fragt der jüdische Neonazi Danny Balint in *Inside a Skinhead* (2001) seine Kumpels: „Hassen wir sie [...], weil sie am meisten Sex haben?" Jüdinnen und Juden sind eindeutig stolz auf ihren Ruf als hypersexuelle Wesen und machen sich zugleich darüber lustig.

Somit recycelt das Kino im Laufe des 20. und 21. Jahrhunderts nicht nur viele dieser sexuellen Stereotype, sondern kehrt sie auch um, indem es frühere Binaritäten infrage stellt. Jüdische Filmemacher*innen scheuen sich nicht, Themen anzugehen, die möglicherweise als problematisch empfunden werden könnten, wozu auch gehört, dass der jüdische Körper expliziter dargestellt wird als in der Vergangenheit. Obwohl sich Fortschritt nicht immer linear vollzieht – insbesondere wenn es um die Darstellung von Jüdischsein und Sexualität im Film geht, da beide in einer komplizierten, labyrinthischen Beziehung zueinander stehen –, besteht die Hoffnung, dass die Darstellung jüdischer Sexualität im Film künftig differenzierter und nuancenreicher ausfallen und nicht mehr so stark von Stereotypen bestimmt sein wird.

1 Bisher habe ich erst ein Kapitel geschrieben. Es heißt „Circumcised Cinema. Representing Jewishness on Film through Circumcision" und ist abgedruckt in: Monika Kopytowska/Artur Gałkowski/Massimo Leone (Hg.), Thought-Sign-Symbol, Berlin 2022.

2 Vgl. https://lilith.org/articles/finally-jewish-women-have-sex-on-the-screen/.

Magnus Hirschfeld und die Entstehung einer emanzipativen Sexualwissenschaft

Rainer Herrn

Das Berlin der zweiten Hälfte des 19. Jahrhunderts ist einerseits gekennzeichnet von raschem Bevölkerungswachstum, von starker Verdichtung der Wohn- und Lebensräume, von expansiver Industrialisierung, verkehrs- und medientechnischen Innovationen, andererseits aber auch von kultureller Diversifizierung, der Infragestellung traditioneller Geschlechterbilder und dem Entstehen neuer Lebensentwürfe.[1] Als Reaktion auf diese ambivalenten Entwicklungen entstehen die Lebensreformbewegungen, zu denen auch die Sexualreformbewegung zählt. Sie zielt darauf, bestehende sexual- und geschlechterpolitische Verhältnisse zu verändern: Die Reformer*innen traten gegen die „menschunwürdige, freiheitseinschränkende oder widernatürliche"[2] Diskriminierung sozialer, geschlechtlicher und sexueller Minderheiten ein. Dazu bildeten sich um die Wende zum 20. Jahrhundert entsprechende Organisationsstrukturen, die zur Legitimierung ihrer Forderungen wissenschaftliche Argumente benötigten. Die sollte das neue Fachgebiet Sexualwissenschaft liefern, das in der Zusammenführung sexualpathologischer, geschlechter- und bevölkerungspolitischer Diskussionen entstand.

Schon seine naturheilkundliche Orientierung als praktischer Arzt wie auch sein Engagement in der Anti-Alkoholbewegung weisen Magnus Hirschfeld (1868–1935) als Lebensreformer aus.[3] 1897 initiierte er das Wissenschaftlich-humanitäre Komitee (WhK), die erste Organisation, die sich für die Rechte homosexueller Männer einsetzte. Mit einer von Hirschfeld verfassten Petition kämpfte die WhK für die Streichung des mit der Reichsgründung 1871 eingeführten § 175 RStGB, der bestimmte sexuelle Handlungen zwischen Männern strafbar machte. Unterzeichnet wurde die Petition von den künstlerischen, wissenschaftlichen und politischen Eliten des Deutschen Reiches; 1898 wurde sie von Hirschfelds Parteifreund, dem SPD-Vorsitzenden August Bebel, im Reichstag verteidigt.
Die zweite in diesem Kontext zu nennende Organisation ist die vom Berliner Venerologen Alfred Blaschko zusammen mit dem Breslauer Ordinarius für Dermatologie Albert Neisser 1902 ins Leben gerufene Gesellschaft zur Bekämpfung der Geschlechtskrankheiten. Sie bemühte sich um einen liberaleren Umgang mit Geschlechtskranken und Prostituierten sowie um eine allgemeinverständliche präventive Aufklärung der breiten Bevölkerung, der juristisch enge Grenzen gesetzt waren.
1904 wurde unter Helene Stöcker, Maria Lischnewska und Max Marcuse der Bund für Mutterschutz als dritte reformorientierte Organisation gegründet, der sich für die Rechte von Frauen, besonders von unverheirateten Müttern, aber auch für Frauenbildung und sexuelle Selbstverwirklichung verdient machte; 1908 wurde er in Bund für Mutterschutz und Sexualreform umbenannt.
Die vierte Organisation ist die 1913 vom Dermatologen und Venerologen Felix Theilhaber initiierte Gesellschaft für Sexualreform, kurz GESEX genannt. Sie kämpfte vor allem für die Legalisierung von Abtreibung und Aufklärung über Methoden der Geburtenregelung; dem gleichen Thema widmeten sich zahlreiche Laienorganisationen, die sich in den 1920er-Jahren etablierten.
Die meisten Schlüsselfiguren dieser Bewegung, neben Hirschfeld, Blaschko, Neisser, Marcuse und Theilhaber auch weitere Protagonist*innen, wie Iwan Bloch,

Albert Eulenburg, Albert Moll oder Max Hirsch, kamen aus den sogenannten kleinen, wenig prestigeträchtigen medizinischen Spezialfächern, wie der Dermatologie und der Venerologie, der Urologie, Gynäkologie und Psychiatrie. Zudem stammten sie meist aus assimilierten und liberalen jüdischen Familien.
Im Berlin der Jahrhundertwende waren etwa 50 Prozent aller Ärzte jüdisch, während der Anteil von Jüdinnen und Juden unter der Berliner Gesamtbevölkerung nur knapp 4 Prozent betrug. Der Arztberuf versprach als einer der wenigen sogenannten freien Berufe nicht nur ein sicheres Einkommen, sondern auch soziale Aufstiegsmöglichkeiten und gesellschaftliche Anerkennung. Dennoch waren Profilierungschancen in den prestigereichen Fächern wie Anatomie, Innere Medizin oder Chirurgie durch den in der Medizin herrschenden Antisemitismus und den hohen Konkurrenzdruck begrenzt. Bis 1848 war es jüdischen Bürgern neben anderen Berufslaufbahnen wie der, Offiziere oder Beamte zu werden, nicht gestattet, ein Lehramt an einer Universität zu übernehmen, selbst wenn sie zuvor zu einer anderen Religion konvertierten. Auch danach blieb es für Jüdinnen und Juden schwer, im akademischen Betrieb aufzusteigen. Jüdische Wissenschaftler*innen versuchten daher, in den kleinen peripheren und wenig prestigereichen Fächern unbesetztes Terrain erobern.
Weil der Forschungsgegenstand, die Sexualität, in akademischen Kreisen als nicht wissenschaftswürdig galt, genoss die Sexualwissenschaft geringes Ansehen. Ähnliches lässt sich neben anderen Spezialdisziplinen auch für die Psychoanalyse konstatieren, die wie die Sexualwissenschaft als jüdische Wissenschaft galt und mit dieser vieles gemeinsam hatte.[4]
Ein anderer bedeutsamer Aspekt dafür, dass sich vor allem Jüdinnen und Juden in diesen Nischendisziplinen betätigten: Die gemeinsame Erfahrung von gesellschaftlicher Stigmatisierung und Verfolgung, die jüdische Sexualwissenschaftler und -reformer*innen mit jenen teilten,[5] für die sie sich einsetzten. Ihre Zielgruppen waren ebenfalls Außenseiter*innen, darunter Frauen, insbesondere unverheiratete Mütter, Geschlechtskranke, Prostituierte und Homosexuelle. Insofern kämpften sie „aus inneren und äußeren Gründen für Menschenrechte, persönliche Freiheiten, für Aufklärung, Entkriminalisierung und Emanzipationen".[6]
Die meist in Berlin beheimateten Organisationen unterstützten sich gegenseitig und gaben Zeitschriften mit wissenschaftlichem Anspruch heraus. Ein erster Zusammenschluss reformorientierter Mediziner*innen ist die 1913 von Magnus Hirschfeld, Iwan Bloch und Albert Eulenburg gegründete Ärztliche Gesellschaft für Sexualwissenschaft und Eugenik. Ihr Widerpart, die von Albert Moll und Max Marcuse im selben Jahr ins Leben gerufene Internationale Gesellschaft für Sexualforschung insistierte auf dem apolitischen Charakter der Wissenschaft und erteilte reformerischen Bestrebungen dezidiert eine Absage.

Albert Eulenburgs Versuch, mit einer ersten Vorlesung über Sexualpathologie an der Berliner Friedrich-Wilhelms-Universität 1913 die sexualwissenschaftliche Lehre universitär zu etablieren, fand nach dem Ersten Weltkrieg keine Fortsetzung.[7] Doch hatte nun eine Zeit des Aufbruchs begonnen. Aktiv beteiligt am sozialdemokratischen Wahlkampf erblickte Magnus Hirschfeld „das Morgenrot des

Sozialismus“[8] und schöpfte Hoffnung für eine grundlegende Reform des Sexualstrafrechts in der neuen deutschen Republik. Zwar beklagte er die nach wie vor mangelnde Einbindung der Disziplin in den Kanon der etablierten Fächer. Doch gerade weil „manche andere Wissenschaft“ mit „akademischen Hochmut auf die Sexualwissenschaft herabsieht, die bisher von keiner Universität für würdig befunden wurde, in Kreis ihrer Lehrfächer aufgenommen zu werden [...] betrachten wir es als Glücksumstand, daß es uns im Jahr 1919 vergönnt war, in dem *Institut für Sexualwissenschaft* dem *Lehrbuch* für Sexualpathologie eine *Lehrstätte* für Ärzte und Medizinstudierende an die Seite stellen zu können,“ schreibt er in seiner dreibändigen „Sexualpathologie“.[9] Mit deren Veröffentlichung versuchte Hirschfeld, sich als ihr maßgeblicher Vertreter zu positionieren, was er mit der Institutsgründung aus seinem Privatvermögen, noch dazu in einer hochherrschaftlichen Villa im privilegierten Berliner Tiergarten-Viertel, inhaltlich unterstrich.[10]
Konzipiert hatte Hirschfeld das Institut als eine „*Forschungsstätte*, eine *Lehrstätte*, eine *Heilstätte* und eine *Zufluchtsstätte*“.[11] Seine Hoffnung nach Bezuschussung oder Übernahme durch den Staat hatte sich 1924 u. a. aufgrund veränderter politischer Machtverhältnisse zerschlagen, sodass sich das Institut bis zu seiner gewaltsamen Schließung 1933 finanziell selbst tragen musste.
Neben Wohnungen gab es dort Räume zur Behandlung und Beratung, für Laboruntersuchungen, für das Büro des WhKs sowie nach dem Zukauf eines Nachbarhauses 1921 auch einen als Kinosaal nutzbaren Hörsaal, Ausstellungsräume und eine Bibliothek.[12]
Im Institut arbeiteten neben Volontärärzt*innen und Promovend*innen vor allem jüdische Ärzte, darunter die Psychiater Arthur Kronfeld und Berndt Götz, der Venerologe Friedrich Wertheim, der Röntgenologe August Bessunger, der HNO-Arzt Eugen Littaur, der Menschenkundler Hans Friedenthal, der Sozialhygieniker Max Hodann, die Gynäkologen Bernhard Schapiro und Ludwig Levy-Lenz sowie – als letzter Zugang 1928 – der junge angehende Psychiater Felix Abraham. Außerdem gab es eine Reihe von meist ebenfalls jüdischen Juristen wie dem Homosexuellenaktivisten Kurt Hiller, den Rechtsanwälten Arthur Brandt, Erich Frey oder Sidney Mendel, mit denen die Mitarbeiter in Strafrechtsfällen zusammenarbeiteten. Aber auch nichtjüdische Patient*innen und Aktivist*innen waren hier neben dem regulären Hauspersonal tätig, wie Dora Richter, ein damals so bezeichneter Transvestit als Hausangestellte, und der intersexuelle Erich Amborn[13] als Hilfsarchivar sowie der homosexuelle Schriftsteller Bruno Vogel. Auch Hirschfelds Lebensgefährte Karl Giese führte als Kenner des Metiers durch die sexualwissenschaftlichen Sammlungen.

Hirschfeld hatte sich nach dem Credo „Was natürlich ist, darf nicht bestraft werden“ um die Jahrhundertwende dafür entschieden, mit der damals modernen naturwissenschaftlichen Forschung für die Emanzipation sexueller Zwischenstufen, wie er Homosexuelle, trans* und inter*geschlechtliche Menschen zeitgenössisch nannte, zu kämpfen. Dieser Forschungsansatz, die sogenannte Zwischenstufentheorie, dominierte in den Anfangsjahren die wissenschaftliche Tätigkeit am Institut. Hirschfeld begriff die sexuelle und geschlechtliche Vielfalt

als Ergebnis einer ererbten Veranlagung und der Produktion männlicher respektive weiblicher Hormone. Um dies zu beweisen, ließ er die Familienstammbäume seiner Patient*innen durchforschen, Hodengewebe Homosexueller untersuchen, ihre Körper vermessen und – jenen, die besonders unter ihrer Neigung litten – Hoden Heterosexueller transplantieren, um sie zu „heilen".
Doch die Materie erwies sich als komplizierter, die Kausalitäten als uneindeutiger, die Untersuchungen als kostspieliger als er angenommen hatte, auch die „Heilversuche" waren vergeblich. Deshalb und aufgrund der Folgen der Hyperinflation wurden die Forschungen Mitte der 1920er-Jahre eingestellt.

Seine Schlüsselfunktion behielt das Institut jedoch in medizinpraktischer und sexualreformerischer Hinsicht: die eugenisch legitimierte, teils kostenlose Ehe- und Sexualberatung florierte genauso wie die Behandlung sexueller Leiden. Parallel zur Verstärkung der sexualreformerischen Aktivitäten in der zweiten Hälfte der 1920er-Jahre wurden Aufklärungsangebote für die breite Bevölkerung ausgebaut und populärwissenschaftliche Zeitschriften, Broschüren und Bücher produziert. Hirschfeld entwickelte früh eine Sichtweise auf die sexuellen Zwischenstufen, deren Selbstzuordnung, heute spräche man von sexueller respektive geschlechtlicher Identität, oberste Priorität für ihn hatte. Diese Position findet sich erstmals explizit formuliert in Hirschfelds Nachwort zu N. O. Body [Karl / Martha Baer] „Aus eines Mannes Mädchenjahren". Darin betonte er: „*Das Geschlecht des Menschen ruht viel mehr in seiner Seele als in seinem Körper*, oder, um mich einer medizinischen Ausdrucksweise zu bedienen, vielmehr im Gehirn als in den Genitalien."[14] In einem Gutachten aus der Institutszeit für eine weitere intersexuelle Person ergänzt er den Satz: „[…] nicht die Meinung eines Sachverständigen, sondern das eigene Empfinden ist maßgebend, falls zwischen beiden ein Widerspruch vorliegen sollte. […] Wir haben kein Recht, einem Menschen, der Weib sein will, zu sagen, ‚Du bist ein Mann', oder jemandem, der ein Mann sein möchte, zu befehlen, ‚Bleibe Weib' […]."[15]
Hirschfelds radikal subjektorientierte Auffassung war seinerzeit singulär; er verfolgte das Ziel, den individuellen Wunsch nach Geschlechtszugehörigkeit juristisch zu legitimieren, das heißt auch die Zugehörigkeit personenstandsrechtlich zu ändern, eine Praxis, wie sie heute – 100 Jahre später – im Selbstbestimmungsgesetz fixiert werden soll. Außerdem legte er ein therapeutisches Konzept vor, er nannte es Adaptions-, später Milieutherapie, mit dessen Hilfe sich Homosexuelle, trans* und inter*geschlechtliche Menschen besser an jene subkulturellen Gegebenheiten und gesellschaftlichen Verhältnisse anpassen konnten, die ihren Neigungen entsprachen. Dieser Ansatz findet sich ebenso bei Felix Abraham, der sich der schwierigen Lebenssituation von Transvestit*innen annahm | siehe S. 152 |. Auch die auf Hirschfelds Initiative ausgestellten und vom Polizeipräsidium beglaubigten sogenannten Transvestitenscheine, die seit 1909 jene Personen beim Vorzeigen vor Festnahmen und Anklagen schützen sollten, dienten diesem Zweck. Felix Abraham war es wiederum, der 1931 eine erste wissenschaftliche Veröffentlichung über die Technik der am Institut ausgeführten geschlechtsangleichenden Operationen von trans*Personen publizierte.

1920 wurde auf Initiative des WhKs, das seinen Sitz im Institut hatte, mit dem Aktionsausschuss ein erstes sexualpolitisches Bündnis zusammen mit zwei weiteren Homosexuellenorganisationen, der Gemeinschaft der Eigenen und dem Deutschen Freundschaftsverband (später Bund für Menschenrecht), zur Abschaffung des §175 RStGB geschmiedet. Als dieses 1924 auseinanderbrach, trat an dessen Stelle – nach der Bekanntgabe eines Neuentwurfes für ein Sexualstrafrecht im Jahr 1925 – das unter Federführung von Kurt Hiller arbeitende Kartell für eine Reform des Sexualstrafrechts. Als erster themenübergreifender Zusammenschluss linker sexualreformerischer Kräfte, die sich um eine Erleichterung des Scheidungsrechtes, die Aufklärung über Verhütungsmethoden, die Legalisierung der Abtreibung aus sozialer Indikation und die Entkriminalisierung der Homosexualität einsetzten, legte es einen „Gegenentwurf" für ein neues Sexualstrafrecht vor. Noch 1928 hatte Hirschfeld in Fortsetzung dieser Bündnispolitik den ersten internationalen Zusammenschluss in einer Weltliga für Sexualreform – mit Büro im Institut – initiiert. Viele Länder waren darin mit nationalen Sektionen vertreten, auf ihren bis 1932 in wechselnden europäischen Städten stattfindenden Kongressen wurden sexualpolitische Forderungen erhoben und Resolutionen verabschiedet.
1929 erfolgte im Strafrechtsausschuss des Reichstags eine Abstimmung über den Fortbestand des § 175 RStGB, Hirschfelds Kernthema, dessen Abschaffung mit der Stimme des konservativen Vorsitzenden Wilhelm Kahl dem Reichstag empfohlen wurde. Aufgrund der politischen Turbulenzen gegen Ende der Weimarer Zeit blieb die Empfehlung unbeachtet. Gleich darauf trat Hirschfeld wegen diverser Anschuldigungen nach 32 Jahren vom Vorsitz des WhK zurück; danach zog das Komitee in eigene Räume um.

Mit einer Einladung in die USA begab sich Magnus Hirschfeld im Oktober 1930 auf eine Weltreise, von der er aufgrund von Warnungen seiner Mitarbeiter 1932 nicht nach Deutschland zurückkehrte. Doch hatte er aus verschiedenen Orten der Welt rare ethnologische Objekte für seine sexualwissenschaftliche Sammlung nach Berlin geschickt. Dazu zählt ein aus Japan stammendes Kästchen mit aus Horn gefertigten Penisprothesen, eines der wenigen aus den Institutsbeständen erhaltenen Sammlungsstücke | siehe S. 153 |. Auf seiner Weltreise wurde er als führender Repräsentant der deutschen Sexualwissenschaft gefeiert, während man ihn in Deutschland als Sittenverderber verunglimpfte.
Doch dies war ihm nicht neu: Die antisemitischen Ausfälle gegen Hirschfeld und die von ihm geprägte Sexualwissenschaft setzten schon 1898 mit der Gründung des WhK und der von ihm erhobenen Forderung nach Entkriminalisierung der Homosexualität ein, die von Eugen Dühring als „jüdischer Geschlechtsgiervorstoß" und „Judenunsauberkeit" diffamiert wurden.[16] Die politischen Forderungen der Sexualreformbewegung wurden von Beginn an von antisemitischen Stereotypen begleitet, die meist dann in Stellung gebracht wurden, wenn Hirschfeld als (sexual-)politische Figur ins Rampenlicht der Öffentlichkeit trat.
Obgleich es eine Verkürzung darstellt, die antisemitische Feindbildkonstruktion Hirschfelds ab Mitte der 1920er-Jahre auf völkisch-nationale Kreise zu

beschränken – auch aus christlich-konservativen Kontexten (sowohl protestantischen wie katholischen), aus sittlichen und bündischen Vereinigungen, ja selbst aus konkurrierenden Verbänden der Homosexuellenbewegung[17] gibt es eine Vielzahl Pamphlete, Schriften und Pressekampagnen –, soll hier nur auf jene in der NS-Presse verwiesen werden. Denn die Plünderung des Instituts am 6. Mai 1933 im Vorfeld der Bücherverbrennung und die dabei im Zentrum stehende Instrumentalisierung Hirschfelds als Sinnbild des auszulöschenden liberalen Weimarer Geistes und letztlich die Institutsschließung im Juli 1933 durch den Berliner Polizeipräsidenten sind nur eine Fortsetzung längst angekündigter Schritte führender Nazis aus den späten 1920er-Jahren. In einer konzertierten Kampagne gegen Hirschfeld erschienen im von Joseph Goebbels gegründeten Blatt *Der Angriff*, in Julius Streichers *Der Stürmer* und in Hitlers *Völkischem Beobachter* Schmähartikel. Insgesamt liegen dort von April 1928 bis Mai 1931 etwa 20 Artikel vor, in denen das Feindbild Magnus Hirschfeld sukzessive aufgebaut wird, auf das die Studierenden des Deutschen Studentenbundes bei der Aktion „Wider den undeutschen Geist" zurückgriffen, als sie das Institut vandalisierten.[18] Aber Hirschfeld lebte da bereits im Pariser Exil, wo sein Versuch, ein neues Institut zu gründen, scheiterte. Gesundheitlich angeschlagen, begab er sich nach Nizza, wo er am 14. Mai 1935, am Tag seines 67. Geburtstages, verstarb. Seine Institutsmitarbeiter tauchten unter, wurden verfolgt und eingesperrt, gingen ins Exil oder begingen Suizid; nur wenige arrangierten sich mit den neuen Machthabern. Damit war die Sexualwissenschaft Hirschfeld'scher Prägung in Deutschland ausgelöscht. Eine offen um sexuelle Liberalisierung kämpfende Sexualwissenschaft gab es in Deutschland erst wieder in den 1970er-Jahren.

1 Gottfried Korff, Mentalität und Kommunikation in der Großstadt. Berliner Notizen zur „inneren" Urbanisierung, in: Theodor Kohlmann / Hermann Bausinger (Hg.), Großstadt. Aspekte empirischer Kulturforschung, Berlin 1985, S. 343–361.

2 Wolfgang Krabbe, Die Lebensreformbewegung, in: Kai Buchholz et al. (Hg.), Die Lebensreform. Entwürfe zur Neugestaltung von Leben und Kunst um 1900, Bd. 1, Darmstadt 2001, S. 25–29, hier S. 25.

3 Zur Biografie Magnus Hirschfeld und der Geschichte seines Instituts für Sexualwissenschaft vgl. Ralf Dose, Magnus Hirschfeld. Deutscher – Jude – Weltbürger. Jüdische Miniaturen, Bd. 15, Teetz 2005; Manfred Herzer, Magnus Hirschfeld und seine Zeit, Berlin/Boston 2017; Rainer Herrn, Der Liebe und dem Leid. Das Institut für Sexualwissenschaft 1919–1933, Berlin 2022.

4 Vgl. den Text von Ilka Quindeau in diesem Band, S. 120ff.

5 Auch sei „nicht auszuschließen, dass gerade die Fülle antisemitischer Sexualbilder dazu beitrug, das Interesse von Juden auf die Sexualwissenschaft zu lenken, [...] [um] sich die sexuellen Diffamierungen des Antisemitismus vom Leibe zu halten." Christina von Braun, Ist die Sexualwissenschaft eine „jüdische Wissenschaft"?, in: *Zeitschrift für Sexualforschung* 14/1 (2001), S. 1–17, hier S. 3.

6 Volkmar Sigusch, Geschichte der Sexualwissenschaft, Frankfurt a. M. 2008, S. 374. Vgl. dazu: John Efron, Defenders of Race. Jewish Doctors & Race Science in Fin-De-Siécle Europe, New Haven 1994, S. 143.

7 Albert Eulenburg starb bereits 1917. Die Datierung eines ersten „Lehrstuhls für Sexualwissenschaft an der Universität Königsberg" ist aufgrund mangelnder Überlieferung ungenau. Genannt wird Samuel Jessner als dessen Vertreter erstmals 1921, auf dem von Hirschfeld veranstalteten Kongress. In: Arthur Weil, Sexualreform und Sexualwissenschaft. Vorträge gehalten auf der I. Internationalen Tagung für Sexualreform auf sexualwissenschaftlicher

Grundlage in Berlin, Stuttgart 1922, S. 8.

8 Magnus Hirschfeld, Die Verstaatlichung des Gesundheitswesens, Berlin 1919, S. 3.

9 Magnus Hirschfeld, Sexualpathologie. Band III, Bonn 1920, S. 327, Hervorhebungen im Original. Auch Arthur Kronfeld hebt in seiner Eröffnungsrede „eine gewisse Befangenheit des traditionellen wissenschaftlichen Akademismus" gegenüber der Sexuologie hervor. Arthur Kronfeld, Gegenwärtige Probleme und Ziele der Sexuologie, in: *Deutsche Medizinische Wochenschrift* 45 (1919) 41, S. 1140-1141, hier S. 1140.

10 Dabei war Hirschfelds Verständnis der Sexualwissenschaft durchaus umstritten. Als einer seiner Mitherausgeber der *Zeitschrift für Sexualwissenschaft* von 1908, der Leipziger Hermann Rohleder, versuchte, 1923 dort ein Institut für Sexualwissenschaft einzurichten, lehnte der Dekan der medizinischen Fakultät, Karl Sudhoff, das Ansinnen mit folgender Begründung ab: „Ich bin entschieden gegen die Einrichtung eines sexualwissenschaftlichen Instituts. Ich kenne keine Sexualwissenschaft als solche. Was sich dafür ausgibt, ist entweder eine höchst fragwürdige Pseudowissenschaft, wie sie z. B. Herr Magnus Hirschfeld und Herr Ministerialdirektor Dr. Wulffen, jeder freilich auf eine verschiedene Weise, betrieben haben; oder der irreführende Name für eine sehr notwendige und zweckmäßige Aufklärungsarbeit, die als solche mit Wissenschaft aber gar nichts zu tun hat." Sudhoff zitiert nach Volkmar Sigusch, Geschichte der Sexualwissenschaft, Frankfurt a. M. 2008, S. 71.

11 Aus der Eröffnungsrede Hirschfelds, vgl. ders., Das Institut für Sexualwissenschaft, in: *Jahrbuch für sexuelle Zwischenstufen* 19 (1919), H. 1/2, S. 54 (Hervorhebung im Original).

12 Magnus Hirschfeld: Unsere Arbeit, Berlin 1924, S. 10.

13 Vgl. Erich Amborn, Und dennoch ja zum Leben. Die Jugend eines Intersexuellen in den Jahren 1915–1933, Schaffhausen 1981.

14 Magnus Hirschfeld, Nachwort, in: N. O. Body, Aus eines Mannes Mädchenjahren, Berlin 1907, im Original S. 214, im Reprint von Hermann Simon, Berlin 1993, S. 163f.

15 Magnus Hirschfeld, Geschlechtskunde, Bd. 1, Stuttgart 1926, S. 552f.

16 Eugen Dühring, Moralischer Irrsinn und Unzuchtbeschönigung, in: *Der moderne Völkergeist* 5 (1898) 8, S. 63.

17 Vgl. Sabine zur Nieden, „Heroische Freundesliebe" ist „dem Judengeiste fremd". Antisemitismus und Maskulinismus, in: Julius Schoeps/Elke-Vera Kotowski (Hg.), Magnus Hirschfeld. Ein Leben im Spannungsfeld von Wissenschaft, Politik und Gesellschaft, Brandenburg 2004, S. 329–342.

18 Vgl. dazu ausführlich: Rainer Herrn, Magnus Hirschfeld, sein Institut für Sexualwissenschaft und die Bücherverbrennung, in: Julius H. Schoeps/Werner Treß (Hg.), Verfemt und Verboten. Vorgeschichte und Folgen der Bücherverbrennungen 1933, Hildesheim u. a. 2010, S. 97–152.

↑
Lesbischer Kuss in „Der Gott der Rache“
Shayna Schmidt und Melissa Weisz
Ronald L. Glassman
New Yiddish Rep, USA, 2017

In einem Schlüsselmoment des Theaterstücks *Der Gott der Rache* von Shalom Asch (1880–1957) verliebt sich die Tochter eines jüdischen Bordellbesitzers in eine Sexarbeiterin. Nach der Uraufführung am Broadway 1923 ging diese Szene als erster lesbischer Kuss auf einer amerikanischen Bühne in die Geschichte ein. Aber der Kuss war für das amerikanische Publikum zu viel, die Darstellerinnen wurden verhaftet und der Obszönität bezichtigt.

MIAMI LIVES
CONEY ISLAND LIVES
DORA LIVE
ROSALIE NETTER LIVES
GENET LIVES 382
LENNY BRUCE LIVES 167
Although Because of this tatoo he cant be buried in a Jewish cemetery
SARAH UMAN LIVES 218
BILLIE LIVES
BILLIE LIVES
BILLIE LIVES
GEFILTE FISH
GEFILTE FISH
GEFILTE FISH
GEFILTE FISH

←
Eat Your Power, Honey, Before It Grows Cold
Anita Steckel
USA, ca. 1970–1972

In ihrer *New York Skyline*-Serie überlagert Anita Steckel die Stadt mit expliziter sexueller Symbolik. Sie zeigt, wie Erotik und Begehren das großstädtische Leben antreiben. Steckels Werk fragt nach Lust, Politik und Misogynie, insbesondere in der Kunstwelt. Anlässlich der Gründung der Fight Censorship Group mit anderen Künstlerinnen schrieb Steckel in einer gemeinsamen Stellungnahme: „Wenn der erigierte Penis gut genug ist, um in Frauen einzudringen, dann ist er allemal gut genug, in den besten Kunstmuseen ausgestellt zu werden."

↓
Immigrant's NO Suitcase (Anti-Pop)
Boris Lurie
New York, 1963

Boris Lurie stellt eine oft unkomfortable Nähe zwischen Sexualität und Gewalt her. Hier sind nackte Leichen neben einem Glamour-Model abgebildet. Auch Davidsterne sind zu sehen – ein Motiv, das in seinem Werk häufig auftaucht. Lurie überlebte mit seinem Vater das Rigaer Ghetto und drei Konzentrationslager. Seine Familie war bei einem Massaker in der Nähe von Riga ermordet worden. Mit seiner Kunst kritisiert er die Kommerzialisierung des öffentlichen Lebens, die sogar die Schoa zu einem medialen Produkt degradiert. Lurie gehörte zu den Gründern der NO!art-Bewegung, die sich von der Pop-Art abgrenzte. Die Bewegung protestierte gegen die Manipulationen des Kunstbetriebs, gegen Konservatismus, Krieg und Prüderie in den USA.

↑
Ruth et Boaz
Marek Szwarc
Paris, ca. 1920

Nachdem ihr Mann gestorben ist, folgt Rut ihrer Schwiegermutter Naomi in deren Heimat. Boas, ein Verwandter des Verstorbenen, gefällt Ruts Treue. Auf Anraten Naomis legt sich Rut eines Nachts zu dem schlafenden Boas und bittet ihn um Unterstützung für Naomi und sich. Die beiden heiraten schließlich. Rut bekommt einen Sohn, Obed, und wird zur Urgroßmutter von König David.

←

Stalag 217
Victor Bolder
Israel, 1961

„Stalags", kurz für Stammlager, sind pornografische Romane, die in nationalsozialistischen Konzentrationslagern spielen und in den 1960er-Jahren in Israel populär wurden. Im Zentrum stehen die sexuelle Gewalt, mit der weibliche SS-Wärterinnen Gefangene der alliierten Streitkräfte misshandeln, sowie deren spätere Rache. Die Bestseller erreichten ihre größte Verbreitung zum Beginn des Eichmann-Prozesses in Jerusalem. In diesen frühen pornografischen Schriften auf Hebräisch setzte sich die israelische Gesellschaft mit den Schrecken der Schoa auseinander. Die „Stalag"-Serie zeigt, welche schockierenden und grenzüberschreitenden Formen sexuelle Fantasien annehmen können.

→

Ansichtskarte des Bordells Maison Weinthal aus Protest gegen die neue Polizeiverordnung
Amsterdam, um 1900

„Madam" Jurjentje Rauwerda betrieb im 19. Jahrhundert das größte Bordell Amsterdams, benannt nach ihrem Ehemann Benjamin Weinthal. Das luxuriöse Maison Weinthal musste 1902 seine Türen schließen, nachdem die Polizei ein entsprechendes Verbot verhängt hatte.

→
Lot and His Daughters
Abraham Lozoff
England, 1926

Lots Töchter verführen ihren ahnungslosen Vater zum Weintrinken – im Glauben, die ganze Welt sei zerstört, und mit dem Wunsch, ihm Nachkommen zu sichern. Ohne Lots Wissen legen seine Töchter sich in zwei aufeinanderfolgenden Nächten zu ihm und bekommen jeweils einen Sohn: Moab und Ammon.

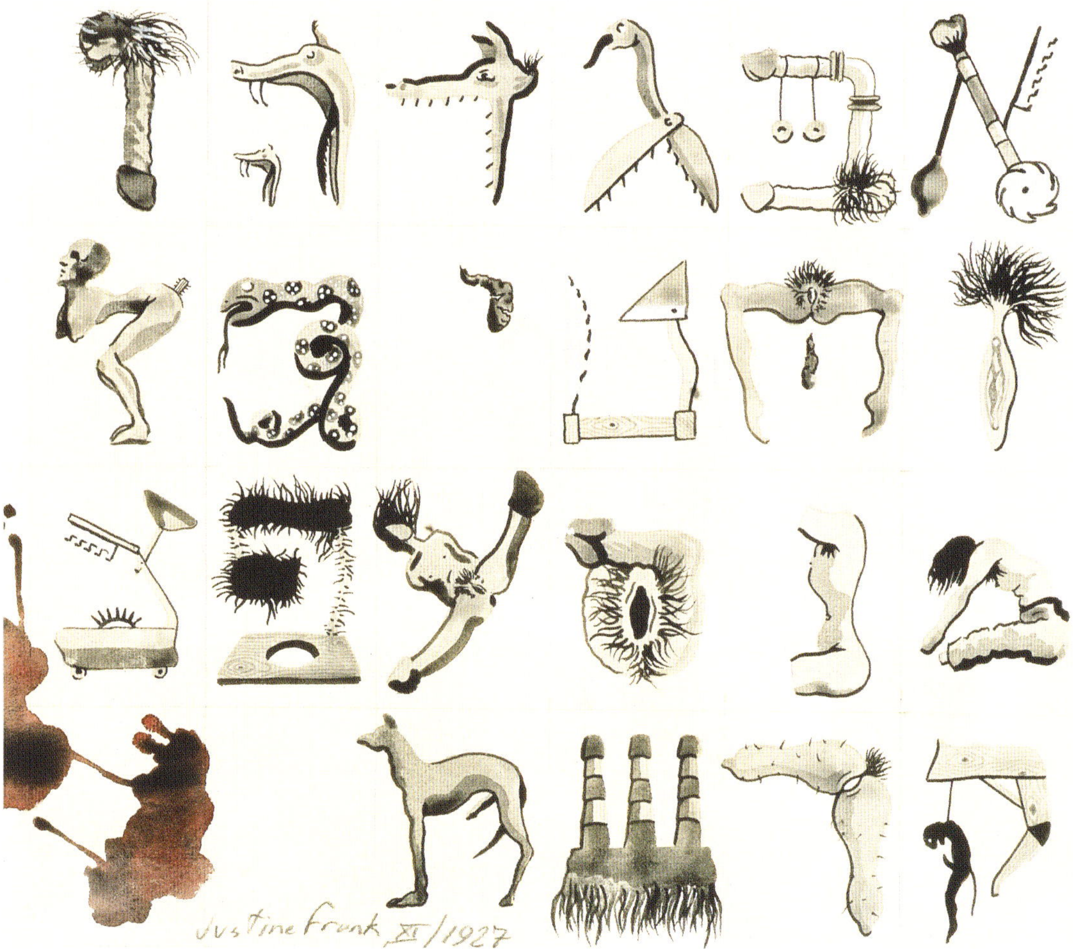

↑
The Stained Portfolio
by Justine Frank, Nr. 56
Roee Rosen
Israel, 1998/2001

Justine Frank (1900–1943) ist eine fiktive belgisch-jüdische Surrealistin und Pornografin, erdacht vom israelischen Künstler Roee Rosen. In Franks Kunst verschmilzt jüdische Ikonografie mit Erotika und Pornografie. Die Arbeit verweist auf Franks gespaltenes Verhältnis zum Zionismus: Sie stellt das hebräische Alphabet als einen grotesken Index von Unzucht und Genitalien dar.

←

Lekythos mit Ödipus und der Sphinx
Kopie eines Originals von 550 u. Z.

Sigmund Freud war ein passionierter Sammler von Antiquitäten. Die Psychoanalyse, das Ausgraben von verschütteten Erinnerungen, sah er als eine Art Archäologie der Seele. Die Figur des Ödipus weist auf den berühmten griechischen Mythos hin. In Freuds Psychologie spielt der Ödipuskomplex eine entscheidende Rolle und prägt das kindliche Aufwachsen.

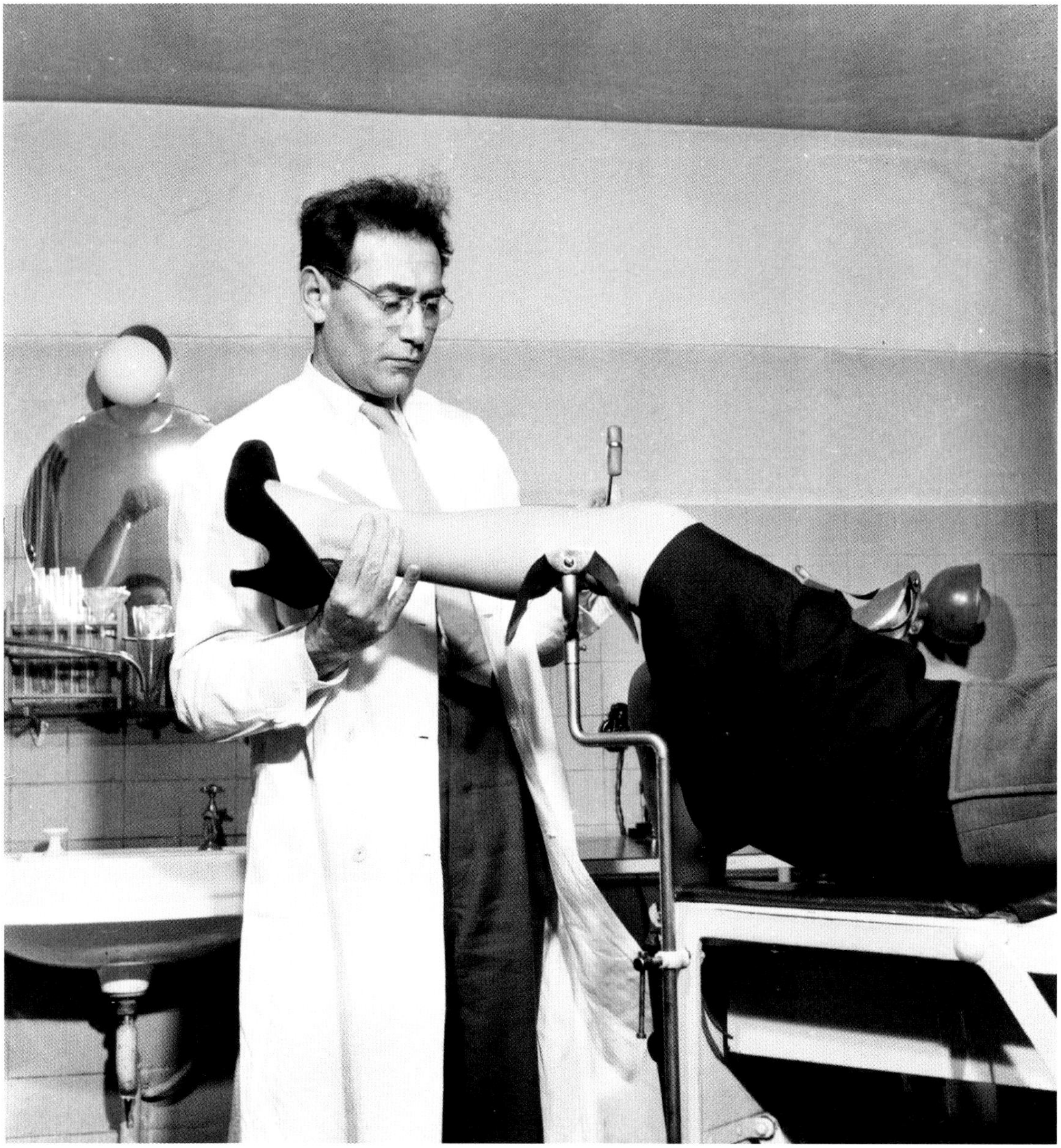

↑
Der Sexualwissenschaftler Herman Musaph untersucht eine Patientin
ca. 1953

Der niederländische Psychiater und Sexualwissenschaftler Prof. Herman Musaph (1915–1992) kämpfte gegen die kulturellen und religiösen Vorurteile, die die Gesellschaft plagten. In seinem Streben nach sexueller Befreiung war er an der Gründung niederländischer Organisationen zur Förderung der Sexualität beteiligt.

↑
Anders als die Andern
Regie: Richard Oswald
Deutschland, 1919

Richard Oswald gilt als Begründer des Aufklärungsfilms, der zunächst die Themen Schwangerschaft und Geschlechtskrankheiten behandelte. In diesem Spielfilm wurde Homosexualität erstmals offen verhandelt. Magnus Hirschfeld, hier rechts zu sehen, wirkte in der Rolle des verständnisvollen Arztes und Therapeuten mit. Die Ausstrahlung wurde zum Skandal, Konservative forderten die Wiedereinführung der Zensur.

↑
Felix Abraham im Gespräch
Berlin, 1929

Zum zehnjährigen Bestehen der Magnus-Hirschfeld-Stiftung 1929 in Berlin-Tiergarten entstand in den Räumlichkeiten des Instituts für Sexualwissenschaften diese Fotografie. Sie zeigt den Arzt Felix Abraham im Gespräch mit einer trans*Person. Abraham war Leiter der sexualforensischen Abteilung des Instituts und publizierte erstmals über die dort durchgeführten geschlechtsangleichenden Operationen.

←

Kästchen mit Penisprothesen
Japan, vor 1928

Das Kästchen mit Prothesen aus Jade und Horn ist eines der wenigen Objekte, die aus dem Institut für Sexualwissenschaften erhalten sind. 1919 vom Pionier der Sexualwissenschaften Magnus Hirschfeld gegründet, war dieses interdisziplinäre Forschungsinstitut das weltweit erste seiner Art. Die Nationalsozialisten diffamierten die Sexualwissenschaften als „jüdische Wissenschaft" und plünderten das Institut im Mai 1933. Dabei verbrannten sie zehntausende Bücher und Objekte.

←
I Am in Training Don't Kiss Me
Claude Cahun
vermutlich Frankreich, 1927

Das ikonische Selbstporträt von Claude Cahun, geboren als Lucy Schwob, enthält vermeintlich männliche und weibliche Ausdrucksformen. Teils Bodybuilder, teils Verführerin: Das zweideutige Motiv fordert die Vorstellungen einer festgeschriebenen Genderidentität heraus. Cahuns Erkundungen zu Gender, Sexualität und dem eigenen Selbst finden auch in der heutigen Zeit zunehmend fluider Identitäten Widerhall.

→

Gluck
Howard Coster
England, 1926

Als Hannah Gluckstein (1898–1978) geboren, bestand Gluck auf dieser Kurzform des Namens und lehnte jeden Vornamen ab, der auf ein spezifisches Geschlecht hinweisen könnte. Gluck lebte offen lesbisch und forderte die Genderbinarität subversiv heraus. Glucks maskuliner Anteil wird in diesem Porträt von Howard Coster deutlich, der als „der Fotograf der Männer“ bekannt war.

←

The Tenth Commandment
Shraga Weil
vermutlich Ungarn, 1946

Als Jugendlicher gehörte Shraga Weil in der Tschechoslowakei der sozialistisch zionistischen Jugendbewegung *Hashomer Hatzair* an. Das Poster ist Teil einer Serie, für die Weil die zehn säkularen „Gebote" der Bewegung illustrierte. Der Text betont die Bedeutung der sexuellen Reinheit für die zionistische Jugendbewegung: „Der Schomer ist rein in Gedanken, Wort und Tat. Er raucht nicht, trinkt keinen Alkohol und lebt sexuell enthaltsam."

→

Lasst mich arbeiten!
Palästina, 1930er-Jahre

Ein muskulöser Industriearbeiter bedient eine Maschine mit der Schlagzeile: „Lasst mich arbeiten! Kauft regionale Produkte!" Der jüdische Mann stellt eine bespielhafte Männlichkeit dar und verkörpert die Ideale des sogenannten Muskeljuden: Juden sollten stark und gesund sein, um das antisemitische Bild des Ghettojuden zu widerlegen und in der Lage zu sein, eine nationale Heimat in Palästina aufzubauen.

תנו לי לעבוד!
קנו
תוצרת הארץ!
ליט. א.קופמן

↑
Aus der Serie „Orthodox Eros"
G. L. H.
Israel, 2010

Die sorgfältig inszenierten Bilder junger, streng orthodoxer Männer gehören zu einer Serie der israelischen Fotografin G. L. H. Sie bieten einen intimen Einblick in Sinnlichkeit und Erotik, die auch in einem religiösen, chassidischen Leben möglich sind.

↑
Untitled (Soldiers Series)
Adi Nes
Israel, 1996

Diese Fotografie ist charakteristisch für Adi Nes' Serie, in der er in Aufnahmen israelischer Soldaten Hypermaskulinität und Homoerotik kombiniert. Er hinterfragt so normative israelische Konstruktionen des idealen jüdischen Mannes.

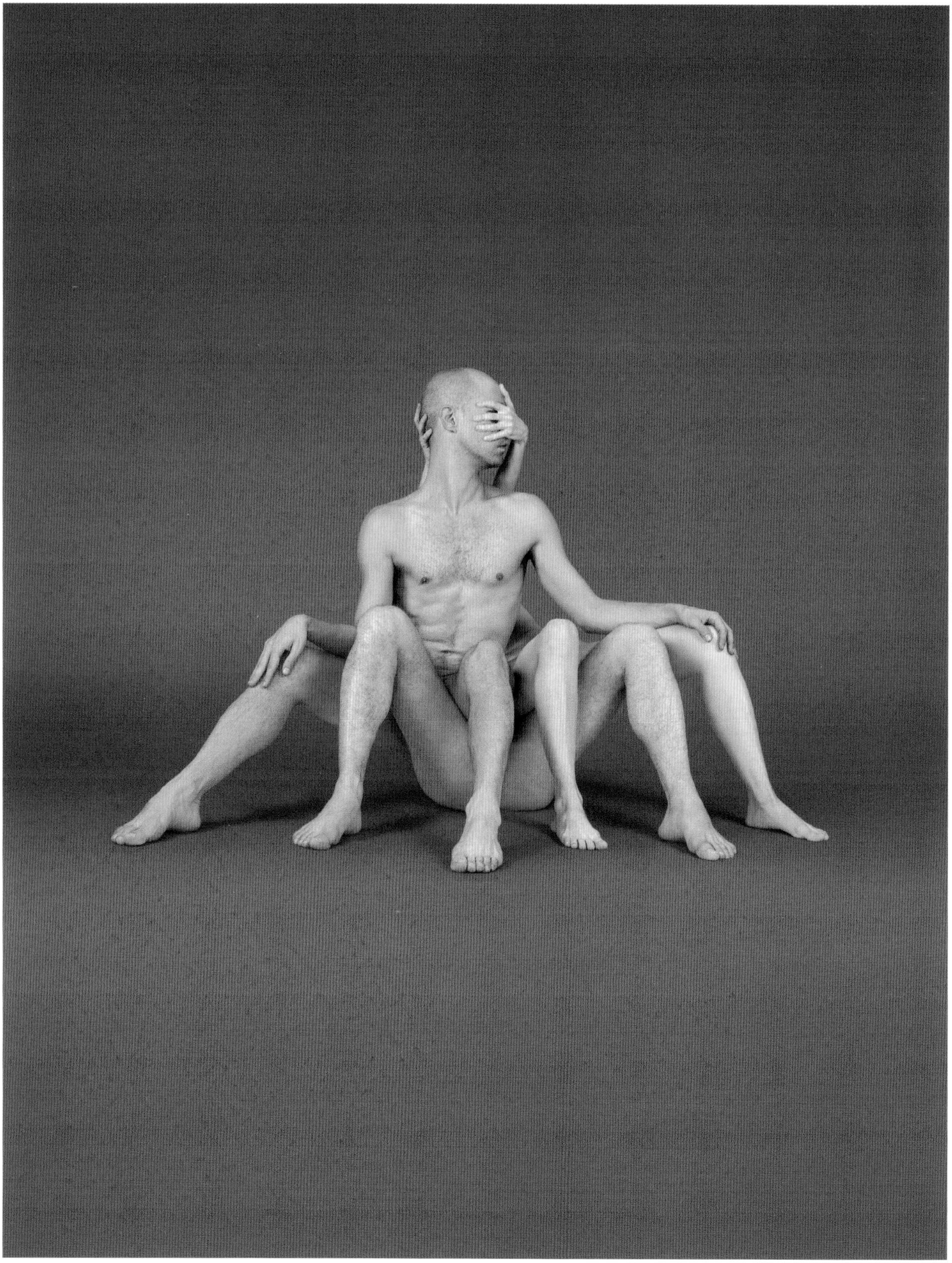

←

Body Piece II
Guy Aon
Tel Aviv, 2021

Sechs Beine, vier Arme und ein Kopf – hier verbinden sich mehrere Körper zu einem neuen Wesen. Guy Aons Fotografie nimmt menschliche Körper in den Blick, die er skulptural inszeniert. Seine Bilder entstehen in Absprache mit den tatsächlich zusammenlebenden Paaren, in diesem Fall mit einer polyamourösen Dreiecksbeziehung.

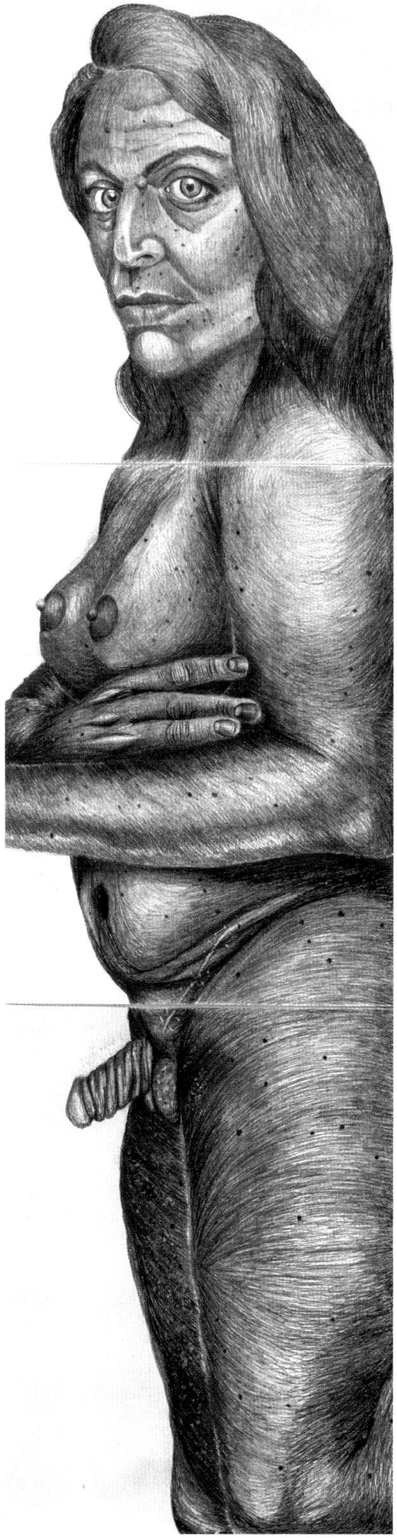

→

First Time Naked
Roey Victoria Heifetz
Berlin, 2021

Mit dem Selbstporträt dokumentiert Roey Victoria Heifetz einen besonderen Moment in ihrer Geschlechtsangleichung. Details und Größe der Zeichnung bringen Künstlerin und Betrachtende in eine intime Begegnung. Heifetz sieht diese Arbeit als einen Weg, die eigene Verletzlichkeit zu zeigen und sich ihren sich verändernden Körper als Transfrau zu eigen zu machen.

Thank
God
I'm
Gay

←
Thank God I'm Gay
Jean-Baptiste Carhaix
San Francisco, 1983

Die Fotografie zeigt Sadie, Sadie, the Rabbi Lady, mit bürgerlichem Namen Gilbert Block, ein jüdisches Mitglied der Sisters of Perpetual Indulgence, einer queeren Performance-Gruppe, die 1979 in San Francisco entstand. Als „queere Nonnen" inszenierten sie schrille Proteste gegen Homophobie und religiöse Scheinheiligkeit. Diese Fotografie fängt den Humor und die Unerschrockenheit von Sadies Aktivismus ein.

↑
Synagogo Hat
Gilbert Block
San Francisco, undatiert

Der von Gilbert Block hergestellte Hut in Form eines Davidsterns fängt Sadies selbstbewussten Umgang mit ihrer jüdischen und queeren Identität ein. Eine Diskokugel krönt die Kopfbedeckung, deren Seite die Zehn Gebote zieren.

Yehuda Amichai
Wir haben es gemacht
1971

Wir haben es vor dem Spiegel gemacht,
und bei Licht. Wir haben es im Dunkeln gemacht
im Wasser und im hohen Gras.

Wir haben es zu Ehren des Menschen gemacht
zu Ehren des Tiers und Gott zur Ehre.
Doch die wollten nichts von uns wissen,
sie hatten Solches schon gesehn.

Wir haben es in der Fantasie und
in Farbe gemacht,
in der Vermischung von rötlichem
und braunem Haar
und in schwierigen Stellungen
nach Herzenslust. Wir haben es gemacht
wie die Ofanim und die heiligen Chajot
auf dem Thronwagen des Propheten.
Wir haben es mit sechs Flügeln gemacht
und mit sechs Beinen, doch der Himmel
über uns war hart
wie die Erde des Sommers unter uns.

THEN TO THE AMAZEMENT OF ALL, THERE AROSE FROM THE FIRE
A BLUE MAIDEN, WAFTING THE FRAGRANCE OF LOTUSES IN BLOOM
लिलित
Siona 06

→
The Last of the Red Hot Mamas. Sophie Tucker's Greatest Hits
USA, 1983

Die Schauspielerin, Sängerin und Tänzerin Sophie Tucker, geborene Sonya Kalish, war ein international erfolgreicher Bühnenstar, auch *The Last of The Red Hot Mamas* genannt. Mit gewagten Songs forderte sie Genderstereotype heraus und feierte ihre sexuelle Lust. Tuckers Einfluss auf spätere Generationen von jüdischen Entertainerinnen zeigt sich unter anderem bei Joan Rivers und Bette Midler.

←
Lilith
Aus der Serie *Finding Home, No. 80 (Fereshteh)*
Siona Benjamin
USA, 2006

Lilith, die traditionell gefährliche Verführerin, erscheint als ein Symbol weiblichen Widerstands. Als erste Feministin der Geschichte wurde sie für ihre Forderung nach sexueller Gleichberechtigung dämonisiert. Siona Benjamin verbindet in ihren Darstellungen von Lilith die Kulturen: Die Bildsprachen indischer und jüdischer Überlieferung mischen sich mit amerikanischer Pop-Art.

IV

Erotik und das Göttliche

*„Mit Küssen seines Mundes küsse er mich.
Süßer als Wein ist deine Liebe.“* Hohelied, 1:2

Mit diesen Worten des Begehrens beginnt das Lied der Lieder, und diese Worte setzen den Ton für das, was folgt. Innerhalb der hebräischen Bibel stellt das Lied der Lieder eine Ausnahme dar; die Sammlung erotischer Liebesgedichte enthält keinerlei religiöse oder gesetzliche Anweisungen, und Gott kommt darin überhaupt nicht vor. Mit seiner offenkundig erotischen Sprache feiert das Lied der Lieder die körperliche Lust – und doch gehört es zum biblischen Kanon und wird in den Synagogen jedes Jahr während Pessach vorgetragen.

Die heftige Leidenschaft dieser antiken Liebesgedichte hat Künstler*innen wie Judy Chicago, Marc Chagall und Jacques Lipchitz inspiriert, doch die rabbinische Tradition hatte ein gespaltenes Verhältnis zum erotischen Charakter der Verse. So haben die religiösen Kommentatoren das Buch eher als Allegorie gelesen und das Verlangen der beiden Liebenden, das in seinem Zentrum steht, als Symbol für die Liebe Gottes zum Volk Israel gedeutet. Tatsächlich verwendeten die biblischen Propheten häufig das gleiche Stilmittel, indem sie Gott und Israel als verheiratetes Paar darstellten, das eine unruhige Liebesbeziehung führt.

Im allegorischen Zugang der Rabbiner zur Erotik des Lieds der Lieder spiegelt sich jedoch auch ein grundlegender Gedanke der religiösen Tradition wider, nämlich, dass Sexualität ins Spirituelle überführt werden muss, um wirklich zulässig zu sein. Nach dieser Logik steht das Fleischliche keineswegs zwangsläufig im Gegensatz zum Geistigen. Abgelehnt wird vielmehr eine Sexualität, die lediglich dem Selbstzweck dient: eine Erotik ohne spirituelle Dimension. Stattdessen muss Gott miteinbezogen werden. Allgemein betrachten die rabbinischen Schriften Sexualität als göttliche Gabe, als verkörperte Form religiöser Verehrung. Im Talmud heißt es sogar, dass der Schabbat, der heiligste Tag der Woche, für Paare der ideale Zeitpunkt sei, um Sex zu haben.[1]

Im Zuge der Ausformung der Kabbala entwickelte das Judentum eine erotische Theologie, die den Grundstein dafür legte, dass Sex von einem bloßen körperlichen Akt in die spirituelle, theologische Sphäre überführt werden konnte. Die mittelalterlichen kabbalistischen Mystiker fassten Gott als eine metaphysische Entität auf, die aus mehreren *Sefirot* (göttliche Emanationen) besteht, die männlich und weiblich sind. Die körperliche Vereinigung von Mann und Frau auf Erden galt daher nicht nur als heiliger Spiegel des Göttlichen, sondern darüber hinaus als ein Akt von kosmischer Tragweite, der imstande war, die göttliche Ordnung wiederherzustellen, indem er die männlichen und weiblichen Aspekte der Gottheit wieder vereinte. Mit dieser kosmologischen Sichtweise revolutionierten die Kabbalisten die religiösen Bedeutungen, die der Sexualität zugeschrieben werden konnten. Sex wurde fortan zu etwas Heiligem und Transzendentem, mit umfassenden überirdischen Implikationen.

Selbst in den ältesten Texten des Judentums gilt Sex keineswegs als Hindernis für ein geistliches Leben, sondern als notwendiger Bestandteil des Menschseins. Zu den Themen, bei denen die talmudischen Gelehrten einen ansonsten seltenen Konsens erzielten, gehörte die Frage des Zölibats, eine Praxis, die einstimmig verurteilt wurde. Auch der eifrigste Toragelehrte musste Gott sowohl mit seinem Geist als auch mit seinem Körper dienen. Eine Ausnahme bildete der prominenteste Junggeselle des Talmuds, Schimon Ben Azzai, der von seinen Mitstreitern heftig getadelt wurde, weil er das Torastudium der Ehe vorzog. Ben Azzai rechtfertigte seine unorthodoxe Entscheidung, ein zölibatäres Leben zu führen, mit den aufschlussreichen Worten: „Was soll ich tun, meine Seele sehnt sich nach der Tora?“[2] Sex schien für ihn keinerlei Reiz zu haben; er lenkte ihn bloß vom wahren Objekt seiner Begierde ab: der Anbetung Gottes.

Die Grenze zwischen dem Geistigen und dem Sinnlichen ist alles andere als klar. Wie der Fall Ben Azzais zeigt, können Gottesverehrung und religiöse Anbetung als Ausdruck intensiven Begehrens und sogar romantischer Liebe erlebt werden. In bestimmten Strömungen der Mystik und in der gesamten religiösen Liturgie gibt es die Vorstellung, dass Gott und die Tora Gegenstände des Begehrens sind, wobei die göttliche Anbetung oft in einer erotisch aufgeladenen Sprache ausgedrückt wird. Ein Beispiel dafür ist die ungezügelte Leidenschaft, die sich im liturgischen Gedicht „Jedid nefesch" findet. Das Gedicht, das häufig am Schabbat gesungen wird, beschreibt die Beziehung zwischen Gott und dem jüdischen Volk in einer Sprache, die eher in der erotischen Dichtung zu finden ist: „Nafschi cholat ahawatecha", was wörtlich übersetzt heißt: „Meine Seele verzehrt sich nach deiner Liebe."

Und sehnt sich die Seele nach göttlicher Liebe, dann sind religiöse Rituale für den Körper ein nützliches Vehikel, um diese Liebe zu erlangen. Denn auch wenn Rituale spirituelle Handlungen sind, so werden sie doch mit dem Körper und mit allen Sinnen vollzogen und wahrgenommen. Ob man eine Mesusa[3] küsst, die Torarolle in mehrere Schichten prächtiger Stoffe hüllt oder sich *Tefillin* (Gebetsriemen)[4] um den Arm bindet – das Judentum bietet eine Reihe alltäglicher Rituale, die eindeutig erotische Züge tragen.

Am Beispiel der Tefillin lässt sich gut nachvollziehen, wie durchlässig die Grenze zwischen dem Spirituellen und dem Sinnlichen ist. Die schwarzen Lederriemen der Tefillin, die um den Körper gebunden werden, könnte man – mit einem weniger religiös gefärbten Blick – ohne Weiteres für ein Element von Bondage und Fetisch halten. In ihrem Gedicht „Tefillin" verwandelt Yona Wallach diesen heiligen Gegenstand in ein Sexspielzeug zur Erfüllung einer sexuellen Gewaltfantasie; als es 1982 veröffentlicht wurde, löste das Gedicht in Israel Empörung aus. Auch heute noch setzen sich viele queere Künstler*innen kreativ mit den Tefillin auseinander, so auch der in Berlin lebende Fotograf Benyamin Reich, in dessen Arbeiten die erotisch aufgeladene Kraft dieses Ritualgegenstands eine wichtige Rolle spielt.

Doch wer auf der Suche nach authentischer Gemeinschaft mit dem Göttlichen ist, für den bieten rituelle Gegenstände nicht den einzigen Zugang. Das Gebet – der direkteste, unvermittelte Akt der Begegnung mit Gott – hat sein eigenes erotisches Potenzial. Man braucht sich nur jene ultraorthodoxen Männer vor Augen zu führen, die mit ihren Körpern in stiller Entrückung hin und her schaukeln, sei es in der Synagoge oder zu Hause. Der Begründer des Chassidismus, Baal Schem Tow, stellte in seinen Lehren ausdrücklich die Verbindung zwischen Gebet und erotisch aufgeladener Spiritualität heraus. In einer außergewöhnlichen Passage, die die kabbalistischen Ursprünge des chassidischen Denkens deutlich macht, schreibt er, dass „das Gebet eine Form des Verkehrs mit der Schechina" sei (die Schechina ist die weibliche Präsenz Gottes), und verweist auf die „Erregung", die durch die Bewegung des Körpers beim Beten entsteht.[5] Ob diese Erregung nun körperlich oder geistig ist – oder, vielleicht wahrscheinlicher, beides –, was daraus folgt, ist klar: Sexualität ist ein essenzieller Bestandteil der göttlichen Verehrung.

1 Babylonischer Talmud, Ketubot 62b.

2 Babylonischer Talmud, Jewamot 63b.

3 Mesusa bedeutet wörtlich „Türpfosten" und bezeichnet eine Pergamentrolle mit Versen aus der hebräischen Bibel, die nach dem rabbinischen Judentum am Türstock von jedem Haus oder Gebäude anzubringen ist. Gemäß einem gängigen Brauch berührt man beim Durchschreiten der Tür die Mesusa und küsst dann die eigenen Finger.

4 Tefillin sind kleine schwarze Kapseln aus Leder, die an Lederriemen befestigt sind und Pergamentrollen mit biblischen Texten enthalten. Das Tragen der Tefillin ist Teil des morgendlichen Gebetsrituals. Die Lederriemen sind dazu da, die Tefillin am Körper zu befestigen.

5 Baal Shem Tow, Zawaat ha-riwasch.

Die Eruption des Eros in den jüdisch-messianischen Häresien

Jay Michaelson

„Mit diesem Akt schreiten wir zur nackten Sache, deshalb müssen wir nackt sein." Das sagte der Häresiarch Jakob Frank (1726–1791) auf dem Höhepunkt eines Sexualrituals, das er 1759 am Vorabend der Bekehrung seiner Sekte zum Christentum durchführte. Laut Paragraf 46 der „Chronik des Lebens Frank" zog er sich „nackt aus und befahl allen Versammelten, [es ihm gleich zu tun]. Dann nahm er eine kleine Bank, stellte zwei brennende Kerzen darauf, schlug einen Nagel in der Mitte ein und hängte sein Kreuz daran. Er kniete davor nieder, nahm das Kreuz, verneigte sich in vier Richtungen und küsste es. Dann befahl er Ihrer Hoheit [Franks Frau] und allen anderen, es ihm gleichzutun. Anschließend fanden sexuelle Handlungen statt, so wie er es bestimmt hatte."[1]
Welche Bedeutung maßen die Beteiligten solchen sexuellen Transgressionen bei? Dieser Frage nachzugehen, ist kein leichtes Unterfangen. Vom messianischen Sabbatianismus, aus dem Franks Sekte hervorging, gibt es nur wenige Aufzeichnungen; die meisten Berichte stammen von Gegnern der Bewegung und strotzen vor Übertreibungen.[2] Selbst der berüchtigtste Vorfall in der Geschichte der Frankisten, ein angebliches Sexritual im Jahr 1757, ist nur in rabbinischen Polemiken dokumentiert. Die Anhänger der Sekte behaupteten, sie hätten lediglich „Lieder gesungen", was die Sabbatianer in der Tat oft taten.[3] In Darstellungen von Sabbatianismus und Frankismus nimmt sexueller Antinomismus – die absichtliche Überschreitung sexueller Sitten[4] – bei Häresiologen, in der populären Verbreitung und sogar bei vielen Wissenschaftler*innen übermäßig viel Raum ein.[5] Dieses Phänomen zeigt sich in der Beschreibung nichtorthodoxer religiöser Bewegungen häufig und reduziert diese damit oft darauf, der Rechtfertigung von zügellosem Verhalten zu dienen.[6] Doch waren die Häresien sicherlich nicht bloß ein Vorwand für sexuelle Aktivitäten – schließlich gab es weitaus einfachere Möglichkeiten, sexuelle Handlungen zu vollziehen, als häretische Bewegungen zu gründen, die unter Gewalt- und Todesdrohungen verfolgt wurden. Was hatte es also mit ihnen auf sich?
Die messianischen Häresien von Schabbtai Zwi (1626–1676) und Jakob Frank bauten im Wesentlichen auf kabbalistischen Grundlagen und sahen in der sexuellen Freizügigkeit eine Erfüllung des messianischen Zeitalters.[7] Nachdem es diesen Bewegungen nicht gelungen war, die kollektive Erlösung herbeizuführen, kultivierten ihre Gläubigen ein neues Bewusstsein, das den Messianismus vom öffentlichen, realgeschichtlichen Bereich ins Private, Erfahrungsbezogene verlagerte. Der sexuelle Antinomismus schuf eine neue soziale, theologische und vielleicht auch psychologische Wirklichkeit: eine messianische Ekstase, die später unter dem schwammigen Begriff „Spiritualität" gefasst werden sollte. Zwar deuten die vorhandenen Zeugnisse darauf hin, dass Sexualrituale selten stattfanden, dennoch hatten sie eine theologische und soziale Bedeutung. Und während diese häretischen Sekten irgendwann ausstarben, wurde die Idee des erotisch-messianischen Mystizismus schließlich sublimiert und vom Chassidismus als ekstatisches Beten eingefangen, sodass im 21. Jahrhundert scheinbar harmlose Praktiken wie ekstatisches Singen, sich Wiegen und Tanzen in den Synagogen üblich ist. Die Geschichte dieser jüdischen Spiritualität führt uns aber zurück zum erotisierten Messianismus des Sabbatianismus.

Zunächst ein kurzer historischer Abriss zu Schabbtai Zwi, einer Messiasgestalt, der 1665/66 sehr viele Jüdinnen und Juden um sich scharte, die ihn für den Erlöser hielten. Diese Massenbewegung endete allerdings 1666, als Schabbtai Zwi von Sultan Mehmet IV. vor die Wahl gestellt wurde, zum Islam konvertieren oder getötet zu werden – und konvertierte.[8] Einige besonders treue Anhänger*innen wandten sich jedoch nicht von dem neuen Messias ab. Im Osmanischen Reich traten sie nach außen hin zum Islam über, hielten aber im Geheimen am sabbatianischen Ritus und Glauben fest. Man nannte sie *Dönme*, und bemerkenswerterweise gibt es diese Religionsgemeinschaft bis heute. Auch in den europäischen jüdischen Gemeinden schworen einige Sabbatianer ihrem messianischen Glauben öffentlich ab, behielten ihn aber im Geheimen bei. Zu diesen Krypto-Sabbatianer*innen gehörten prominente Rabbiner wie R. Jonathan Eybeschütz sowie Persönlichkeiten der jüdischen Aufklärung, der Haskala.
Jakob Frank wiederum agierte in beiden Welten: Geboren in eine sabbatianische Familie in Podolien (in der heutigen Ukraine), wurde er in Saloniki in die Dönme aufgenommen und war von 1757 bis 1759 in Polen aktiv, einer Zeit, als Anhänger*innen seiner Sekte in großer Zahl zum Christentum übertraten. Als man herausfand, dass es sich bloß um eine scheinhafte Konversion handelte, wanderte Frank für mehr als zwölf Jahre ins Gefängnis. Doch von 1772 bis zu seinem Tod im Jahr 1791 etablierte er sich als eine Art möchtegernadliger Scharlatan, dem durch eine Kombination aus Betrügereien, Geheimniskrämerei, politischen Netzwerken der Freimaurer und Gerüchten über hedonistische Exzesse der soziale Aufstieg gelang.[9] Franks reale Lebensgeschichte ist oft noch sonderbarer als seine fantastischen Erzählungen und theologischen Ideen.[10]

Für Sabbatanismus und Frankismus im Allgemeinen wie für ihre Haltung zum Eros im Besonderen bildet die Kabbala den wesentlichen gedanklichen Bezugsrahmen. Zwar ist es unmöglich, die kabbalistischen Lehren zum Eros hier zusammenzufassen, doch ist die Sexualität von zentraler Bedeutung in den kabbalistischen Theologien, insbesondere im theosophischen System der *Sefirot*, der göttlichen Emanationen. Der göttliche Schöpfungsprozess wird durch den sexuellen Zeugungsakt analogisiert und in ihm verkörpert. Umgekehrt werden religiöse Handlungen so verstanden, dass sie eine sexuelle Vereinigung (*jichud*) bewirken, sowohl zwischen dem Mystiker und Gott als auch innerhalb der verschieden-geschlechtlichen Sefirot (männlich, weiblich, nichtbinär und mehrgeschlechtlich). Die Ausführungen der Kabbala zum Eros führen jedoch nicht zu Freizügigkeit, sondern fördern vielmehr Unterdrückung und Angst. Besonders gilt das für sexuelle Handlungen, die nicht der Fortpflanzung dienen (so gehen viele der strengsten Vorschriften des Judentums, etwa bezüglich der Masturbation, zurück auf kabbalistische Traditionen). Durch die Erotisierung von Gott und der religiösen Praxis erzeugte die theosophische Kabbala allerdings eine Spannung, die die Häretiker später ausnutzen sollten. Manchmal wird diese Spannung offenkundig: In einigen Texten heißt es, dass im messianischen Zeitalter die Beschränkungen für sexuelles Verhalten aufgehoben würden, während in anderen Texten steht, dass Inzest zwar für Menschen verboten sei, dass es aber „oben keine Gesetze zum Inzest" gäbe, und dass Inzest das „Zepter des Königs" sei.[11] Aber auch ohne solch explizite Lehren schuf die Kabbala mit ihrer allgemeinen erotischen Aufladung und der Vergeschlechtlichung der Gottheit eine starke erotisch-spirituelle Spannung.

Die sabbatianische Bewegung machte sich dies zunutze, indem sie als Zeichen des messianischen Zeitalters sexuelle Beschränkungen (*Araiot*) aufhob,[12] weltliche Liebeslieder für die religiöse Liturgie abwandelte, zahlreiche erotische (und homoerotische) Hymnen über Schabbtai selbst verfasste und eine geradezu schockierende erotisch-spirituelle Theologie in Texten wie „So kam ich heute zur Quelle" entwickelte.[13] Der Sabbatianismus übernahm, was Moshe Idel als „nicht-metaphorische" Interpretation des kabbalistischen Verständnisses von Eros bezeichnet,[14] und was Ada Rapoport-Albert die „tatsächliche Verwirklichung des Geistes, einschließlich der vollständigen physischen Materialisierung des Göttlichen" nennt.[15] Die Dönme lehnten Regeln der Bescheidenheit und sexuellen Sitte ab und etablierten beim Fest des Lammes im Frühling ein Sexualritual, bei dem nach dem Festmahl die Lichter gelöscht wurden und die Sektenmitglieder miteinander sexuelle Aktivitäten vollzogen.[16] Dazu schreibt Şişman:

> Derlei seltsame Handlungen wurden durch die post-messianische Dönme-Kabbala legitimiert, die behauptete, der Messias sei bereits gekommen und habe die Regeln der *Tora Beri'ah* (dieser Welt) abgeschafft und an ihrer Stelle die *Tora 'Azilut* (der zukünftigen Welt) eingeführt. Um vollständig in die Welt der *'Azilut* einzutauchen, müsse ein gläubiger Mensch die Regeln dieser Welt übertreten.[17]

Abgesehen von ihrer gedanklichen oder symbolischen Bedeutung hatten solche Praktiken vermutlich auch eine zutiefst dezentrierende Wirkung, indem sie einen Bruch herbeiführten, der das messianische Versprechen der Bewegung verwirklichte; wenn die konventionelle nomische Ordnung auf der Unterdrückung des Eros beruht, so setzt das messianische Ritual ihn frei.[18] Bemerkenswert ist, dass diese Liberalisierungen mit einer zunehmenden Machtfülle von Frauen in der sabbatanischen Bewegung einhergingen, wobei Anführerinnen wie Sarah Aschkenasi (Schabbtais Frau), Chaya Schorr und Eva Frank innerhalb der Gemeinschaft und bei den Ritualen eine nie dagewesene Autorität ausübten.[19] Rapoport-Albert argumentiert, dass die Führungsrolle der Frauen ein Grund dafür war, dass der Sabbatianismus mit Zügellosigkeit in Verbindung gebracht wurde:

> Die sexuelle Lasterhaftigkeit, die ihren Frauen nachgesagt wurde, hing untrennbar mit deren uneingeschränktem Engagement für das gescheiterte messianische Projekt zusammen. Es handelte sich um einen Ausbruch weiblicher Spiritualität zur falschen Zeit – eine mächtige Kraft, die zu früh entfesselt wurde und nun eingedämmt und sicher unter Verschluss gehalten werden musste, bis ihre Zeit gekommen war.[20]

Der Sabbatianismus gehört auch zu den wenigen Fällen in der Geschichte der jüdischen Mystik, bei denen queere Sexualität und Gendering, eine Rolle gespielt zu haben scheinen. Die Liturgie enthielt homoerotische Elemente, die die Schönheit von Schabbtai Zwi und einem seiner Nachfolger, Baruchia Russo, priesen; es gibt Texte, die Schabbtai als Frau in Männergestalt darstellen oder ihn mit göttlicher Androgynität und der biblischen Esther gleichsetzen, während andere davon berichten, dass sein Penis verletzt wurde, weshalb er jahrelang nicht in der Lage war, die Ehe zu vollziehen, und zwei Ehen annulliert wurden, bevor er Sarah Aschkenasi heiratete. Selbst wenn man die anti-sabbatianischen Gerüchte außer Acht lässt, denen zufolge Russo ein männlicher Sexarbeiter war und Schabbtai Beziehungen zu jungen Dienern hatte, ist die Erwähnung von Schabbtais nichtnormativem Geschlecht und nichtnormativer Sexualität in den sabbatianischen Quellen ausgesprochen bemerkenswert.[21]
Der Frankismus baut auf diesen Themen auf, während er gleichzeitig versucht, andere Punkte auszuhebeln. Genau wie bei der Dönme, scheint auch das frankistische Sexualritual recht selten stattgefunden zu haben und sorgfältig choreografiert gewesen zu sein, anders als die Gegner der Sekte es sich in ihren fiebrigen Vorstellungen ausmalten. Beispielsweise wurde das zu Beginn dieses Aufsatzes beschriebene Ritual im Juli 1759 am Vorabend der Taufe der Sektenmitglieder unter der Leitung von Frank als eine Art Initiationsritus durchgeführt, bei dem die Mitglieder bestätigten, dass sie nicht zum Christentum übertreten, sondern sich miteinander verbinden. Der Ritus bestätigt die Identität der Gruppe und gibt, wie das sabbatianische Ritual, einen Vorgeschmack auf die jenseitige millenaristische Realität. Ada Rapoport-Albert schreibt dazu:

> Man sollte die scheinbare Zügellosigkeit des frankistischen Hofstaats nicht für willkürlich, unreguliert und ungehemmt anarchisch halten. Im Gegenteil: Die dort praktizierten sexuellen Überschreitungen, denen Frank eine symbolische, sakramentale Bedeutung verlieh, erfolgten stets auf sein Geheiß hin und zwar auf genau festgelegte Weise, zu bestimmten Zeiten und an bestimmten Orten. Sie sind Ausdruck antinomischen Handelns – bedeutungsvoll gerade deshalb, weil es die Autorität jener Gesetze anerkennt, gegen die es verstößt.[22]

Auf den sabbatianischen Fundamenten etablierte der Frankismus neue Strukturen. Frank schildert die sexuelle Befreiung als Befreiung der Jungfrau (*panna*), einer messianischen Figur, die man als das Prinzip der materiellen, leibhaftigen Sinnlichkeit verstehen kann, die im Laufe der Zeit in vielen Frauen verkörpert ist; sie ist das Tor zu eschatologischer Erlösung und persönlicher Transformation. Im Gegensatz dazu ist die Unterdrückung der Sexualität eine Falle der „fremden Frau“, die in der kabbalistischen Tradition für Zügellosigkeit steht, hier aber mit sexueller Unterdrückung in Verbindung gebracht wird. In Paragraf 2183 seiner mündlichen Lehren sagt Frank, dass Evas „Verhüllung“ unter Schleiern der Sittsamkeit und ihre Unterwerfung auf Adams Sünde zurückzuführen sei, eine Situation, die durch die Befreiung des „weiblichen“ Prinzips der Sinnlichkeit korrigiert werden solle.[23] Sexuelle Scham hat diese Verhüllung verursacht, sexuelle Freiheit wird sie aufheben. Allerdings ist diese „Befreiung" protofeministisch und frauenfeindlich zugleich. Im Gegensatz zu dem „effeminierten" Schabbtai Zwi stellt sich Frank als kraftvoller, priapeischer Held dar. Schabbtai Zwi war eine heimliche Frau, aber der Messias, das heißt die Jungfrau, wird eine echte Frau sein, und Frank wird ihr Erlöser sein. Und doch wird diese männliche Mission letztlich unternommen, damit das Weibliche über das Männliche herrschen kann: damit Befreiung über Unterdrückung siegt.

Die Häresien des Sabbatianismus und des Frankismus starben aus, verschwanden jedoch nicht vollständig. Im osmanischen Kontext stellten Dönme große Teile der Führungsriege der „Jungtürken", die den modernen türkischen Staat gründen sollten.[24] Und in Europa ebnete der Sabbatianismus den Weg für den Chassidismus, der im gleichen geografischen und sozialen Umfeld entstand und die sabbatianische mystische Ekstase im ekstatischen Gebet domestizierte, das oft in einer erotischen Sprache beschrieben und als unmittelbare Erfahrung der messianischen Realität angesehen wurde.[25] Wie der Sabbatianismus ersetzte der Chassidismus den öffentlichen Messianismus durch eine private, erotisch aufgeladene spirituelle Praxis; er bewahrte, in den Worten von Haviva Pedaya, „eine strukturelle Kontinuität mit den vorangegangenen Erfahrungen von Offenbarung und Messianismus".[26] Doch im Gegensatz zum Frankismus gelang es dem Chassidismus, den erotisierten, ent-historisierten Messianismus in das normative jüdische Leben zu integrieren. So harmlos das Singen eines chassidischen *Niggun* heute erscheinen mag – in seinen Anfängen wurde er als ekstatisches, erotisch-spirituelles Ritual wahrgenommen, als neue, verbindliche Umsetzung des sabbatianischen religiösen Regelwerks. Die Logik der erotisierten Mystik ist nach wie vor da, doch wird sie in spirituellen Praktiken sublimiert, die heute so selbstverständlich sind, dass man sie kaum noch erkennt.

1 Übersetzung aus dem Englischen.

2 Siehe Paweł Maciejko, The Mixed Multitude. Jacob Frank and the Frankist Movement 1755–1816, Philadelphia 2015, S. 32f. (wo Anklagen von Rabbinern wegen „‚sexueller Gastfreundschaft', Masturbation, Sex mit menstruierenden Frauen und Inzest" verzeichnet sind).

3 Siehe Jay Michaelson, The Heresy of Jacob Frank. From Jewish Messianism to Esoteric Myth, Oxford 2022, S. 17–20, S. 116–118 u. S. 192f.; Hadar Feldman Samet, Ottoman Songs in Sabbatian Manuscripts, in: *Jewish Quarterly Review* 109/4 (2019), S. 567–597.

4 Siehe Michaelson, Heresy, S. 114–151; Shaul Magid, Hasidism Incarnate. Hasidism, Christianity and the Construction of Modern Judaism, Stanford 2014, S. 208–215.

5 Siehe Rachel Elinor, Jacob Frank's Book of the Words of the Lord, Leuven 2016, S. 524–532; Für populäre Darstellungen, siehe Chone Shmeruk, The Frankist Novels of Isaac Bashevis Singer; in: Ezra Mendelsohn (Hg.), Literary Strategies: Jewish Texts and Contexts, Oxford 1996, S. 118–127. Arthur Mandel, The Militant Messiah, Atlantic Highlands, NJ 1979, S. 39–44. Für wissenschaftliche Darstellungen siehe Gershom Scholem, The Messianic Idea in Judaism. And Other Ideas on Jewish Spirituality, New York 1971, S. 126f.; Shmuel Feiner, Origins of Jewish Secularization in Eighteenth-Century Europe, Philadelphia 2010, S. 74 u. 78 (wo es heißt: „freizügiges Verhalten wurde durch die Behauptung gerechtfertigt, die Übertretungen hätten eine geheime religiöse Bedeutung").

6 Michaelson, Heresy, S. 138–141.

7 Ebd.

8 Siehe Cengiz Şişman, The Burden of Silence. Sabbatai Sevi and the Evolution of the Ottoman-Turkish Dönmes, Oxford 2015, S. 63–69; Gershom Scholem, Sabbetai Sevi. The Mystical Messiah 1626–1676, Princeton 1973, S. 861; Matt Goldish, The Sabbatean Prophets, Cambridge, MA 2004, S. 131–151.

9 Siehe Maciejko, Mixed Multitude, S. 199–231; Jonatan Meir, Jacob Frank: The Wondrous Charlatan [auf Hebräisch], in: *Tarbiz* 80 (2012), S. 463–474.

10 Michaelson, Heresy, S. 13–45.

11 Tikkunei Zohar, S. 69. Siehe Moshe Idel, The Interpretations of the Secret of Incest in Early Kabbalah [auf Hebräisch], in: *Kabbalah* 12 (2004), S. 89–199.

12 Elliot Wolfson, „Tiqqun ha-Shekhinah“: Redemption and the Overcoming of Gender Dimorphism in the Messianic Kabbalah of Moses Hayyim Luzzatto, in: *History of Religions* 36 (1997), S. 289–332 u. 292–299.

13 Siehe Maciejko, Coitus interruptus, in: Ders. (Hg.), And I Came this Day unto the Fountain, Los Angeles, CA 2016, S. 25–32. (wo Passagen über „himmlische“ Masturbation, Homosexualität, Anal- und Oralsex erörtert werden).

14 Idel, Kabbalah and Eros, S. 202.

15 Ada Rapoport-Albert/Cesar Merchan Hamánn, Something for the Female Sex: A Call for the Liberation of Women, and the Release of the Female Libido from the „Shackles of Shame,“ in an Anonymous Frankist Manuscript from Prague c. 1800, in: Joseph Dan (Hg.), Gershom Scholem (1897–1982). In Memoriam 2, Jerusalem 2007, S. 77–135.

16 Siehe Rapoport-Albert, Women and the Messianic Heresy, S. 85–89; Şişman, Burden of Silence, S. 150–188.

17 Cengiz Şişman, The Redemptive Power of Sexual Anarchy, in: *AJS Perspectives*, Frühjahr 2017, http://perspectives.ajsnet.org/transgression-issue/the-redemptive-power-of-sexual-anarchy/.

18 Herbert Marcuse, Eros and Civilization: A Philosophical Inquiry into Freud, Boston 1974, S. 55–105 (dt.: Triebstruktur und Gesellschaft. Ein philosophischer Beitrag zu Sigmund Freud, übers. von Marianne von Eckardt-Jaffe, Frankfurt a. M. 1965); Dominic Pettman, After the Orgy: Toward a Politics of Exhaustion, Albany, NY 2002, S. 51.

19 Rapoport-Albert, Women and the Messianic Heresy, S. 171–174; Alexander Van der Haven, From Lowly Metaphor, Amsterdam 2012, S. 9–11 u. 38.

20 Rapoport-Albert, Women and the Messianic Heresy, S. 296.

21 Idel, Kabbalah and Eros, S. 232f.; Yehuda Liebes, The Secret of the Sabbatean Faith: Collected Papers [Hebräisch], Jerusalem 1995, S. 107–109; Elqayam, To Know the Messiah, S. 637–670; Eli Shai, Messiah of Incest, Tel Aviv 2002, S. 138f. u. 260f.; Rachel Elior, Jacob Frank and His „Book The Sayings of the Lord“: Anarchism as a Restoration of Myth and Metaphor [Hebraisch], in: Rachel Elior (Hg.), Ha-Halom v'Shivro, Bd. 2., Jerusalem 2001, S. 471–548 S. 471–547; Scholem, Sabbatai Ṣevi, S. 434; Van der Haven, From Lowly Metaphor, S. 34; Elliot Wolfson, The Engenderment of Messianic Politics: Symbolic Significance of Sabbatai Ṣevi's Coronation, in: Peter Schäfer/Mark R. Cohen (Hg.), Toward the Millennium: Messianic Expectations from the Bible to Waco, Leiden 1998, S. 203–258 u. 246; Rachel Elior, The Mystical Origins of Hasidism, Portland, OR 2006, S. 189f.

22 Rapoport-Albert, Women and the Messianic Heresy, S. 166f.

23 Ebd., S. 258–260.

24 Şişman, Burden of Silence, S. 241–250.

25 See Arthur Green/Barry Holtz, Your Word Is Fire. Hasidic Masters on Contemplative Prayer, Woodstock, VT 1993; Idel, Messianic Mystics, S. 235.

26 Haviva Pedaya, The Iggeret HaKodesh of the Baal Shem Tov: The Style of the Text and Its Worldview – Messianism, Revelation, Ecstasy, and Sabbateanism [auf Hebräisch], in: *Zion* 70/3 (2005), S. 311–54 u. 348f. Siehe Idel, Messianic Mystics, S. 3–16 u. S. 212–214.

Das Lied der Lieder. Von buchstäblicher und allegorischer Liebe

Ilana Pardes

Das biblische Hohelied, oder wörtlich, das „Lied der Lieder“, beginnt mit dem Verlangen danach, geküsst zu werden: „Mit Küssen seines Mundes bedecke er mich./ Süßer als Wein ist deine Liebe./ [...] /, dein Name hingegossenes Salböl“ (Hohelied 1:2–3). Die Geliebte sehnt sich nicht nach irgendwelchen Küssen, sondern nach üppigen Küssen, in ihrer Sehnsucht changierend zwischen berauschendem Wein und wohlriechendem Öl. Die Küsse stehen für ein aufregendes Zusammenspiel der Sinne – Geschmack, Berührung und Geruch. Auch der Klang ist Teil dieses sinnlichen Festes: Ein wiederholter, säuselnder „Sch“-Laut steht gleich zu Beginn dieses Hymnus über die Liebe, nämlich im Titel *Schir ha-schirim*, und setzt sich in vielen der folgenden Wörter fort, darunter *neschikot* (Küsse).[1]
Dieses uralte Liebesgedicht ist zu weiten Teilen ein Dialog zweier junger Liebender: zwischen Schulammit, wie die Geliebte genannt wird, und ihrem namenlosen Liebhaber.[2] Es ist überaus erfrischend, wie freimütig sie die Liebe in ihren leidenschaftlichen Gesprächen feiern. Nirgendwo sonst in der Bibel werden Körperteile – Mund, Lippen, Zunge, Haare, Nase, Augen, Brüste, Schenkel – derart herausgestellt; nirgendwo sonst werden die sinnlichen Wonnen der Liebe mit solcher Freude gewürdigt; nirgendwo sonst wird sexuelles Begehren mit so viel Inbrunst zum Ausdruck gebracht. Und doch ist die Sexualität in dem Lied nie offensichtlich präsent. Stattdessen begegnen wir einer nuancenreichen Mischung aus Kühnheit, Unschuld und Schicklichkeit, die auf einem beeindruckenden Metapherngeflecht beruht, welches den Liebenden erlaubt, direkt und indirekt zugleich zu sprechen.
Während in vielen Liebesgedichten der Antike (und auch später) die männlichen Liebespartner als die maßgeblich Werbenden dargestellt werden, handelt es sich hier um einen erstaunlich gleichberechtigten Liebesdialog zweier virtuoser Sprecher*innen, die sich gegenseitig umwerben und dabei mit einer Fülle an meisterhaften Metaphern und Gleichnissen aus ganz unterschiedlichen Bereichen jonglieren.[3] Sie vergleichen einander mit Wein, Parfüm, Rosen, Bäumen, Gazellen, Tauben, dem Mond, der Sonne, roten Bändern, Gold, Edelsteinen, Schlössern, Mauern und Türmen. Keine Formulierung kann die Liebe hinreichend beschreiben.
Die Rezeptionsgeschichte des Liedes begann mit einem Rätsel: Warum wurde ein gewagtes, sinnliches Liebesgedicht, das keinerlei Bezug zu Gott oder zur Geschichte des jüdischen Volkes hat, in die Bibel aufgenommen? Offenbar gab es einen rabbinischen Streit darüber, ob das Lied kanonisch sei. Allerdings sind die Berichte über diesen Streit spärlich und enthalten auch keine näheren Angaben zu den offiziellen Kriterien, nach denen die Kanonizität bestimmt wurde.
Das einzige erhaltene Zeugnis dieser Debatte ist die denkwürdige Erklärung von Rabbi Akiba (50 bis ca. 135 u. Z.): „[D]ie ganze Welt ist nicht so würdig, wie am Tage, an dem das Lied der Lieder verliehen wurde, denn sind auch alle Hagiographen heilig, aber das Lied der Lieder ist hochheilig.“ (Mischna Jadajim 3:5). In einem bemerkenswerten rhetorischen Zug nutzt Rabbi Akiba, einer der Gründer des rabbinischen Judentums, die Superlativstruktur des Ausdrucks *Schir ha-schirim*, um den Text, dessen Heiligkeit infrage gestellt wurde, zum *kodesch kodaschim*, zum „Allerheiligsten“, zu erklären.

Dass Rabbi Akiba die Heiligkeit des Liedes bestätigte, spielte eine entscheidende Rolle bei der Herausbildung der allegorischen Lesart dieses alten Liebesgedichts. Jahrhundertelang herrschte in der jüdischen Exegese die Meinung vor, das Lied der Lieder sei ein allegorisches Gedicht, das in erster Linie die göttliche Liebe feiern solle. Dies zeigt sich exemplarisch an diesem rabbinischen Kommentar zum Lied der Lieder 7:4: „‚Deine zwei Brüste [sind wie zwei Kitzlein]' [7:4]: Dies sind Moses und Aaron. So wie die Brüste einer Frau ihre Herrlichkeit und ihr Schmuck sind, so sind Moses und Aaron die Herrlichkeit und der Schmuck Israels. So wie die Brüste einer Frau ihren Reiz ausmachen, so sind Mose und Aaron der Reiz Israels" (*Schir ha-schirim rabbah* 4:5).[4] Auf uns heutige Leser*innen wirkt jeder Versuch zu behaupten, das Lied der Lieder beziehe sich auf die biblische Geschichte oder die göttliche Liebe, erstaunlich weit entfernt von seiner buchstäblichen Bedeutung. Aber aus Sicht der spätantiken Rabbiner wäre es undenkbar gewesen, das Lied anders als im Sinne des Göttlichen zu interpretieren: Denn warum hätte man das Lied in die Heilige Schrift aufgenommen, wenn nicht als einen Schlüssel zum Mysterium der Verbindung zwischen Gott und den Menschen?

Ein dramatischer Richtungswechsel in der Auslegung – einer der dramatischsten exegetischen Umschwünge, die es je gab – erfolgte im Zuge der Aufklärung, als das Lied der Lieder auf einmal als erlesenes irdisches Zwiegespräch zwischen menschlichen Liebenden gedeutet wurde.[5] In Deutschland gab es im 18. Jahrhundert eine Reihe von Gelehrten, die sich für eine buchstäbliche Lesart des Liedes stark machten, doch Johann Gottfried Herder (1744–1803) war zweifellos derjenige, der sich am meisten dafür engagierte, und auch der bekannteste. In seinen „Liedern der Liebe" (1778), einer Übersetzung des Lieds der Lieder, die einen Kommentar zu jeder Strophe enthält, wendet er sich gegen die hergebrachten allegorischen Deutungen des alten Liebesgedichts.[6] Er schreibt, dass es nach jahrhundertelangen Fehlinterpretationen an der Zeit sei, das Offensichtliche zuzugeben: „Was ist nun sein Inhalt? Was sagt das Buch vom Anfang bis zum Ende? [...] *Liebe, Liebe.* [...] Es ist [...], was es ist und in jedem Wort sagt: ein Lied der Liebe."[7] Die buchstäbliche Bedeutung des Gedichts, sein ursprünglicher Sinn, sei durch die jüdisch-christliche Exegese verdunkelt und durch mystische Allegorien der göttlichen Liebe verdeckt worden. „Ich lese das Buch und finde in ihm selbst nicht den kleinsten Wink, nicht die mindeste Spur, dass ein *andrer* Sinn *Zweck des Buchs* [...] gewesen wäre."[8] Herders buchstabengetreuer Ansatz ist untrennbar mit einer Würdigung des antiken Liebesliedes als ästhetischem Prüfstein verbunden. Für ihn ist das Lied ein großartiges Beispiel für die unvergleichliche morgenländische Vorstellungskraft der Bibel, ein Text, dessen subtile Bedeutungen am besten im Lichte der Kultur und der Bräuche des Orients zu verstehen sind.

Die ersten Schockwellen der buchstäblichen Interpretation des Liedes der Lieder erreichten die Gelehrten der jüdischen Aufklärung im späten 18. und frühen 19. Jahrhundert. Der Gelehrte und Dichter Salomo Löwisohn (1789–1821) verfasste die wichtigste Einführung in eine literarisch-ästhetische Lesart des Liedes der

Lieder im Rahmen der jüdischen Aufklärung. Sein bekanntestes Buch „Die Poesie Israels“ (1816), das in blumigem biblischem Hebräisch verfasst ist, enthält zahlreiche Übernahmen von Herders Kommentaren zum Lied der Lieder. Löwisohn interpretiert es als leidenschaftliches Dreiecksverhältnis zwischen Schulammit, dem König und dem Hirten. König Salomo, der Schulammit zwingt in seinem Harem zu leben und sie inbrünstig umwirbt, kann nicht verhindern, dass die junge Frau zu ihrem Geliebten auf dem Land davonläuft. Sie verschmäht alle königlichen Angebote, ignoriert Salomos Aufforderung, in den Harem zurückzukehren – „Wende dich, wende dich, Schulammit!“ (Hohelied 7:1) – und bleibt ihrem einfachen Hirten treu.[9]
Mit dem Aufschwung des Zionismus erfuhr das aufklärerische Lied eine begeisterte Rezeption. Es wurde zu einem bevorzugten Text des säkularen Zionismus, weil es keiner Ent-Theologisierung bedurfte, da Gott in den Dialogen der Liebenden gar nicht vorkommt. Die zionistischen Leser*innen machten sich daran, die allegorischen Schichten zu entfernen, die dem Lied übergestülpt worden waren, und stellten seine ursprüngliche wortgetreue Großartigkeit wieder her. In der Anfangszeit der zionistischen Kultur tauchte das biblische Liebesgedicht in verschiedenen Formen auf: von diversen musikalischen Bearbeitungen des Liedes bis hin zu zahlreichen Kunstwerken, Volkstänzen und den Haggadot der Kibbuzim.[10] Die aufwendigste bildliche Interpretation des Liedes der Lieder lieferte Zeev Raban in einer illuminierten Ausgabe der Bezalel Schule für Kunst und Kunsthandwerk, die 1922 veröffentlicht wurde | siehe S. 198 |. Rabans Illustrationen zeigen die Liebenden in sehr sinnlichen Momenten inmitten eines orientalischen Umfelds, das sowohl ländlich als auch städtisch ist, wobei Schulammit mal bekleidet, mal halbnackt und mal nackt ist. Rabans orientalische Schulammit wirkt irgendwie unschuldig und wollüstig zugleich.
Das Lied der Lieder ist auch heute noch ein Schlüsseltext der israelischen Kultur. In der modernen israelischen Dichtung nimmt es nach wie vor eine privilegierte Stellung ein – von Haviva Pedayas „From a Sealed Ark“ (2002) bis hin zu Jehuda Amichais „Bible, Bible, with You, with You, and other Midrashim“ (1998). Es ist – mehr noch als früher – ein unverzichtbarer Bestandteil von Hochzeitszeremonien, und auch in der Popmusik ist es nach wie vor lebendig. Zu den faszinierenden Phänomenen zeitgenössischer Bearbeitungen des Liedes gehört die Wiederbelebung traditioneller *Pijutim* (liturgischer Gedichte), darunter Gedichte der großen mittelalterlichen Dichter Salomon Ibn Gabirol und Jehuda ha-Levi, in denen das alte Liebesgedicht sowohl als irdisch als auch als göttlich beschworen wird. Diese zeitgenössische Mischung aus buchstäblicher und liturgischer Interpretation des Liedes tritt bei der Sängerin Victoria Hanna zutage. Ihre Adaption der Traumsequenz des Liedes der Lieder „Ich schlief, doch mein Herz war wach“ (Hohelied 5:2) lässt das Mystische und das Sinnliche auf nie dagewesene Weise miteinander verschmelzen.

Niemand, der sich mit dem Lied befasst, bleibt von dessen wunderbaren Eigenschaften unberührt. Der Auftakt der langen Rezeptionsgeschichte des Liedes – seine rätselhafte Aufnahme in den Kanon – deutet bereits auf vieles, was noch kommen sollte, voraus. Rabbi Akiba beharrt nicht bloß nüchtern darauf, dass das Lied kanonisiert werden muss, sondern er setzt sich mit Inbrunst dafür ein. Heutige Leser*innen reagieren nicht weniger leidenschaftlich. Selbst jene, die sich nicht im Geringsten für etwaige religiöse Aspekte interessieren, betrachten die überaus tiefgründige Erforschung der menschlichen Liebe und die kühne Feier des menschlichen Körpers als absolut unverzichtbar für das eigene Leben. Für alle Rezipient*innen des Liedes – ob nun heute oder in der Vergangenheit – ist das antike Liebesgedicht viel mehr als bloßer Anlass, über Liebe und Sexualität nachzudenken. Es ist ein dringender Appell, den noch unbestimmten Sphären des amourösen Strebens nachzuspüren.

1 Das säuselnde Klangmuster des „Sch"-Lauts betrifft auch die folgenden Wörter: *Schelomo* (Salomo), *ascher* (welcher), *jischakeni* (lass ihn mich küssen), *schemen* (Öl), und simcha (dein Name). Ein Wortspiel in 1:2 unterstreicht den fließenden Charakter der Küsse: „Mit seinen Küssen bedecke er mich", *ischakeni,* ähnelt phonetisch dem Verb *jaschkeni,* „lass ihn mir zu trinken geben".

2 Die Bedeutung des Namens „Schulammit" ist umstritten. Am wahrscheinlichsten ist es, dass er sich von Schalem ableitet, einer Kurzform für „Jerusalem", obwohl er mittels eines Wortspiels mit Salomon, Schlomo, und Schalem, Ganzheit, verbunden ist.

3 Zur egalitären Ausrichtung des Liedes siehe auch Ilana Pardes, Countertraditions in the Bible. A Feminist Approach, Cambridge, MA 1992, Kapitel 7.

4 Song of Songs Rabbah. An Analytical Translation, übers. von Jacob Neusner, Brown Judaic Studies, Atlanta, GA 1989, S. 48.

5 Für eine ausführliche Darstellung der verwickelten Geschichte der Exegese des Hohelieds siehe Ilana Pardes, The Song of Songs. A Biography, Princeton, NJ 2019.

6 Johann Gottfried von Herder, Lieder der Liebe. Die ältesten und schönsten aus Morgenlande; nebst vier und vierzig alte Minnelieder, 1778, in: Sämtliche Werke VIII, Leipzig/Frankfurt a. M. 2022 (1892) S. 485–588.

7 Dieses Zitat stammt aus Herders Kapitel „Über den Inhalt, die Art und den Zweck dieses Buchs in der Bibel".

8 Ebd.

9 Siehe Tova Cohen, Melitzat yeshurun li-Shlomo Levisohn: Ha-yetzira ve-yotzra [Melitzat Yeshurun von Salomo Löwisohn: Das Werk und sein Autor], Jerusalem 1988, S. 219.

10 Für eine ausführliche Betrachtung der Rezeption des Liedes im israelischen Kontext siehe Ilana Pardes, Agnon's Moonstruck Lovers. The Song of Songs in Israeli Culture, Seattle 2013.

→
Ilan
18. Jahrhundert

Der Textbaum, auf Hebräisch *Ilan,* bildet die kabbalistische Vision der Essenz Gottes ab. Die komplexen Diagramme skizzieren himmlischen Sphären und stellen Gott als eine Struktur dar, die männliche und weibliche Aspekte miteinander verzahnt. Solche mystischen Vorstellungen schreiben der menschlichen Sexualität eine spirituelle Dimension zu. Demnach kann eine vollkommene sexuelle Verbindung männliche und weibliche Aspekte Gottes harmonisch ausbalancieren.

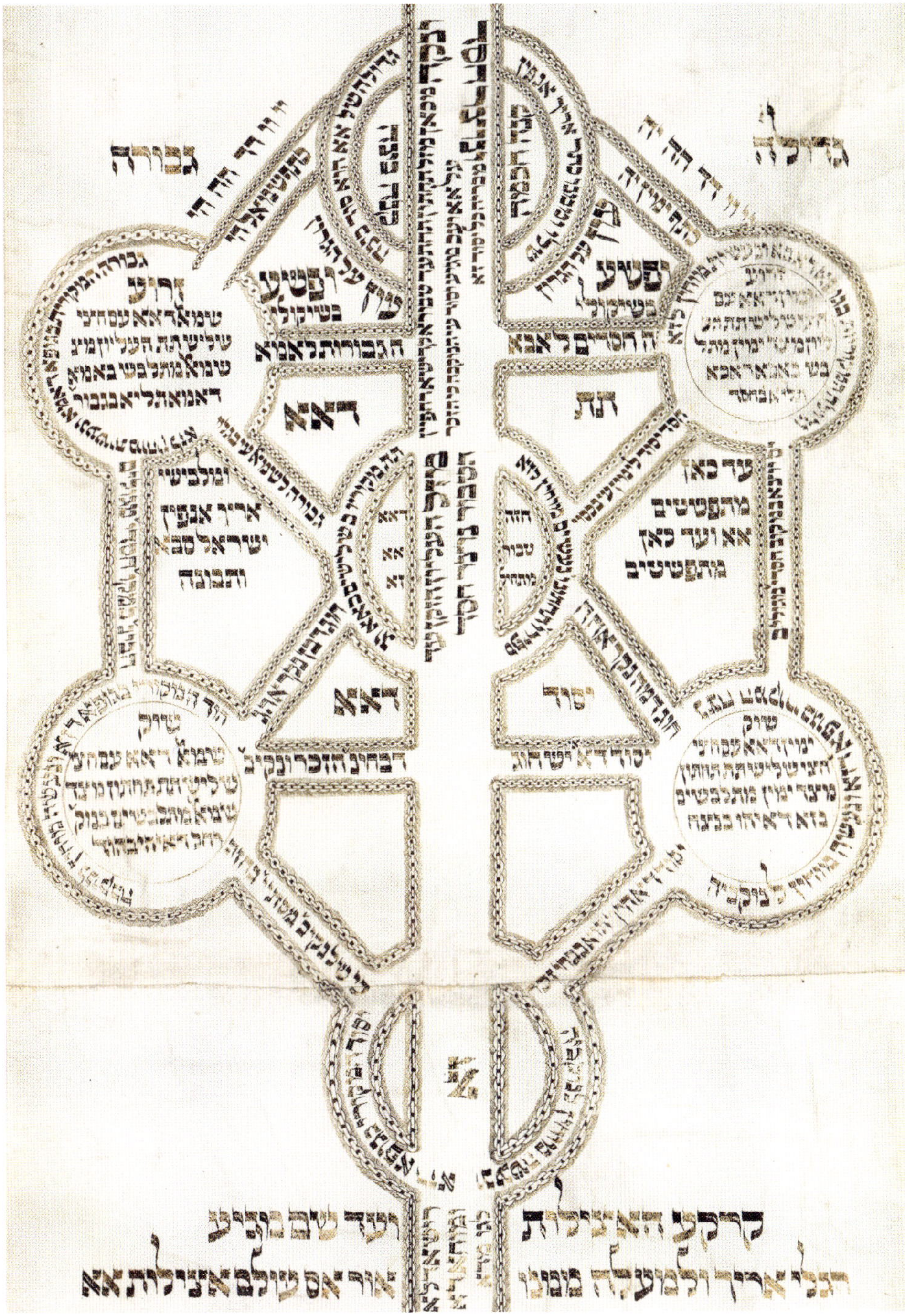

↑
Mizvah Night I
Ruth Schreiber
2011

In dieser spielerischen Installation verweist Schreiber auf die versteckte sexuelle Komponente der Freitagnacht, die oft halb scherzhaft als „Mizwa-Nacht" bezeichnet wird. Der Schabbattisch verwandelt sich in eine Szene der Verführung und suggeriert ehelichen Sex – eine religiöse Pflicht.

↑
Challah Back Girl
Aus der Serie *Shabbat Sex Positions to Get Your Double Mitzvah On*
Melissa Cetlin
2017

Die Illustrationen der Serie widmen sich der Vorstellung, dass Sex am Schabbat in religiöser Hinsicht doppelt befürwortet wird, er ist eine „doppelte Mizwa". Schabbat-Kerzen und Challot, die Schabbat-Brote, setzen den jüdischen Rahmen der erotischen Szenen. Die Serie wurde für At The Well entworfen, eine Online-Community, die *Well Circles*, heilende Zusammenkünfte, organisiert. Diese sollen das persönliche und spirituelle Wohlergehen von Frauen und nichtbinären Personen mit Hilfe jüdischer Rituale stärken.

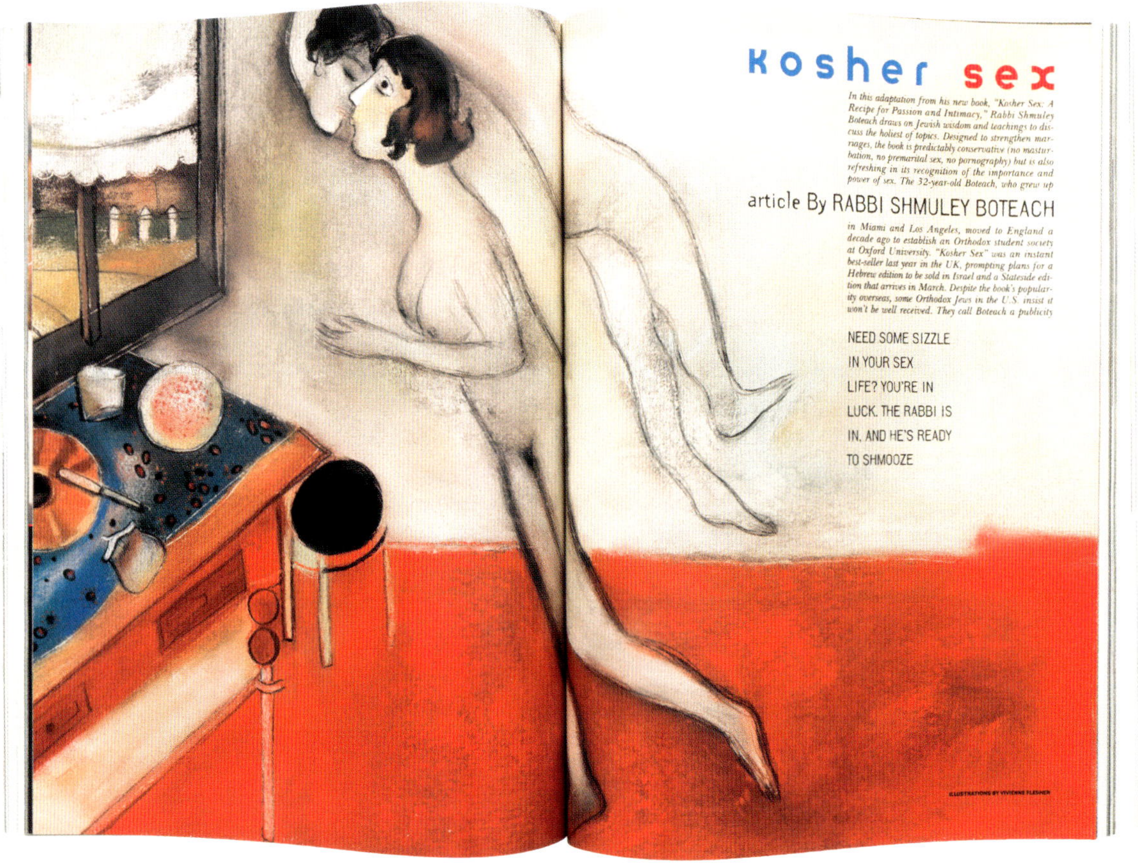

kosher sex

In this adaptation from his new book, "Kosher Sex: A Recipe for Passion and Intimacy," Rabbi Shmuley Boteach draws on Jewish wisdom and teachings to discuss the holiest of topics. Designed to strengthen marriages, the book is predictably conservative (no masturbation, no premarital sex, no pornography) but is also refreshing in its recognition of the importance and power of sex. The 32-year-old Boteach, who grew up

article By RABBI SHMULEY BOTEACH

in Miami and Los Angeles, moved to England a decade ago to establish an Orthodox student society at Oxford University. "Kosher Sex" was an instant best-seller last year in the UK, prompting plans for a Hebrew edition to be sold in Israel and a Stateside edition that arrives in March. Despite the book's popularity overseas, some Orthodox Jews in the U.S. insist it won't be well received. They call Boteach a publicity

NEED SOME SIZZLE IN YOUR SEX LIFE? YOU'RE IN LUCK. THE RABBI IS IN, AND HE'S READY TO SHMOOZE

↑
Kosher Sex
Playboy Magazin
USA, Januar 1999

Der orthodoxe amerikanische Rabbiner Shmuley Boteach (geb. 1966) veröffentlichte 1999 einen internationalen Bestseller: „Kosher Sex: A Recipe for Passion and Intimacy". Auszüge aus seinem Buch wurden im *Playboy* abgedruckt. Konservative Stimmen aus der jüdischen Welt verurteilten diese „unorthodoxe" Werbemaßnahme und Boteach verlor seine Stelle als Gemeinderabbiner.

↑
Nose to Nose
R. B. Kitaj
Los Angeles, 2003

R.B. Kitaj stellt sich mit seiner Frau Sandra Fisher in einer erotischen Wiedervereinigung dar. In der *Los Angeles*-Serie drückt Kitaj seine Sehnsucht nach Fisher aus, die 1994 unerwartet verstarb. An diesem Gemälde lässt sich der Einfluss der jüdischen Mystik auf Kitajs Arbeiten jener Zeit ablesen. Sandra erscheint, angedeutet durch die beiden charakteristischen Flügel, auch als Schechina, die für die Anwesenheit Gottes steht.

→
Mystische Ketubba
vermutlich Gibraltar, 1830–1840

Die Ketubba ist ein mystischer Ehevertrag, der die symbolische Verbindung zwischen Gott und dem Volk Israel dokumentiert. Üblicherweise wurde der Text in sephardischen Synagogen zu Schawuot vorgetragen und damit an die Übergabe der Tora an die Israeliten durch Gott gedacht.

↑
Touching Mezuzah
Sari Srulovitch
Jerusalem, 2011

Die Mesusa ist ein Stück Pergament mit biblischen Versen, das in einem Behälter am Türpfosten eines Hauses angebracht wird. Aus Respekt oder gar Aberglauben berühren viele Jüdinnen und Juden im Vorbeigehen die Mesusa mit den Fingerspitzen und danach ihre Lippen. Drei Vertiefungen auf diesem Mesusa-Behälter deuten die Spuren der Berührung an. Sie stehen zugleich für das „Schin", den ersten Buchstaben des Gottesnamen.

כתר תורה
אנכי ה'
לא יהיה
לא תשא
זכור את
כבד את
לא תרצח
לא תנאף
לא תגנב
לא תענה
לא תחמד

↑
Tefillin schel Jad
Benyamin Reich
2005

Benyamin Reich betont den erotischen Aspekt des Gebets durch das Legen der Tefillin, der Gebetsriemen. Das Ritualobjekt ist hier sowohl ein Bestandteil des Gebets als auch ein Sexspielzeug. Der mit dem Lederband umwickelte Arm unterstreicht die Nacktheit des jungen Mannes und erscheint als ein Symbol für Bondage und Fetisch.

→
Carrying the Scrolls of the Law
Simeon Solomon
England, 1867

Der junge Mann hält eine Torarolle im Arm und lässt seine Hand zärtlich unter ihre Samthülle gleiten. In diesem liebevollen Porträt erhebt Simeon Solomon die Tora zu einem Objekt nahezu erotischer Begierde. Darin klingt die Haltung des rabbinischen Judentums an: Gelehrte werden von einer Sehnsucht zum Torastudium gezogen, die in Konkurrenz zur Ehe stehen kann.

Yona Wallach
Tefillin
1982

Komm zu mir
lass mich nichts tun
du wirst es für mich tun
alles wirst du für mich tun
alles was ich nur anfang
wirst du statt meiner tun
ich werde Gebetsriemen anlegen
werde beten
leg du auch die Riemen für mich
wickle sie um mich
spiel sie mit mir
zieh sie sanft über meinen Leib
reib sie gut an mir
errege mich an allen Stellen
bis ich von Sinnen bin
zieh sie über meine Klitoris
fessle mit ihnen meine Hüften
damit ich schnell komme
spiel sie mit mir
fessle mir Hände und Füße
tu Dinge mit mir

gegen meinen Willen
dreh mich auf den Bauch
leg mir die Riemen wie Zaumzeug in den Mund
reit auf mir, ich bin deine Stute
reiß meinen Kopf nach hinten
bis ich vor Schmerzen schrei
und du es genießt
danach zieh ich sie über deinen Leib
mein Gesicht verbirgt meine Absicht nicht
ho, wie grausam wird mein Gesicht sein
ich werd sie langsam über deinen Leib ziehn
langsam langsam langsam
werd sie um deinen Hals legen
werd sie ein paar Mal um deinen Hals
wickeln, von dieser Seite
und von der andern, werd sie anbinden an
etwas besonders
Festes etwas Schweres das sich vielleicht dreht
werde ziehen und ziehen
bis deine Seele ausfährt
bis ich dich erwürgt habe
ganz mit Gebetsriemen
die sich weiterziehen über die Bühne
und ins entsetzte Publikum.

↑
Yona Wallach
Micha Kirshner
Israel, 1982

Tefillin heißt eines der berühmtesten Gedichte der israelischen Lyrikerin Yona Wallach (1944–1985). Darin verwandeln sich die heiligen Gebetsriemen, die traditionell von Männern zum Gebet angelegt werden, in ein BDSM-Spielzeug. Nach einem Sturm der Entrüstung entstand diese Fotografie, die das Motiv des Gedichts aufgreift und die Lyrikerin selbst zeigt. Gedicht und Foto illustrieren, wie Wallachs Arbeit gegen Gendernormen und eine gesellschaftlich akzeptierte Sexualität verstieß.

→
Untitled (Species)
Leor Grady
Israel, 2019

Die „Arten“– Palmzweig, Zitrone, Myrten- und Weidenzweige – werden zu Sukkot, dem Erntefest, zusammengebunden und geschüttelt. Leor Grady betont die Sinnlichkeit dieser rituellen Pflanzen und kennzeichnet sie als Symbole für Fruchtbarkeit und Ekstase. Im Hebräischen bedeutet der Titel des Werks sowohl „Art“ (Species) als auch „Geschlecht“, was auf die weibliche und männliche Symbolik des Feststraußes hinweist.

הנך יפה רעיתי הנך יפה עיניך יונים
מבעד לצמתך שערך כעדר העזים שגלשו מהר גלעד:
שניך כעדר הקצובות שעלו מן הרחצה שכלם מתאימות ושכלה אין בהם
כחוט השני שפתותיך ומדברך נאוה כפלח הרמון רקתך מבעד לצמתך:
כמגדל דוד צוארך בנוי לתלפיות אלף המגן תלוי עליו כל שלטי הגבורים
שני שדיך כשני עפרים תאומי צביה הרעים בשושנים
עד שיפוח היום ונסו הצללים אלך לי אל הר המור ואל גבעת הלבונה
Z. RABAN
JERUSALEM

←
The Song of Solomon
Zeev Raban
Jerusalem, ca. 1949

Zeev Raban illustriert das Lied der Lieder mit einer erotisierten und idealisierten Vision der weiblichen Schönheit. Diesen Stil favorisierte die Kunsthochschule Bezalel in Jerusalem, an der Raban unterrichtete. Jugendstil und „Orient"-Motive verbinden sich zu einer Bildsprache, die sowohl die Sinnlichkeit als auch das Land Israel feiert.

↑
Le Cantique des cantiques
Jacques Lipchitz
London, 1946

Jacques Lipchitz erhielt von einem Freund den Auftrag für ein Geschenk an dessen Ehefrau. Die Inspiration für ein sich umarmendes Paar fand er im Lied der Lieder. Diese Skulptur ist eine von mehreren Versionen, mit denen Lipchitz sich diesem Thema widmete.

←
Voices from the Song of Songs
Judy Chicago
New York, nach 1998

Mit einer Serie von sechs Illustrationen widmet sich Judy Chicago der Erotik im biblischen Lied der Lieder. Die Balance und Symmetrie ihrer Kompositionen deuten an, dass Lust und Begierde vom männlichen und weiblichen Liebenden gleichermaßen geteilt werden.

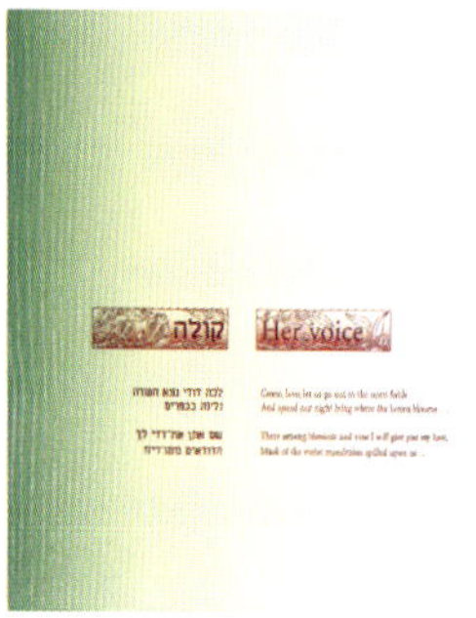

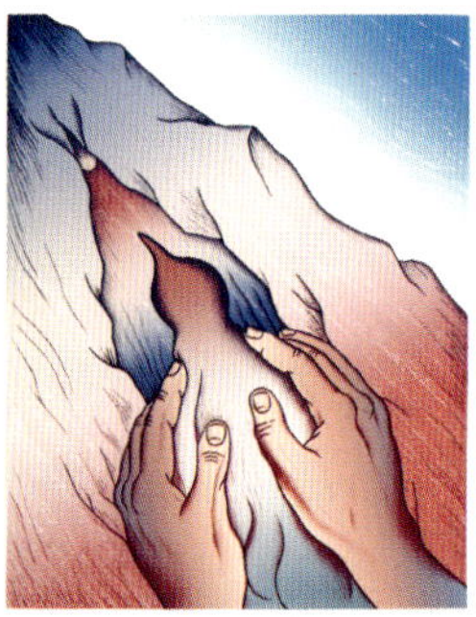

→
In My Mother's House
Judy Chicago
USA, 1962–1964

Judy Chicago benannte dieses Werk mit einer sexuell anspielungsreichen Formulierung aus dem Lied der Lieder. Darin beschreibt die Frau, wie sie ihren männlichen Liebhaber in das „Haus ihrer Mutter" einlässt. Dies ist der Ort, an dem sie ihn einlädt von ihrem „Granatapfelsaft" zu trinken.

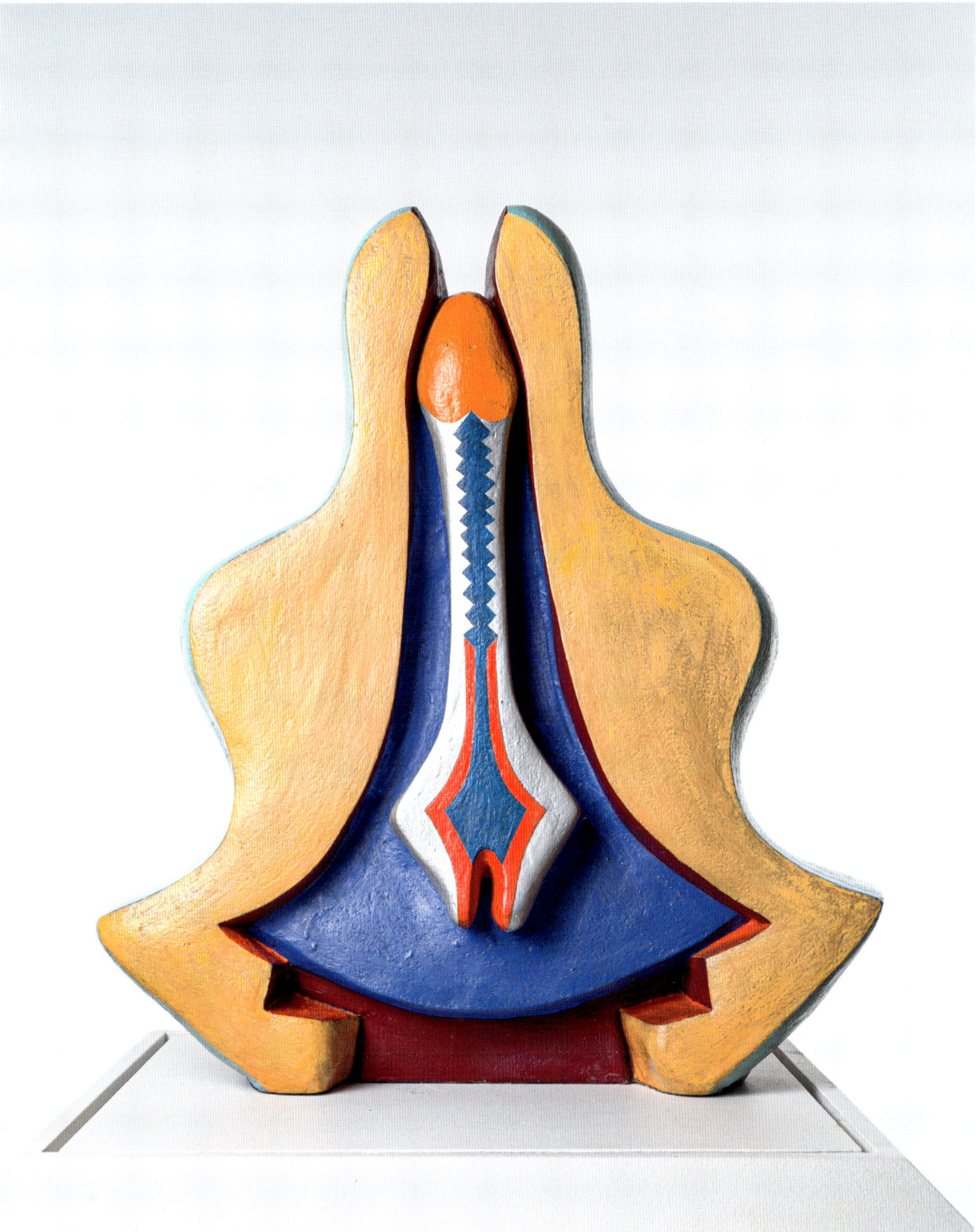

Anhang

Autor*innen

Nathan Abrams ist Professor für Film an der Bangor University (Wales) sowie geschäftsführender Direktor des Centre for Film, Television and Screen Studies. Er ist Mitbegründer des Netzwerks British Jewish Contemporary Cultures und der internationalen Zeitschrift *Jewish Film and New Media*. Er hält regelmäßig Vorträge, schreibt und berichtet über britische und amerikanische Populärkultur, Filmgeschichte und Geisteskultur.

Rainer Herrn arbeitete bis 2023 als Medizinhistoriker am Institut für Geschichte der Medizin und Ethik in der Medizin der Charité Berlin und ist seit 1990 an der Forschungsstelle zur Geschichte der Sexualwissenschaft der Magnus-Hirschfeld-Gesellschaft tätig. Seine Forschungsthemen umfassen die Etablierung, Funktionen und Praktiken der Sexualwissenschaft und der Psychiatrie als Deutungs- und Umgangsweisen mit psychischer, geschlechtlicher und sexueller Diversität in der urbanen Moderne.

Ronit Irshai ist Associate Professor und Leiterin des Fachbereichs Gender Studies an der Bar-Ilan-Universität in Israel und Forschungsstipendiatin am Shalom-Hartman-Institut in Jerusalem. Sie veröffentlichte Artikel über die Halacha, Theologie und Geschlecht, jüdische Sexualethik sowie über jüdisch-religiösen Feminismus.
Ihr erstes Buch „Fertility and Jewish Law. Feminist Perspectives on Orthodox Responsa Literature“ wurde 2012 bei Brandeis University Press veröffentlicht. Das zweite – über Abtreibung – erschien 2022 auf Hebräisch bei Magness Press. Ihr drittes Buch, „Holy Rebellion“, über modern-orthodoxen Feminismus in Israel (zusammen mit Tanya Zion-Waldoks) erscheint im Frühjahr 2024.

Gail Levin ist Professorin für Kunstgeschichte, bildende und darstellende Kunst, Amerikanistik und Women's Studies am Baruch College und am Graduate Center der City University of New York. Aus ihrer eingehenden Beschäftigung mit Künstlerinnen und Jüdischen Studien sind Biografien über Judy Chicago und Lee Krasner hervorgegangen, sowie eine maßgebliche Monographie über Theresa Bernstein.

Evyatar Marienberg ist Professor im Fachbereich Religionswissenschaften der University of North Carolina in Chapel Hill (USA). Als Religionshistoriker befasst er sich insbesondere mit dem Glauben und mit jüdischen und christlichen Praktiken aus verschiedenen Epochen. Die Beschäftigung mit mehr als einer religiösen Kultur, unabhängig davon, ob ein Vergleich beabsichtigt ist oder nicht, ist wichtiger Bestandteil seiner Forschung.

Jay Michaelson ist Fellow an der American Jewish University. Sein 2022 erschienenes Buch „The Heresy of Jacob Frank: From Jewish Messianism to Esoteric Myth“ wurde mit dem National Jewish Book Award for Scholarship ausgezeichnet. Michaelson promovierte in Jewish Thought an der Hebrew University, erwarb einen Juris Doctor an der Yale Law School und wurde als konfessionsloser Rabbiner ordiniert. Er hat umfangreich über die Schnittpunkte von Kabbala, Hermeneutik und queerer Theologie veröffentlicht. Sein neuestes Buch versammelt unter dem Titel „The Secret That is Not a Secret“ zehn ineinandergreifende Geschichten über Mystik, Queerness und Magie.

Ilana Pardes ist Katharine-Cornell-Professorin für Vergleichende Literaturwissenschaft an der Hebrew University of Jerusalem und Direktorin des Center for Literary Studies und des Institute of Literatures. Sie lehrte an der Princeton University, der UC Berkeley und in Harvard. Im Herbst 2009 war sie Fellow am Katz Center for Advanced Judaic Studies in Penn und im Herbst 2017 Fellow am Humanities Council der Princeton University. Ihre Arbeit konzentriert sich auf die Verbindung von Bibel, Literatur und Kultur sowie auf Fragen von Gender, Ästhetik und Hermeneutik.

Ilka Quindeau ist Psychoanalytikerin in eigener Praxis und Professorin für Klinische Psychologie und Psychoanalyse an der Frankfurt University of Applied Sciences. Gegenwärtig arbeitet sie am Zentrum für Antisemitismusforschung an der TU Berlin. Von 2018 bis 2020 war sie Präsidentin der International Psychoanalytic University in Berlin. Ihre Forschungsschwerpunkte sind Geschlechter, Biografie- und Traumaforschung, Genealogie der Sexualität und Folgen des Nationalsozialismus.

Michal Raucher ist Associate Professorin für Jüdische Studien an der Rutgers University, the State University of New Jersey. Ihre Forschung liegt an der Schnittstelle zwischen der Anthropologie der Frauen im Judentum, der Fortpflanzungsethik und der religiösen Autorität. Rauchers erstes Buch, eine Ethnografie über die Reproduktionsethik israelischer ultraorthodoxer jüdischer Frauen, trägt den Titel „Conceiving Agency: Reproductive Authority among Haredi Women“ und wurde 2020 bei Indiana University Press veröffentlicht.

Talli Yehuda Rosenbaum ist Einzel- und Paartherapeutin sowie zertifizierte Sexualtherapeutin und Supervisorin. Ihre Forschung befasst sich mit den psychosozialen und kulturellen Aspekten von Sexualität und Beziehungen als auch mit der Schnittstelle von Trauma, Intimität und Sexualität. Im Podcast „Intimate Judaism“ erkundet sie zusammen mit dem Rabbiner Scott Kahn ein breites Spektrum an Fragen rund um gelebte Sexualität im Einklang mit Tora und Halacha.

David Sperber ist Kunsthistoriker, Kurator und Kunstkritiker. In den Jahren 2018/19 war er Postdoctoral Associate am Institute of Sacred Music, Yale University. Außerdem erhielt er ein Forschungsstipendium des David Hartman Center for Intellectual Leadership am Shalom Hartman Institute, Jerusalem, und er leitete das Curatorial Studies Program an den Schechter Institutes, Jerusalem. Zurzeit studiert er im Rahmen des Israeli Rabbinical Studies Program am Hebrew Union College in Jerusalem.

Gil Yefman schloss 2003 das Studium an der Bezalel Academy for Art and Design in Jerusalem ab und war Fellow am Alma College for Hebrew Culture studies, Tel Aviv. Yefman ist Preisträger*in des Rappaport-Preises für junge israelische Künstler*innen (2017) und wurde mit dem „Young Artist Prize“ des israelischen Ministeriums für Kultur und Wissenschaft (2010) ausgezeichnet. Zurzeit lebt und arbeitet Yefman in Tel Aviv.

Verzeichnis der ausgestellten Werke

|B| Präsentation Berlin
|BA| Präsentation Berlin und Amsterdam
|A| Präsentation Amsterdam

Die Reihenfolge der genannten Objekte entspricht ihrer Präsentation im Jüdischen Museum Berlin.

1. Pflicht und Vergnügen

1.1 PAARE

Eran and I (Midlife Series) **|BA|**
Elinor Carucci (geb. 1971)
New York, 2016
Ausstellungsprint
57 × 85,5 cm
Courtesy of the artist, Edwynn Houk Gallery

Meine Eltern I **|BA|**
Issai Kulvianski (1892–1970)
Berlin, 1925
Öl auf Leinwand
150 × 125 cm
BG-M 0093/75
Berlinische Galerie – Landesmuseum für Moderne Kunst, Fotografie und Architektur

Joodse bruiloft **|B|**
Jozef Israëls (1824–1911)
Den Haag, 1903
Öl auf Leinwand
137 × 148 cm
MB01835
Joods Museum, Amsterdam; Leihgabe des Rijksmuseum Amsterdam, Schenkung von Mr. und Mrs. Drucker-Fraser Montreux
→ **S. 42**

A Jewish Wedding **|BA|**
Yitzchak Woolf (geb. 1975)
Jerusalem, 2008
Ausstellungsprint
80 × 86 cm
Courtesy of the artist
→ **S. 43**

Adam und Eva mit ihrem Erstgeborenen **|BA|**
Lesser Ury (1861–1931)
Berlin, 1896
Öl auf Leinwand
86,4 × 124,1 × 2,1 cm
2001/227/0
Jüdisches Museum Berlin, Foto: Jens Ziehe
→ **S. 41**

Kaffeeservice **|BA|**
Staffordshire, England, 1769
Steingut
Ø 34,3 cm (Tablett)
22,9 × 20,3 × 11,4 cm (Kaffeekanne)
14 × 10,2 cm (Krug)
7 × 14,6 cm (Zuckerdose)
6,4 × 10,2 cm (Abfallbehälter)
JM 26-59a-e
The Jewish Museum, New York; Schenkung von der Felix M. und Frieda Schiff Warburg Foundation
→ **S. 47**

Hochzeitsvertrag **|B|**
Rom, 1763
Pergament, Tinte
84 × 46,5 cm
BCK44
Braginsky Collection, Zürich, Schweiz, Foto: Ardon Bar-Hama, Ra'anana, Israel
→ **S. 48**

A Recontextualized Ketubbah **|BA|**
Gay Block (geb. 1942)
Malka Drucker (geb. 1945)
USA, 1994
Ausstellungskopie
59,7 × 46,5 cm
1994–58
The Jewish Museum, New York, courtesy of the artists
→ **S. 49**

Brit Ahuwim **|BA|**
Hersteller: Ketubata
Israel, 2023
Aquarell-Grafikdruck
50,6 × 50,6 cm
Jüdisches Museum Berlin, Foto: Roman März
→ **S. 46**

Ketubba für Samuel Senior Teixeira und Rachel de Mattos Senior **|A|**
Hamburg, 1690
Tusche und Farbe auf Pergament
60,6 × 54 cm
M010382
Joods Museum, Amsterdam

Ketubba mit Abbildung des Brautgemachs **|A|**
Padua, 1750–1828
Tusche und Farbe auf Pergament
78,6 × 53,2 cm
76
Sammlung Braginsky, Zürich, Schweiz, Foto: Ardon Bar-Hama, Ra'anana, Israel
→ **S. 44/45**

Ehering **|A|**
Italien (möglicherweise Venedig), 1800–1900
Gold und Emaille
M005751
Joods Museum, Amsterdam

1.2 KINDER

Säckchen mit Erde |BA|
Israel, vor 1980
Textil, Erde
5 × 18,5 × 5 cm
M002185
Joods Museum, Amsterdam

Brautglas |BA|
Österreich-Ungarn, ca. 1790
Glas
12 × Ø 8 cm
8007
Jüdisches Museum Wien
→ S. 52

Fruchtbarkeitsstatuette |B|
Syrien, Mittlere Bronzezeit
Terrakotta
12,8 cm
MAA3908
National Maritime Museum, Haifa
→ S. 50

Body Piece I |B|
Guy Aon (geb. 1986)
Tel Aviv, 2021
150 × 100 cm
Courtesy of the artist

Be Fruitful and Multiply |BA|
Andi LaVine Arnovitz
(geb. 1959)
Jerusalem, 2019
Papier, Wasserfarben, Textil
103 × 77,5 × 7 cm
Courtesy of the artist,
© Andi Arnovitz, Foto: Issac Fisch
→ S. 53

Zauberschale |B|
Mesopotamien,
um die Zeitenwende
Ton
6 × Ø 15 cm
HS 3034
Friedrich-Schiller-Universität Jena | Hilprecht-Sammlung

Zauberschale mit der Darstellung eines Dämons |A|
Mesopotamien,
6./7. Jahrhundert
Töpferei
11 × 21 cm
6266/6267 - JIB 3
Sammlung Dr. David und Jemima Jeselsohn, Zürich

Rezepte für die Liebe |BA|
Fundort: Kairo, vor 1899
Papier
17,4 × 26 cm
T-S K1.132
Cambridge University Library, Reproduktion mit freundlicher Genehmigung der Syndics of Cambridge University Library
→ S. 51

Wickeltuch für ein Neugeborenes |BA|
Niva Sharon (geb. 1944)
New York, 2011
Textil, Kunststoff, Metall
112 × 112 cm
Sammlung Mayanne Sion, Schweiz

Gräfenberg-Ringe |BA|
Ernst Gräfenberg (1881–1957)
1925–1935
Gold, Neusilberlegierung
1866
Museum für Verhütung und Schwangerschaftsabbruch, Wien
→ S. 52

Reproductive Freedom Kit |BA|
National Council of Jewish Women
USA, 2022
Magnet, Papier, Kunststoff, Wachs, Gewürz
Jüdisches Museum Berlin,
Foto: Roman März
→ S. 54

Emma Goldman auf dem Union Square |BA|
Unbekannter Fotograf
New York, 1916
Reproduktion
26 × 21 cm
Pictorial Press Ltd, Alamy Stock Photo

One Family |BA|
Vardi Kahana (geb. 1959)
1993–2007
Courtesy of the artist

Aus der Serie:
Enkel von Cousin Hannan
Kiryat Sefer, Modiin Ilit, Israel, 2005

Enkel von Cousin Shmuel
Kopenhagen, Dänemark, 2004

Barak Familie: Cousine Libi mit Ehemann Naftali und ihren zehn Kindern:
Yair, Asher, Hagit, Tehila, David, Netanel, Hillel, Shilo, Rachel und Yinon
Petach Tikwa, Israel, 1993

Moria, Tochter von Cousine Yaki, mit Ehemann Amikam
Südliches Hochland von Hebron, Westjordanland, 2004

Cousine Rina mit ihren Töchtern
Groningen, Niederlande, 2004

Shmulik, Sohn von Cousin Miki, mit Ehefrau Daphna und ihren Kindern Michaela und Adam
Neve Tsedek, Tel Aviv, Israel, 2005

Ayelet, Tochter von Cousine Yaki, mit Ehemann Eliyahu und ihren Kindern Tehila, Shahar, Maoz, Tal und Avraham
Susija, Westjordanland, 2004

Ari, Sohn von Cousin Schmuel, mit Ehefrau Hagit und Sohn Noam
Kopenhagen, Dänemark, 2004

Rachel, Cousin Hannans Tochter mit Ehemann Yehuda und ihren Kindern Nechama und Zvi
Kiryat Sefer, Modiin Ilit, Israel, 2005

Cousin Bennys Enkelkinder in einer Laubhütte, der Sukka
Bnei Brak, Israel, 2003

Cousin Alik mit seiner Frau, Cousine Atara und ihren Kindern Noa, Itai, Maya und Neta
Moschav Chagor, Israel, 2005

Yael, Tochter von Cousine Erela, mit Ehemann Eldar und ihren Kindern Hadas, Ofer und Amit
Kibbuz Kabri, Israel, 2007

Yehuda, Sohn von Cousine Eta, mit seiner Frau Rinat und ihren Kindern Uri, Hallel und Adi
Alonei Habashan, Golanhöhen, 2007

Meine Mutter Rivka und meine Kinder Gil und Roni
Studio der Künstlerin, 2003

Adam en Eve |A|
Eli Content (1943–2022)
Amsterdam, 2018
Acryl auf Leinwand
75 × 166 cm
M015665-b
Joods Museum, Amsterdam
Courtesy of Peter Cox © Heirs of Eli Content, Foto: Peter Cox
Mit Unterstützung der VriendenLoterij (ehemals BankGiro Loterij)
→ S. 55

1.3 LUST

Yentl |BA|
Regie, Mitarbeit Drehbuch und Produktion, Hauptrolle: Barbra Streisand (geb. 1942)
USA, 1983
Film, ca. 1 Min.
Yentl © 1983 Ladbroke Entertainments Limited. All Rights Reserved. Courtesy of MGM Media Licensing
Foto: picture alliance/United Archives / IFTN
→ S. 56

The Honeymoon Suite |BA|
Regie: Sam Leifer (geb. 1980)
Großbritannien, 2010
Film, 2:33 Min.
Rise Films
→ S. 56

Untitled (from the series Divine Connection) |BA|
Benyamin Reich (geb. 1976)
Mea Shearim, Jerusalem, 2005
Fotografie
110 × 110 cm
Courtesy of the artist

Signs of Time (Midlife Series) |BA|
Elinor Carucci (geb. 1971)
New York, 2017

Ausstellungsprint
57 × 85,5 cm
Courtesy of the artist, Edwynn Houk Gallery
→ S. 57

It Is So |B|
Nicole Eisenman (geb. 1965)
USA, 2014
Öl auf Leinwand
165 × 208 cm
EISENNI14.05
Hall Collection, © Nicole Eisenman
→ S. 58

Hold (Erotic Series) |B|
Joan Semmel (geb. 1932)
New York, 1972
Öl auf Leinwand
173 × 244,8 × 3,2 cm
Lent by the Minneapolis Institute of Art, Gift of Mary and Bob Mersky
© VG Bild-Kunst, Bonn, 2024
→ S. 59

WaterSlyde™ |BA|
Maureen Pollack (geb. 1985)
The Pleasure Parlor
USA, 2014
Kunststoff, Textil
39 × 17 × 6 cm;
Jüdisches Museum Berlin, Foto: Roman März
→ S. 60

Dr. Ruth's Game of Good Sex |BA|
Ruth Westheimer (geb. 1928)
Victory Games, Inc.
New York, 1985
Pappe, Holz, Kunststoff
29 × 21 × 5,5 cm
Jüdisches Museum Berlin, Foto: Roman März
→ S. 61

The Feminine Mystique |B|
Betty Friedan (1921–2006)
Penguin Books, USA, 2010
Jüdisches Museum Berlin

Iggeret ha-Kodesch |BA|
Herausgeber: Seymour J. Cohen
Ktav Publishing House Inc., New York, 1976
Jüdisches Museum Berlin

The Marriage Covenant. A Guide to Jewish Marriage |B|
Rabbi Elyashiv Knohl (1948–2018)
Leshmon Limudim Ltd.
Israel, 2021
Jüdisches Museum Berlin

The Newlywed's Guide to Physical Intimacy |BA|
David S. Ribner,
Jennie Rosenfeld
Gefen Publishing House, Jerusalem, 2011
Jüdisches Museum Berlin

Ekstase |BA|
Regie: Gustav Machatý (1901–1963)
Darstellerin: Hedy Lamarr (1914–2000)
Tschechoslowakei, 1933
Film, 2:06 Min.
Thomas Sessler Verlag

Tumtum |BA|
Gil Yefman (geb. 1979)
Installation, 2023
Faden, Stoff, Strickwerk
300 × 200 × 200 cm
USA, Ron Feldman Gallery, NYC
© Gil Yefman
Supported by Artis (www.artis.art), and Asylum Arts at The Neighborhood, Foto: Elad Sarig
→ S. 62

2. Kontrolle und Begehren

2.1 TRENNUNG

PMS |BA|
Elinor Carucci (geb. 1971)
New York, 1997
Ausstellungsprint
40 × 58 cm
Courtesy of the artist, Edwynn Houk Gallery
→ S. 91

Five plus Seven |BA|
Hagit Molgan (geb. 1972)
Kibbuz Saad und Kibbuz Beeri, Israel, 2001
Film, 2:25 Min.
Courtesy of the artist

Schmuckkästchen für die Braut |BA|
Norditalien, 2. Hälfte 15. Jahrhundert
Silber, graviert und teilweise vergoldet, nielliert
6,6 × 13 × 6 cm
B 51.04.0207, 131/030
The Israel Museum, Jerusalem; Geschenk von Astorre Mayer, Milan,
Foto © Israel Museum, Jerusalem, Laura Lachman
→ S. 96

He Loves Me |BA|
Andi LaVine Arnovitz (geb. 1959)
Israel, 2011
Papier, Textil
25 × 25 cm (geöffnet)
Courtesy of the artist

Siman Heker |B|
Ken Goldman (geb. 1960)
Israel, 2012
Papier, Metall
24 × 50 × 20 cm
Courtesy of the artist

A Hedge of Roses |B|
Norman Lamm (1927–2020)
Erstveröffentlichung: 1966
Feldheim Publishers, USA, 1987
Jüdisches Museum Berlin

Zauberschale |B|
Mesopotamien, nach 200 u.Z.
Ton
6 × Ø 14,9 cm
VA 2452
Staatliche Museen zu Berlin, Vorderasiatisches Museum; Foto: Olaf M. Teßmer; CC-BY-SA 4.0
→ S. 97

Modell einer Mikwe |B|
Jerusalem, Anfang 20. Jahrhundert
Gips
16,8 × 13,2 × 7,3 cm
184
Jüdisches Museum Wien

Mikva Dreams: Hudson River |BA|
Mierle Laderman Ukeles (geb. 1939)
New York, 1978
Performance Fotografie: Deborah Freedman
60 × 78,6 cm
© Mierle Laderman Ukeles. Courtesy of the artist and Ronald Feldman Gallery, New York
→ S. 94/95

Kit for Tevilah |BA|
Inbar Erez (geb. 1994)
Israel, 2020
Entwurfszeichnung
Inbar Erez, unter Supervision von Eran Lederman, Bezalel Academy of Arts and Design
→ S. 92/93

Seder Birkat ha-Mazon (Tischgebet) sowie andere Gebete und Segenssprüche |A|
Möglicherweise Aaron Wolf Herlingen (ca. 1700–1757)
Deutschkreutz, 1751
Tusche und Aquarell auf Pergament
9,5 × 5,2 cm
217
Braginsky Collection, Zürich, Schweiz

2.2 VERSUCHUNG

Kitzur Schulchan Aruch |B|
Josef Karo (1488–1575), Schelomo Ganzfried (1804–1886)
Übersetzung: Selig Bamberger (1872–1936)
Victor Goldschmidt Verlag, Basel, ca. 1970
Jüdisches Museum Berlin

Mishneh Torah |B|
Moses Maimonindes (gest. 1204)
Herausgeber: Leon Nemoy (1901–1997), Yale Judaica Series 16, Band 5, Yale University Press, CT, USA, 1965
Jüdisches Museum Berlin

Daumenring |BA|
Amsterdam, 1700–1850
Silber
3,7 × 2,1 cm
MB02189
Joods Museum, Amsterdam: Leihgabe der Bibliotheca Rosenthaliana, Allard Pierson, Universiteit van Amsterdam
→ **S. 98**

Sacred Sperm |BA|
Regie: Ori Gruder (geb. 1970)
Israel, 2014
Film, 1:15 Min.
Courtesy of Go2Films

Magen (Jewish Cut) |BA|
Ken Goldman (geb. 1960)
Kibbuz Shluchot, Israel, 2015
Reproduktion
184 × 145 cm
Courtesy of the artist
→ **S. 99**

Tallit katan |B|
Bnei Brak, Israel, 2001
Wolle, Baumwolle, Synthetik
48 × 40 cm
Jüdisches Museum Berlin

Gartl |B|
Chacham Judaica
Aschdod, Israel, 2023
Textil
315 × 5 cm
Jüdisches Museum Berlin

Gartl |A|
1990–2010
Textil
315 × 5 cm
M012850
Joods Museum, Amsterdam

Tallit katan |A|
1990–2013
Wolle und Textil
60 × 140 cm
M012849
Joods Museum, Amsterdam

Please Do Not Pass in Immodest Clothes |BA|
Israel, vor 2021
Textil
40 × 178 cm
Jüdisches Museum Berlin, Foto: Roman März
→ **S. 102/103**

Unorthodox |BA|
Zoya Cherkassky-Nnadi (geb. 1976)
Israel, 2020
Filzstift auf Papier
18,5 × 27,5 cm
Haya Heichal
→ **S. 106**

I'm With Stupid |B|
Nicole Eisenman (geb. 1965)
USA, 2001
Öl auf Leinwand
129,5 × 99 cm
EISENNI06.04
Hall Collection, © Nicole Eisenman
→ **S. 104**

Friday Water Series |BA|
Benyamin Reich (geb. 1976)
Lifta, Israel 2004–2006
Fotografien
Courtesy of the artist

Aus der Serie:
Untitled, 2004
35 × 35 cm

Untitled, 2005
35 × 35 cm → **S. 101**

Untitled, 2006
230 × 160 cm

Untitled, 2006
35 × 35 cm

Monisch |BA|
Jizchak Leib Peretz (1851–1915)
Pinchas Shaar (1923–1996)
JOINT, Paris, 1952
Courtesy of The David Mazower Collection
→ **S. 105**

Moses Maimonides' Halachischer Kodex Mishne Tora |A|
Immanuel Athias (ca. 1664–1714)
Amsterdam, 1702
Gedrucktes Buch
EH 1 A 19
Ets Haim – Livraria Montezinos, Amsterdam

Yosef Karos Kodex des jüdischen Rechts Shulkhan Aruch, 3. Abschnitt |A|
Joseph Athias (ca. 1635–1700)
Amsterdam, 1697
Gedrucktes Buch
ROK A-83
Bibliotheca Rosenthaliana, Allard Pierson, Universiteit van Amsterdam

2.3 NEUE WEGE

Holy |BA|
Dorothea Moerman (geb. 1998)
Oakland, CA, USA, 2023
Linoldruck
22,8 × 30,4 cm
Courtesy of the artist
→ **S. 107**

Feygeles |BA|
Shterna Goldbloom (geb. 1992)
USA, 2019
Papier
32 × 40 cm
Courtesy of the artist

#DafReactions |BA|
Miriam Anzovin (geb. 1985)
Videos, 3:48 Min., 2:44 Min., 3:18 Min.
USA, 2021–2022
Courtesy of the artist
→ **S. 113**

Gedicht aus Tachkemoni |BA|
Judah b. Solomon Al-Harizi (1166–1225)
Spanien, 13. Jahrhundert
Papier
13,8 × 12 cm
Cambridge University Library

Wrestling With Leviticus |BA|
Susan Kaplow (geb. 1943)
New York, 2012
Ausstellungsprint
61 × 86 cm
Courtesy of the artist. No reproduction without express permission from Susan Kaplow
→ **S. 111**

Sefer Nashim |BA|
Nechama Golan (geb. 1947)
Israel, 2000
Ausstellungsprint
54 × 74 cm
Courtesy of the artist
→ **S. 110**

The Scourge |BA|
The Grave
Teeth
The Other World
Her Other Face
That Place
Her Stare
Her Breath
Gabriella Boros (geb. 1961)
Skokie, IL, USA, 2023
Latex
je 38 × 14 × 14 cm
Courtesy of the artist, Foto: Jack Kraig
→ **S. 109**

Chewing Gum Sculpture |B|
Hannah Wilke (1940–1993)
USA, ca. 1975
Chewing gum, plexiglasbox
6 × 6 × 2 cm
WILKEHA11.01
© Marsie, Emanuelle, Damon, and Andrew Scharlatt, Hannah Wilke Collection & Archive Los Angeles / Hall Collection. Courtesy Hall Art Foundation, Foto: Adam Reich
© VG Bild-Kunst, Bonn, 2024
→ **S. 108**

That Place |BA|
Naama Snitkoff-Lotan
(geb. 1984)
Israel, 2013
Mixed media
13 × 13 cm
Courtesy of the artist
→ S. 108

Kippot der jüdischen LGBTQ+-Community Deutschland |B|
Keshet Deutschland e.V.
New York, Juli 2021
Textil
Ø 23 cm
Tadeo „Akiva" Berjón und Gustavo Thomas, Foto: Roman März
→ S. 100

Werbefoto für Sjalhomo |A|
Jenny E. Wesly (1948–2016)
Amsterdam, 1980–1990
Foto
25,3 × 20,3 cm
M013645
Joods Museum, Amsterdam
→ S. 112

3. Sexualität und Macht

3.1 TABU

Lot and His Daughters |BA|
Abraham Lozoff (1887–1936)
England, 1926
Holz
109 × 43 × 45 cm
1987-261
Ben Uri Collection, presented by Lord Sieff 1936
© Ben Uri Collection / Bridgeman Images
→ S. 147

Ruth et Boaz |BA|
Marek Szwarc (1892–1958)
Paris, ca. 1920
Bronzeguss
39 × 68,5 × 3,5 cm
Musée d'art et d'histoire du Judaïsme, Paris, Foto © mahJ / Niels Forg; © VG Bild-Kunst, Bonn, 2024
→ S. 145

King David and Bathsheba |BA|
Meir Gur-Arie (1891–1951), nach E. M. Lilien (1874–1925)
Bezalel School of Arts and Crafts, Jerusalem
1913–1929
Gipsguss
8,1 × 12,4 × 1,63 cm
B09.1146 und 174/271
The Israel Museum, Jerusalem, The Alan and Riva Slifka Collection in the Israel Museum

Everything Forbidden Is Sought After |BA|
Lenore Mizrachi-Cohen
(geb. 1990)
USA, 2016
Ausstellungsprint
101,6 × 68,8 cm
Courtesy of the artist

Eat Your Power, Honey, Before It Grows Cold |B|
Anita Steckel (1930–2012)
USA, ca. 1970–1972
Öl und Siebdruck auf Leinwand
160 × 251,3 × 7,4 cm
© Estate of Anita Steckel. Courtesy of the Estate of Anita Steckel, Ortuzar Projects, New York, and Hannah Hoffman, Los Angeles, Foto: Paul Salveson
→ S. 142/143

The Stained Portfolio by Justine Frank |BA|
Nr. 45, 46, 56, 60, 62–64, 80, 81
1927/1928
Roee Rosen (geb. 1963)
Israel, 1998/2001
Gouache und Bleistift auf Papier
38 × 33 cm
Courtesy of the artist and Rosenfeld Gallery, Tel Aviv
Private Collection, Paris
→ S. 148

Sweet Sweat |BA|
Justine Frank und Roee Rosen (geb. 1963)
Sternberg Press, Antwerpen 2009
Hebräische Erstveröffentlichung: Babel Publishing House, 2001
Jüdisches Museum Berlin

Lesbischer Kuss |BA|
Shayna Schmidt und Melissa Weisz
Ronald L. Glassman
(geb. 1955)
New Yiddish Rep, USA, 2017
Reproduktion
30 × 42 cm
Foto: Ronald L. Glassman
→ S. 141

Pijpelijntjes |BA|
Jacob Israel De Haan
(1881–1924)
Herausgeber: Jacq. van Cleef, Amsterdam, 1904
560Haan k
Joods Museum, Amsterdam

Untitled (coins, torso) |B|
Lee Lozano (1930–1999)
USA, ca. 1962
Graphit, Kreide, Papier
23 × 24 cm
Hall Collection

Portrait d'Annie, Homosexuel, Putain juive |B|
Stéphane Mandelbaum
(1961–1986)
Brüssel, 1985
Graphit auf Papier
149 × 114 × 1,5 cm
Private Collection

Stalag 217 |BA|
Victor Bolder
Israel, 1961
Jüdisches Museum Berlin, Foto: Roman März
→ S. 146

Stalags – Holocaust and Pornography in Israel |BA|
Ari Libsker (geb. 1972)
Israel, 2008
Film, 1:18 Min.
Courtesy of Heymann Brothers Films

The House of Dolls |B|
K. Tzetnik 135633
(1909–2001)
Granada Publishing Ltd., England, 1973
Jüdisches Museum Berlin

Immigrant's NO Suitcase (Anti-Pop) |B|
Boris Lurie (1924–2008)
New York, 1963
Assemblage: Acryl, Papiercollage und Stoff auf Koffer
63,5 × 78,7 × 33,2 cm
BLAF 1239
Boris Lurie Art Foundation
→ S. 144

Ansichtskarte des Bordells Maison Weinthal aus Protest gegen die neue Polizeiverordnung |A|
Amsterdam, ca. 1900
Bedrucktes Papier
9 × 14 cm
F002938
Joods Museum, Amsterdam; Sammlung J. van Velzen
→ S. 147

3.2 SEXUAL-WISSENSCHAFTEN

Everything You Always Wanted to Know About Sex |BA|
Woody Allen (geb. 1935)
USA, 1972
Film, 1 Min.

© Metro-Goldwyn-Mayer Studios Inc. All Rights Reserved. Courtesy of MGM Media Licensing
Jüdisches Museum Berlin

Love Between Women |B|
Charlotte Wolff (1897–1988)
Harper Colophon Books, USA, 1972

Jüdisches Museum Berlin

Aus eines Mannes Mädchenjahren |BA|
N.O. Body, i. e. Karl M. Baer (1885–1956)
Herausgeber:
Hermann Simon
Berlin, 2022
Erstveröffentlichung:
Deutschland, 1907

© 2022 Hentrich & Hentrich Verlag Berlin Leipzig
Jüdisches Museum Berlin

Felix Abraham im Gespräch |B|
Fotografie
Berlin, 1929
12,2 × 18,2 cm

2013/417/104
Keystone View Company, NY/Berlin
Jüdisches Museum Berlin; Schenkung von Frau Anne Marx in liebevoller Erinnerung an ihren Mann Carl Theodore

→ S. 152

Was soll das Volk vom dritten Geschlecht wissen? |B|
Wissenschaftlich-Humanitäres Komitee
Verlag Max Spohr, Leipzig, 1903

Magnus-Hirschfeld-Gesellschaft e.V., Forschungsstelle zur Geschichte der Sexualwissenschaft, Berlin

Anders als die Andern |BA|
Richard Oswald (1880–1963)
Deutschland, 1919
Film, 1 Min.

Filmmuseum München / Edition Filmmuseum

→ S. 151

Figur des jugendlichen Eros |BA|
Myrina, Kleinasien, um die Zeitenwende
Terrakotta
42,2 × 17,5 × 16,8 cm

3880
Leihgabe des Freud Museums London

Lekythos mit Ödipus und der Sphinx |BA|
Kopie eines Originals aus dem Jahr 550
15 × 5 × 5 cm

LDFRD 4425
Leihgabe des Freud Museums London
Foto: © Freud Museum London

→ S. 149

Kästchen mit Penisprothesen |BA|
Japan, vor 1928
Jade, Horn, Metall, Holz
6 × 22 × 15,5 cm

Magnus-Hirschfeld-Gesellschaft e.V., Forschungsstelle zur Geschichte der Sexualwissenschaft, Berlin,
Foto: Jüdisches Museum Berlin, Jens Ziehe

→ S. 153

Der Sexualwissenschaftler Herman Musaph untersucht eine Patientin |A|
Fotograf unbekannt
ca. 1953
Foto
19 × 20 cm

F007100
Joods Museum, Amsterdam

→ S. 150

3.3 IDENTITÄTEN

I Am in Training Don't Kiss Me |BA|
Claude Cahun (1894–1954)
vermutlich Frankreich, 1927
Ausstellungsprint
53 × 40 cm

Courtesy of Jersey Heritage

→ S. 154

Gluck |BA|
Howard Coster (1885–1959)
England, 1926
Ausstellungsprint
90 × 65,7 cm

Courtesy of The Fine Art Society Ltd.

→ S. 155

First Time Naked |BA|
Roey Victoria Heifetz (geb. 1978)
Berlin, 2021
Graphit, Tinte, Zeichenkohle, Papier
180 × 50 cm

Courtesy of the artist,
Foto: Andrea Rossetti

→ S. 161

Body Piece II |B|
Guy Aon (geb. 1986)
Tel Aviv, Israel, 2021
Ausstellungsprint
120 × 94,5 cm

Courtesy of the artist

→ S. 160

Synagogo Hat |BA|
Gilbert Block (1944–2010)
San Francisco, undatiert
Karton, Strass, Glas, Textil
13,3 × 20,9 × 20,9 cm

Courtesy GLBT Historical Society,
Foto: Jeff Raby

→ S. 163

Thank God I'm Gay |BA|
Jean-Baptiste Carhaix (1946–2023)
San Francisco, 1983
Ausstellungsprint
47,7 × 30 cm

Jean-Baptiste Carhaix papers (2019–39), Courtesy of Gay, Lesbian, Bisexual, Transgender Historical Society

→ S. 162

Goldie: A Neurotic Woman |BA|
Wimmen's Comix #1
Aline Kominsky-Crumb (1948–2022)
Last Gasp-Eco Funnies Inc., Kalifornien, USA, 1972

Jüdisches Museum Berlin

Radical Cheek |BA|
Miriam Margolyes in the British Vogue
Fotograf: Tim Walker (geb. 1970)
British Vogue, 2023
Conde Nast 1909, New York

Jüdisches Museum Berlin

The Last of The Red Hot Mamas. Sophie Tucker's Greatest Hits |BA|
Sophie Tucker (1887–1966)
USA, 1983
℗ CBS Records
31,5 × 31,5 cm

Jüdisches Museum Berlin,
Foto: Roman März

→ S. 165

Lilith Magazine |BA|
Lilith Publications Inc., USA, 1976–2022

Joods Museum, Amsterdam
Jüdisches Museum Berlin

Lilith
Aus der Serie *Finding Home, No. 80 (Fereshteh)* |BA|
Siona Benjamin (geb. 1960)
USA, 2006
Gouache, Blattgold, Holz
119 × 66,04 cm

Courtesy of the artist

→ S. 164

Maalal |BA|
Halil Balabin (geb. 1987)
Merav Kamel (geb. 1988)
Israel, 2016
Ölpastellkreide, Gouache, Tinte, Papier
210 × 250 cm (15-teilig, je 50 × 70 cm)

Courtesy of the artists

The Tenth Commandment |BA|
Shraga Weil (1918–2009)
vermutlich Ungarn, 1946
Reproduktion
29,7 × 21 cm

Hashomer Hatzair Archives, Yad Yaari Research and Documentation Center

→ S. 156

Lasst mich arbeiten! |BA|
Palästina, 1930er-Jahre
Reproduktion
58,1 × 50 cm

Central Zionist Archives, Jerusalem

→ S. 157

Orthodox Eros |BA|
G.L.H. (geb. 1976)
Israel, 2010
Ausstellungsprint
50 × 50 cm
Courtesy of the artist
→ S. 158

Untitled (Soldier Series) |A|
Adi Nes (geb. 1966)
Israel, 1996
Foto
90 × 90 cm
Courtesy of Adi Nes &
Praz-Delavallade, Paris, Los Angeles
→ S. 159

4. Erotik und das Göttliche

4.1 HEILIGER SEX

Nose to Nose (Los Angeles Series #24) |BA|
R.B. Kitaj
(1932–2007)
Los Angeles, 2003
Öl auf Leinwand
121,9 × 121,9 cm
Courtesy of Piano Nobile, London
© The Estate of R.B. Kitaj
→ S. 189

Schriftrolle mit kabbalistischen Amuletten und Texten – Ilan |A|
Tusche auf Pergament
28,6 × ca. 51 cm
18. Jahrhundert
Reproduktion |B|
153,2 × 28,6 cm
EH 47 E 53
Collection Ets Haim – Livraria Montezinos, Amsterdam,
Foto: Ardon Bar-Hama, Israel
→ S. 185

Mystische Ketubba |B|
vermutlich Gibraltar,
1830–1840
Tinte, Pergament
69,3 × 59,2 cm
BCK 26
Braginsky Collection, Zürich, Schweiz,
Foto: Ardon Bar-Hama, Israel
→ S. 191

Kosher Sex |BA|
Illustration: Vivienne Flesher
Playboy Magazin
PLBY Group, Inc., ehemals
Playboy Enterprises, 1999
Jüdisches Museum Berlin,
Foto: Roman März
→ S. 188

Shabbat Sex Positions to Get Your Double Mizvah On |BA|

Challah Back Girl → S. 187

The Shekinah

The Digital Detox

The Easy Rester

Melissa Cetlin (geb. 1988)
Digitale Zeichnungen
17 × 32 cm
Melissa Cetlin, a special project
for At The Well, 2017

Mitzvah Night I |A|
Ruth Schreiber (geb. 1947)
2020 (Installation 2011)
Fotografie
Mit freundlicher Genehmigung von
David und Ruth Schreiber
→ S. 186

4.2 HINGABE

Carrying the Scrolls of the Law |BA|
Simeon Solomon (1840–1905)
England, 1867
Aquarell, Gouache, Papier,
Leinwand
35,7 × 25,5 cm
D.1919.8
The Whitworth, The University
of Manchester, Foto: Whitworth Art
Gallery / Bridgeman Images
→ S. 193

Untitled (Species) |BA|
Leor Grady (geb. 1966)
Israel, 2019
Ausstellungsprint
103 × 124 cm
Courtesy of the artist
→ S. 196/197

Touching Mezuzah |BA|
Sari Srulovitch (geb. 1964)
Jerusalem, 2011
Silber
2011/158/1
Jüdisches Museum Berlin,
Schenkung der Künstlerin,
Foto: Roman März
→ S. 190

Yona Wallach |BA|
Micha Kirshner (1947–2017)
Israel, 1982
Fotografie
34 × 52 cm
Courtesy of Micha Kirshner
Photography Archive
→ S. 195

Tefillin schel Jad (Serie Judaica) |BA|
Benyamin Reich (geb. 1976)
2005
Tintenstrahldruck
100 × 100 cm
2011/288/5
Jüdisches Museum Berlin
→ S. 192

Undergarments |BA|
Dorothea Moerman
(geb. 1989)
Oakland, CA, USA,
2017–2019
Textil
Courtesy of the artist

Mystischer Ehevertrag |A|
Samuel ben Itzig
1855
Tusche auf Papier
39 × 49 cm
Slg. IKG, 16371
Jüdisches Museum, Wien /
Jüdisches Museum der Stadt Wien

4.3 DAS LIED DER LIEDER

Voices from the Song of Songs |BA|

Yes I am black and radiant → S. 200

Come let us go out into the fields

My Dove in the clefts of the rock → S. 200

How fine you are, my love

There you stand like a palm → S. 200

for your scents

Judy Chicago (geb. 1939)
New York, nach 1998
Helio-Relief, Lithografie und
Handkolorierung auf Papier
61 × 51 cm
Women's Art Collection, Murray
Edwards College
Courtesy of the artist; Jeffrey Dietch,
New York; and Jessica Silverman,
San Francisco
© Judy Chicago / Artists Rights
Society (ARS), New York
Fotos: © Donald Woodman /
ARS, New York
© VG Bild-Kunst, Bonn, 2024

Le Cantique des cantiques |BA|
Jacques Lipchitz (1891–1973)
London, 1946
Gips, Schellack
47 × 96,5 × 27,3 cm
T03532
Tate: Presented by the Lipchitz
Foundation 1982
© The estate of Jacques Lipchitz,
courtesy, Marlborough Gallery,
New York
→ S. 199

The Song of Solomon |BA|
Illustrator: Zeev Raban
(1890–1970)
Shulammite-Publ.,
Jerusalem, ca. 1949
Papier, Leder, Kupfer
34 × 24,5 × 4 cm

BIB/139782/0
Jüdisches Museum Berlin,
Foto: Jens Ziehe

→ **S. 198**

In My Mother's House |BA|
Judy Chicago (geb. 1939)
USA, 1962–1964
Acryl, Steinzeug
60,96 × 45,72 × 15,24 cm

2019.002
Collection Monterey Museum of Art,
Museum purchase by exchange;
gift of Mr. and Mrs. Gerald Bates,
Mrs. J.B. Heywood, Elizabeth
George Lawlor in memory of Dorothy
George Meakin, William and Renee
Petersen, Mr. and Mrs. John Shephard,
Mr., Mrs. E.V. Staude, Carolyn Lewis
Nielson, Albert Denney, Nancy
Stillwell Easterbrook, Margaret Went-
worth Owings, Naedra B. Robinson,
Elizabeth Tompkins, and an anony-
mous donor.

→ **S. 201**

„Ani Yeshana" – I Sleep |BA|
Konzept, Musik,
Gesang: Victoria Hanna
Produziert und arrangiert
von Tamir Muskat Drum
Jerusalem, 2017
Video, 3:30 Min.

Courtesy of the artist

GEDICHTE

Wir haben es gemacht
Yehuda Amichai
(1924–2000)
Großbritannien, 1971

Mit freundlicher Genehmigung:
The Deborah Harris Agency, Israel.
Übertragung ins Deutsche von
Anne Birkenhauer

→ **S. 163**

Tefillin
Yona Wallach (1944–1985)
Israel, 1982

Übertragung ins Deutsche von
Anne Birkenhauer

→ **S. 194**

ILLUSTRATIONEN

Illustrierte Episoden aus dem Babylonischen Talmud
Noa Snir (geb. 1987)
Berlin, 2024

Jüdisches Museum Berlin
Die dazugehörenden Zitate aus
dem Talmud sind hier zu finden:
www.sefaria.org

→ **S. 1–3; 222–224**

Sofern hier nicht anders angegeben, liegen die Bildrechte bei den jeweiligen Leihgeber*innen.

Stand März 2024

Dank

Das Jüdische Museum Berlin und das Joods Museum, Amsterdam danken allen Leihgeber*innen.

Die Kuratorinnen der Ausstellung in Berlin und Amsterdam danken für die Unterstützung des Ausstellungs- und Buchprojekts:

Fatima Akalai, Debora Antmann, Daniel Bouw, Linda Duits, Danielle Durchslag, Mirjam van Emden, Lievnath Faber, Nathan James Ford, Lisa de Goffau, Shelley Harten, Felicitas Heimann-Jelinek, Judith Hoekstra, Lody van de Kamp, Clive Kennard, Julia van der Krieke, Hannah Landsmann, Tamar Lewinsky, Dvorah Liss, Martina Lüdicke, Rachel Middleman, Daniela Pscheiden, Lorie Quint, Adam Ring, Aaron Rosen, Shai Secunda, Sivan Rajuan Shtang, Lily Snyder, Barbara Staudinger, David Studniberg, Chantal Suissa-Runne, Ta'ir Wasserman, Sharon Weiser-Ferguson, Daniela Weiss Bronstein, David Wertheim, Judith Whitlau, Sarah Whitlau, Julia Windegger, Irene Zwiep

Literatur

Empfohlene Lektüre

Biale, David, Eros and the Jews: From Biblical Israel to Contemporary America, New York 1992.

Boyarin, Daniel, Carnal Israel: Reading Sex in Talmudic Culture, Berkeley, CA 1993.

Dorff, Elliot/Ruttenberg, Danya (Hg.), Jewish Choices, Jewish Voices: Sex and Intimacy, Philadelphia 2010.

Eilberg-Schwartz, Howard, People of the Body. Jews and Judaism from an Embodied Perspective, New York 1992.

Epstein-Levi, Rebecca J., When We Collide. Sex, Social Risk, and Jewish Ethics, Bloomington, IN 2023.

Fonrobert, Charlotte, Menstrual Purity: Rabbinic and Christian Reconstructions of Biblical Gender, Stanford, CA 2000.

Gilman, Sander, The Jew's Body, New York 1991.

Irshai, Ronit, Judaism (On Sexuality and Gender), in: Adrian Thatcher (Hg.), The Oxford Handbook of Theology, Sexuality and Gender, Oxford 2015, S. 413–431.

dies., Fertility and Jewish Law. Feminist Perspectives on Orthodox Responsa Literature, Waltham, MA 2012.

Kirshenblatt-Gimblett, Barbara, The Corporeal Turn, in: *Jewish Quarterly Review* 95 (2005), S. 447–461.

Marienberg, Evyatar, Traditional Jewish Sex Guidance: A History, in: Joshua Holo (Hg.), Brill's Series in Jewish Studies, Bd. 74, Leiden/Boston 2022.

Raucher, Michal S., Conceiving Agency. Reproductive Authority among Haredi Women, Bloomington, IN 2020.

Ruttenberg, Danya (Hg.), The Passionate Torah: Sex and Judaism, New York 2009.

Secunda, Shai, The Talmud's Red Fence. Menstrual Impurity and Difference in Babylonian Judaism and its Sasanian Context, Oxford 2020.

Shapiro, Yaakov, Halachic Positions. What Judaism Really Says about Passion in the Marital Bed, 2017.

Sienna, Noam (Hg.), A Rainbow Thread: An Anthology of Queer Jewish Texts from the First Century to 1969, Philadelphia 2019.

Zion, Noam S., Sanctified Sex: The Two-Thousand-Year Jewish Debate on Marital Intimacy, Philadelphia 2021.

Quellen

Abrams, Nathan, Circumcised Cinema. Representing Jewishness on Film through Circumcision, in: Monika Kopytowska u.a. (Hg.), Thought-Sign-Symbol, Berlin 2022, S. 447–470.

Abu-Lughod, Lila, Do Muslim Women Need Saving?, Cambridge, MA 2013.

Adler, Rachel, The Jew Who Wasn't There: Halakha and the Jewish Woman, in: Susannah Heschel (Hg.), On Being a Jewish Feminist: A Reader, New York 1983, S. 12–18.

dies., Engendering Judaism: An Inclusive Theology and Ethics, Jerusalem/Philadelphia 1998.

dies., Innovation and Authority: A Feminist Reading of the „Women's Minyan" Responsum, in: Walter Jacob and Moshe Zemer (Hg.), Gender Issues in Jewish Law, New York 2001, S. 3–32.

Aiken, Lisa, To Be a Jewish Woman, Northvale, NJ 1992.

Alpert, Rebecca, Like Bread on the Seder Plate: Jewish Lesbians and the Transformation of Tradition, New York 1997.

Amborn, Erich, Und dennoch ja zum Leben. Die Jugend eines Intersexuellen in den Jahren 1915–1933, Schaffhausen 1981.

Ankori, Gannit, The Jewish Venus, in: Matthew Baigell/Milly Heyd (Hg.), Complex Identities: Jewish Consciousness and Modern Art, New Brunswick 2001, S. 247–250.

Antler, Joyce, Jewish Radical Feminism: Voices from the Women's Liberation Movement, in: *Nashim: A Journal of Jewish Women's Studies & Gender Issues* 35 (2018), S. 234–237.

Avishai, Orit, Queer Judaism: LGBT Activism and the Remaking of Jewish Orthodoxy in Israel, New York 2023.

Baker, Cynthia M., Rebuilding the House of Israel: Architectures of Gender in Jewish Antiquity, Stanford, CA 2002.

Balka, Christie/Rose, Andy (Hg.), Twice Blessed: On Being Lesbian, Gay, and Jewish, Boston 1989.

Baskin, Judith, Midrashic Women: Formations of the Feminine in Rabbinic Literature, Hanover, NH 2002.

Beck, Evelyn Torton (Hg.), Nice Jewish Girls: A Lesbian Anthology, Watertown, MA 1982.

Berner, Wolfgang, Perversion, Gießen 2011.

Biale, David, Eros and the Jews: From Biblical Israel to Contemporary America, New York 1992.

ders., Eros and the Jews, übers. Carmit Guy, Tel Aviv 1994.

Bird, Jon u.a., Nancy Spero, London 1996.

Bloom, Lisa, Jewish Identities in American Feminist Art: Ghosts of Ethnicity, New York 2006.

Boyarin, Daniel, Carnal Israel: Reading Sex in Talmudic Culture, Berkeley 1993.

ders., Unheroic Conduct: The Rise of Heterosexuality and the Invention of the Jewish Man, Berkeley, CA 1997.

Braun, Christina von, Ist die Sexualwissenschaft eine „jüdische Wissenschaft"? In: *Zeitschrift für Sexualforschung 1* (2001), S. 1–17.

Bruch, Rüdiger vom/Müller, Rainer A. (Hg.), Formen außerstaatlicher Wissenschaftsförderung im 19. und 20. Jahrhundert. Deutschland im europäischen Vergleich, Stuttgart 1990.

Cohen, Tova, Melitzat yeshurun li-Shlomo Levisohn: Ha-yetzira ve-yotzra [Melitzat Jeschurun von Salomo Löwisohn: Das Werk und sein Autor], Jerusalem 1988.

Cohn, Norman, Pursuit of the Millennium, London 1993.

Cottin Pogrebin, Letty, Deborah, Golda, and Me: Being Female and Jewish in America, New York 1991.

Daube, David, The Duty of Procreation, Edinburgh 1977.

Debow, Yocheved, Sexuality among Modern Orthodox Teenage Girls in Israel: A Study of the Effects of an Educational Intervention, Ramat Gan 2009.

Dose, Ralf u.a., Sexualreform, in: Kai Buchholz u.a. (Hg.), Die Lebensreform. Entwürfe zur Neugestaltung von Leben und Kunst um 1900, Bd. 1, Darmstadt 2001, S. 121–125.

ders., Magnus Hirschfeld. Deutscher – Jude – Weltbürger, in: Hermann Simon (Hg.), Jüdische Miniaturen, Bd. 15, Teetz 2005.

Dühring, Eugen, Moralischer Irrsinn und Unzuchtbeschönigung, in: *Der moderne Völkergeist* 5 (1898), S. 177–186.

Efron, John M., Defenders of Race. Jewish Doctors & Race Science in Fin-De-Siécle Europe, New Haven, CT 1994.

Elior, Rachel, Jacob Frank and His „Book The Sayings of the Lord": Anarchism as a Restoration of Myth and Metaphor [Hebräisch], in: Rachel Elior (Hg.), Ha-Halom v'Shivro, Bd. 2., Jerusalem 2001, S. 471–548.

dies., The Mystical Origins of Hasidism, Portland 2006.

Eller, Cynthia, Living in the Lap of the Goddess: The Feminist Spirituality Movement in America, Boston 1995, S. 38–61.

Elqayam, Avraham, To Know the Messiah: The Dialectics of the Sexual Discourse in the Messianic Thought of Nathan of Gaza [Hebräisch], in: *Tarbiz* 65 (1996), S. 637–670.

Engelhardt, Dietrich, Die Konzeption der Forschung in der Medizin des 19. Jahrhunderts, in: Alwin Diemer (Hg.), Konzeption und Begriff der Forschung in den Wissenschaften des 19. Jahrhunderts, Meisenheim 1978, S. 58–103.

Englander, Yakir/Sagi, Avi, The New Religious-Zionist Discourse on Body and Sexuality, Jerusalem 2013.

Epstein, Yehiel M., Arukh ha-shulhan, Jerusalem 1992.

Erenberg, Lewis A., Steppin' Out: New York Nightlife and the Transformation of American Culture, 1890–1930, Chicago 1981.

Ettinger, Yair, Dozens of Orthodox Rabbis Penned a Manifesto Calling for Recognition of Homosexuals and Lesbians, in: *Ha-aretz,* 29.07.2010.

Eulner, Hans-Heinz, Die Entwicklung der medizinischen Spezialfächer an den Universitäten des deutschen Sprachgebietes, Stuttgart 1970.

Falk, Candace, Love, Anarchy, and Emma Goldman, New York 1984.

Feiner, Shmuel, Origins of Jewish Secularization in Eighteenth-Century Europe, Philadelphia 2010.

Feinstein, Moses, Sefer Igrot Mosche, New York 1985.

Feldman, David, Birth Control in Jewish Law: Marital Relations, Contraception, and Abortion as Set Forth in the Classic Texts of Jewish Law, 3. Auflage, New York 1995.

Fields, Armand, Sophie Tukker: The First Lady of Show Business, Jefferson, NC 2003.

Fisher, E., The Ethos of „Female Modesty" in Rabbinic Literature: Between the Woman's Obligation to Conceal Her Body and the Male Prohibition against Looking, Ramat Gan 2009.

Fonrobert, Charlotte Elisheva, Menstrual Purity: Rabbinic and Christian Reconstructions of Biblical Gender, Stanford, CA 2000.

dies., Regulating the Human Body: Rabbinic Legal Discourse and the Making of Jewish Gender, in: dies. (Hg.), The Cambridge Companion to the Talmud and Rabbinic Literature, Cambridge, CA 2007, S. 270–294.

Freud, Sigmund, Drei Abhandlungen zur Sexualtheorie, Frankfurt a. M. 1905.

Frueh, Joanna, So Help Me Hannah, in: Thomas H. Kochheiser (Hg.), Hannah Wilke: A Retrospective, Minneapolis 1989, S. 10–104.

Gafni, Isaiah, The Institution of Marriage in Rabbinic Times, in: David Kraemer (Hg.), The Jewish Family: Metaphor and Memory, New York 1989, S. 13–30.

Golden, Eunice, Sexuality in Art: Two Decades from a Feminist Perspective, in: *Woman's Art Journal* 3/1 (1975), S. 14.

Goldish, Matt, The Sabbatean Prophets, Cambridge, MA 2004.

Goshen-Gottstein, E.R., Growing Up in Geula: Mental Health Implications of Living in an Ultra-Orthodox Jewish Group, Ramat Gan 1980.

Green, Arthur/Holtz, Barry, Your Word Is Fire: Hasidic Masters on Contemplative Prayer, Woodstock, VT 1993.

Greenberg, Blu, On Women and Judaism, Philadelphia 1981.

Greenberg, Steven, Wrestling with God and Men: Homosexuality in the Jewish Tradition, Madison, WI 2004.

Hamánn, Cesar M./Rapoport-Albert, Ada, Something for the Female Sex: A Call for the Liberation of Women, and the Release of the Female Libido from the „Shackles of Shame," in an Anonymous Frankist Manuscript from Prague c. 1800, in: Joseph Dan (Hg.), Gershom Scholem (1897–1982): In Memoriam 2, Jerusalem 2007, S. 77–135.

Hammerstein, Notker, Die Deutsche Forschungsgemeinschaft in der Weimarer Republik und im Dritten Reich. Wissenschaftspolitik in Republik und Diktatur 1920–1945, München 1999.

Hartman, Tova, Modesty and the Religious Male Gaze, in: dies. (Hg.), Feminism Encounters Traditional Judaism: Resistance and Accommodation, Waltham, MA 2007, S. 45–61.

Hauptman, Judith, Rereading the Rabbis: A Woman's Voice, Boulder, CO 1998.

Haven, Alexander van der, From Lowly Metaphor to Divine Flesh: Sarah the Ashkenazi, Sabbatai Tsevi's Messianic Queen and the Sabbatian Movement, Amsterdam 2012.

Herder, Johann Gottfried von, Lieder der Liebe. Die ältesten und schönsten aus Morgenlande; nebst vier und vierzig alte Minnelieder, 1778, in: ders. Sämtliche Werke Bd. 8, 2022, S. 485–588.

Herrn, Rainer, Magnus Hirschfeld, sein Institut für Sexualwissenschaft und die Bücherverbrennung, in: Julius Schoeps/Werner Treß (Hg.), Verfemt und Verboten. Vorgeschichte und Folgen der Bücherverbrennungen 1933, Hildesheim u.a. 2010, S. 97–152.

ders., Der Liebe und dem Leid. Das Institut für Sexualwissenschaft 1919–1933, Berlin 2022.

Herzer, Manfred, Magnus Hirschfeld und seine Zeit, Berlin/Boston 2017.

Higgins, Tracy, Reviving the Public/Private Distinction in Feminist Theorizing, in: *Chicago-Kent Law Review* 75/3 (2000), S. 847–867.

Hirschfeld, Magnus, Zur Klärung, in: *Monatsberichte des Wissenschaftlich-humanitären Komitees* 6/12 (1907) S. 232.

ders. (Hg.), Das Institut für Sexualwissenschaft, in: *Jahrbuch für sexuelle Zwischenstufen* 19 (1919).

ders., Die Verstaatlichung des Gesundheitswesens, Berlin 1919.

ders., Sexualpathologie, Bd. 3, Bonn 1920.

ders., Aus der Bewegung, in: *Jahrbuch für sexuelle Zwischenstufen* 20 (1920), S. 124.

ders., Geschlechtskunde, Bd. 1, Stuttgart 1926.

ders., Nachwort, in: N. O. Body: Aus eines Mannes Mädchenjahren, Berlin 1907, im Reprint von Hermann Simon, Berlin 1993.

Hughes, Robert, An Obsessive Feminist Pantheon, in: *Time*, 15.12.1980.

ders., Nothing If Not Critical: Selected Essays on Art and Artists, New York 1990.

Idel, Moshe, Messianic Mystics. New Haven, CT 1998.

ders., The Interpretations of the Secret of Incest in Early Kabbalah [Hebräisch], in: *Kabbalah* 12 (2004), S. 89–199.

ders., Kabbalah and Eros, New Haven, CT 2005.

Irshai, Ronit, Toward a Gender-Critical Approach to the Philosophy of Jewish Law (Halakhah), in: *Journal of Feminist Studies in Religion* 26/2 (2010), S. 55–77.

dies., Fertility and Jewish Law: Feminist Perspectives on Orthodox Responsa Literature, Waltham, MA 2012.

dies./Tzion-Waldoks, Tanya, Modern Orthodox Feminism in Israel: Between Nomos and Narrative, in: *Mishpat Umimshal* [Law and Governance] 15 (2013), S. 233–327.

dies., Halakhic Discretion and Gender Bias: A Conceptual Analysis, in: *Tarbut Demokratit* [Demokratische Kultur] 16 (2014), S. 1–38.

dies., Cross-Dressing in Jewish Law (Halakha), and the Construction of Gender Identity, in: *Nashim* 38 (2021), S. 46–68.

dies./Avidan, Ilay, Beyond Essentialism: An Against-the-Grain Reading of Orthodox Jewish Law (Halakhah) on Transgender People, in: *Nashim* (im Erscheinen, 2024).

Kempner, Aviva, Finally Jewish Women Have Sex on the Screen, in: *Lilith*, 25.03.1999, lilith.org/articles/finally-jewish-women-have-sex-on-the-screen.

Kirshenblatt-Gimblett, Barbara, The Corporeal Turn, in: *Jewish Quarterly Review* 95 (2005), S. 447–461.

Klein, Jennie, Goddess: Feminist Art and Spirituality in the 1970s, in: *Feminist Studies* 35/3 (2009), S. 575–602.

Koren, Irit, Altering the Closet: Stories of Religious Gays and Lesbians, Tel-Aviv 2003.

Korff, Gottfried, Mentalität und Kommunikation in der Großstadt. Berliner Notizen zur „inneren" Urbanisierung, in: Theodor Kohlmann/Hermann Bausinger (Hg.), Großstadt. Aspekte empirischer Kulturforschung, Berlin 1985, S. 343–361.

Krabbe, Wolfgang, Die Lebensreformbewegung, in: Kai Buchholz u.a. (Hg.), Die Lebensreform. Entwürfe zur Neugestaltung von Leben und Kunst um 1900, Bd. 1, Darmstadt 2001, S. 25--29.

Kramer, Hilton, The Revenge of the Philistines: Art and Culture, 1972–1984, New York 1985.

Kronfeld, Arthur, Gegenwärtige Probleme und Ziele der Sexuologie, in: *Deutsche Medizinische Wochenschrift* 45/41 (1919), S. 1140f.

Labinsky, E. u. a., Observant Married Jewish Women and Sexual Life: An Empirical Study, in: *Conversations* 5 (2009), S. 1–15.

Lamm, Norman, Judaism and the Modern Attitude to Homosexuality, in: L. I. Rabinowitz (Hg.), Encyclopedia Judaica Year Book, Jerusalem 1974, S. 194–205.

Lehman, David/Sibzehner, Batia, Power Boundaries and Institutions: Marriage in Ultra-Orthodox Judaism, in: *Journal of European Sociology* 50/2 (2009), S. 273–308.

Leibowitz, Yeshayahu, I Wanted to Ask You, Prof. Leibowitz: Letters to and from Yeshayahu Leibowitz, Jerusalem 1999, S. 79–178.

Lerner, Robert E., Heresy of the Free Spirit in the Later Middle Ages, Berkeley, CA 1972.

Levin, Gail, Beyond the Pale: Jewish Identity, Radical Politics and Feminist Art in the United States, in: *Journal of Modern Jewish Studies* 4/2 (2005), S. 205–232.

dies., Becoming Judy Chicago: A Biography of the Artist, New York 2007.

dies., Censorship, Politics and Sexual Imagery in the Work of Jewish-American Feminist Artists, in: *Nashim: A Journal of Jewish Women's Studies and Gender Issues* 14 (2007), S. 63–96.

Liebes, Yehuda, The Secret of the Sabbatean Faith: Collected Papers [Hebräisch], Jerusalem 1995.

Lubitz, R., The Jewish Stance on Homosexual Relations and Guidelines for Its Didactic Realization, in: *Mayim midelayav* (1996) S. 233–251.

Maciejko, Paweł, The Mixed Multitude: Jacob Frank and the Frankist Movement, 1755–1816, Philadelphia 2011.

ders. Coitus interruptus, in: ders. (Hg.), And I Came this Day unto the Fountain, Los Angeles 2016, S. 25–32.

Maimonides, The Code of Maimonides: Book Four: The Book of Women, New Haven / London 1972.

Mandel, Arthur, The Militant Messiah or the Flight from the Ghetto, Atlantic Highlands 1979.

Marcuse, Herbert, Eros and Civilization: A Philosophical Inquiry into Freud, Boston 1974.

Marienberg, Evyatar, Traditional Jewish Sex Guidance: A History, Leiden/Boston 2022.

Mathews, Jane de Hart, Art and Politics in Cold War America, in: *American Historical Review* 81 (1976), S. 762–787.

Matt, Hershel, Homosexual Rabbis?, in: *Conservative Judaism* 39/3 (1987), S. 29–33.

Meachem, T., Women Are Not Sensitive, in: T. Cohen (Hg.), To Be A Jewish Woman, Jerusalem: Kolech – Religious Women's Forum.

Meir, Jonatan, Jacob Frank: The Wondrous Charlatan [Hebräisch], in: *Tarbiz* 80/3 (2012), S. 463–474.

Meyer, Laura, Power and Pleasure: Feminist Art Practice and Theory in the United States and Britain, in: Amelia Jones (Hg.), A Companion to Contemporary Art since 1945, Hoboken, NY 2006, S. 317–342.

Michaelson, Jay, The Heresy of Jacob Frank: From Jewish Messianism to Esoteric Myth, New York 2022.

Montano, Linda, Performance Artists Talking in the Eighties: Sex, Food, Money/ Fame, Ritual/Death, Berkeley, CA 2000.

Neusner, Jacob, Song of Songs Rabbah. An Analytical Translation (übers.), Atlanta, GA 1989.

Nieden, Sabine zur, „Heroische Freundesliebe" ist „dem Judengeiste fremd". Antisemitismus und Maskulinismus, in: Julius Schoeps/ Elke-Vera Kotowski (Hg.), Magnus Hirschfeld. Ein Leben im Spannungsfeld von Wissenschaft, Politik und Gesellschaft, Brandenburg 2004, S. 329–342.

Ozick, Cynthia, Notes toward Finding the Right Question, in: Susannah Heschel (Hg.), On Being a Jewish Feminist: A Reader, New York 1983, S. 120–151.

Pachter, S., Shmirat Habrit: The History of the Prohibition of Wasting Seed, Jerusalem 2006.

Pardes, Ilana, Countertraditions in the Bible. A Feminist Approach, Cambridge, MA 1992.

dies., Agnon's Moonstruck Lovers. The Song of Songs in Israeli Culture, Seattle 2013.

dies., The Song of Songs. A Biography, Princeton, NJ 2019.

Pedaya, Haviva, The Iggeret HaKodesh of the Baal Shem Tov: The Style of the Text and Its Worldview—Messianism, Revelation, Ecstasy, and Sabbateanism [Hebräisch], in: *Zion* 70/3 (2005), S. 311–354.

Pettman, Dominic, After the Orgy: Toward a Politics of Exhaustion, Albany, NY 2002.

Plaskow, Judith, Standing Again at Sinai, New York 1991.

Porush, Tova, A Study of Pre-marital Education Predominantly within the Haredi Community, MA Thesis, Jerusalem 1993.

Prins, Michal, The Coping of Orthodox Women with Body and Sexuality after Marriage, Ramat Gan 2011.

Quindeau, Ilka, Verführung und Begehren – die psychoanalytische Sexualtheorie nach Freud, Stuttgart 2008.

Rapoport-Albert, Ada, Women and the Messianic Heresy of Sabbatai Zevi, 1666–1816, London 2011.

Raucher, Michal, People of the Book, Women of the Body: Ultra-Orthodox Jewish Women's Reproductive Literacy, in: *Body and Religion* 3 (2019), S. 108–129.

dies., Conceiving Agency: Reproductive Authority Among Haredi Women, Bloomington, IN 2020.

Reiche, Reimut, Nachwort, in: Sigmund Freud, Drei Abhandlungen zur Sexualtheorie, Reprint der 1905 erschienenen Erstausgabe, Frankfurt a. M. 2005.

Ribner, David/Rosenbaum, Talli, Evaluation and Treatment of Unconsummated Marriage Among Orthodox Jewish Couples, in: *Journal of Sex and Marital Therapy* 31 (2005), S. 341–353.

Rose, Barbara, Vaginal Iconography, in: *New York Magazine* 7 (1974), S. 59.

Rosenberg-Friedman, Lilach, Birthrate Politics in Zion: Judaism, Nationalism, and Modernity under the British Mandate, Bloomington, IN 2017.

Rosen-Zvi, Ishay, The Evil Inclination, Sexuality, and Prohibitions against Men and Women Being Alone (*Yihud*): A Chapter in Talmudic Anthropology [Hebräisch], in: *Theory and Criticism* 14 (1999), S. 84–55 (umgekehrte Zählung).

ders., Do Women Possess *Yetzer?* Anthropology, Ethics, and Gender in Rabbinic Literature, in: H. Kreisel u.a. (Hg.), Spiritual Authority: Struggles over Cultural Power in Jewish Thought, Beer Sheva 2000, S. 21–33.

ders., Sexualising the Evil Inclination: Rabbinic "Yetzer" and Modern Scholarship, in: *Journal of Jewish Studies* 60/2 (2009), S. 264–281.

ders., The Mishnaic Sotah Ritual: Temple, Gender and Midrash, Leiden 2012.

Ross, Tamar, The Feminist Contribution to Halakhic Considerations: *Qol be-ishah ervah* as a Test Case, in: Avinoam Rosenak (Hg.), Philosphy of Halakhah: Halakhah, Meta-Halakhah and Philosophy: A Multi Disciplinary Perspective, Jerusalem 2011, S. 35–64.

dies., The Current Halakhic Status of Homosexuals: A Test Case, in: A. Rosenak (Hg.), Proceedings of the Conference on "Halakhah as an Event: New Trends in the Study of the Philosophy of Halakhah" (im Erscheinen).

Roth, Norman, Deal Gently with the Young Man: Love of Boys in Medieval Hebrew Poetry of Spain, in: *Speculum* 57 (1982), S. 20–51.

Rothstein, Gideon, Should Orthodox Homosexuals Be Encouraged to Marry?, in: *Hirhurim—Musings*, 22.08.2010.

Ruttenberg, Danya, Heaven and Earth: Some Notes on New Jewish Ritual, in: Reinventing Ritual: Contemporary Art and Design for Jewish Life [Ausstellungskatalog, The Jewish Museum, New York], New York 2009.

Samet, Hadar, Ottoman Songs in Sabbatian Manuscripts, in: *Jewish Quarterly Review* 109/4 (2019), S. 567–597.

Satlow, Michael, Wasted Seed: The History of a Rabbinic Idea, in: *Hebrew Union College Annual* 65 (1994), S. 137–175.

ders., Tasting the Dish: Rabbinic Rhetorics of Sexuality, Atlanta, GA 1995.

ders., Jewish Marriage in Antiquity, Princeton NJ 2001.

Schiff, Ellen, What Kind of Way is that for Nice Jewish Girls to Act? Images of Jewish Women in Modern American Drama, in: *American Jewish History* 70/1 (1980), S. 106.

Scholem, Gershom, Sabbatai Ṣevi: The Mystical Messiah 1626–1676, übers. R. J. Z. Werblowsky, Princeton, NJ 1973.

ders., The Messianic Idea in Judaism and Other Essays on Jewish Spirituality, New York 1988.

Semmel, Joan, Imaging Eros: The Politics of Pleasure, unveröffentlichter Text.

Shai, Eli, Messiah of Incest, Tel Aviv 2002.

Shmeruk, Chone, The Frankist Novels of Isaac Bashevis Singer, in: Ezra Mendelsohn (Hg.), Literary Strategies: Jewish Texts and Contexts, Oxford 1996, S. 118–127.

Shneer, David/Aviv, Caryn (Hg.), Queer Jews, New York 2002.

Sigusch, Volkmar, Geschichte der Sexualwissenschaft, Frankfurt a. M. 2008.

Şişman, Cengiz, The Burden of Silence: Sabbatai Sevi and the Evolution of the Ottoman-Turkish Dönmes, Oxford 2015.

ders., The Redemptive Power of Sexual Anarchy, in: *AJS Perspectives* (2017), http://perspectives.ajsnet.org/transgression-issue/the-redemptive-power-of-sexual-anarchy/.

Sperber, David, The Abject: Menstruation, Impurity, and Purification in Jewish Feminist Art, in: Matronita: Jewish Feminist Art [Ausstellungskatalog, Mishkan Museum of Art, Ein Harod], Jerusalem/Tel Aviv 2012, S. 131–134.

ders., Mikva Dreams: Judaism, Feminism, and Maintenance in the Art of Mierle Laderman Ukeles, in: *Panorama: Journal of the Association of Historians of American Art* 5/2 (2019), S. 1–22.

Spero, Moshe Halevi, Homosexuality: Clinical and Ethical Challenges, in: *Tradition* 17/4 (1979), S. 53–73.

Stadler, Nurit, A Well-Worn Tallis for a New Ceremony: Trends in Israeli Haredi Culture, Boston 2012.

Steakley, James, Die Freunde des Kaisers. Die Eulenburg-Affäre im Spiegel zeitgenössischer Karikaturen, Berlin 2004.

ders., Anders als die Andern, Hamburg 2007.

Taragin-Zeller, Lea, Have Six, Have Seven, Have Eight Children: Daily Interactions between Rabbinic Authority and Free Will [Hebräisch], in: *Judaism, Sovereignty, and Human Rights* 3 (2017), S. 113–138.

dies., A Rabbi of One's Own? Navigating Religious Authority and Ethical Freedom in Everyday Judaism, in: *American Anthropologist* 123/4 (2021), S. 833–845.

Ta-Shma, Israel, Ha-Nigle She-Banistar: The Halachic Residue in the Zohar, Tel Aviv 1995.

Ukeles, Mierle Laderman, Mikva Dreams – A Performance, in: *Heresies: The Great Goddess* 5 (1978), S. 53.

Urban, Hugh, Magia Sexualis, Berkeley, CA 2006.

Versluis, Arthur, Secret History of Western Sexual Mysticism, Merrimac, MA 2008.

Wegner, Judith, Chattel or Person? The Status of Women in the Mishnah, New York 1988.

Weil, Arthur, Sexualreform und Sexualwissenschaft. Vorträge gehalten auf der I. Internationalen Tagung für Sexualreform auf sexualwissenschaftlicher Grundlage in Berlin, Stuttgart 1922.

Weiss, Susan, Under Cover: Demystification of Women's Head Covering in Jewish Law, in: *Nashim* 17 (2009), S. 89–115.

Wilke, Hannah, Intercourse With ..., in: Thomas H. Kochheiser (Hg.), Hannah Wilke: A Retrospective, Minneapolis 1989, S. 139.

Wolfson, Elliot, Tiqqun ha-Shekhinah: Redemption and the Overcoming of Gender Dimorphism in the Messianic Kabbalah of Moses Hayyim Luzzatto, in: *History of Religions* 36/4 (1997), S. 289–332.

Yahalom, Shalem, Moch: Family Planning in the Jewish Communities of France and Catalonia in the Middle Ages, in: *Pe'amim* 128 (2011), S. 99–162.

Yosef, Ovadia, Responsa: Yehaveh Da'at, Jerusalem 1977–1980.

Impressum

JÜDISCHES MUSEUM BERLIN

Joods Museum

Diese Publikation erscheint anlässlich der Ausstellung

**Sex.
Jüdische Positionen**

17. Mai bis 6. Oktober 2024 im Jüdischen Museum Berlin

22. November 2024 bis 25. Mai 2025 im Joods Museum, Amsterdam

Kuratiert von
Miriam Goldmann, Joanne Rosenthal, Titia Zoeter und Mirjam Knotter

Ausstellung im Jüdischen Museum Berlin

Direktorin
Hetty Berg

Sammlungs- und Ausstellungsdirektorin
Julia Friedrich

Verwaltungsdirektor
Lars Bahners

Direktionsassistenz und -referent*innen
Milena Fernando, Mathias Groß, Vera von Lehsten, Eva Weinreich

Leitung Ausstellungen
Nina Schallenberg

Kuratorin
Miriam Goldmann

Kuratorische Assistenz
Sarah von Holt, Lea Simon, Toni Wagner (wiss. Volontärinnen)

Ausstellungsmanagement
Deniz Roth

Studentische Hilfskraft
Mascha Lücken

FSJ Kultur
Paul Müller, August Went

Ausstellungsgestaltung
Space4, Stuttgart

Produktionsleitung
Thomas Doetsch, Berlin

Exponateinrichtung
Fißler & Kollegen GmbH

Redaktion
Maren Krüger und Martina Lüdicke (Deutsch), Joanne Rosenthal (Englisch)

Übersetzung
Adam Blauhut, Allison Brown, Jake Schneider (Deutsch–Englisch), Sylvia Zirden (Englisch–Deutsch), Anne Birkenhauer (Hebräisch–Deutsch)

Gestaltung Kommunikationskampagne
e o t. essays on typography
Lilla Hinrichs + Anna Sartorius

Leitung Sammlungsmanagement
Gisela März

Restaurierung
Barbara Decker, Franziska Lipp, Stephan Lohrengel, Regina Wellen

Registrarinnen
Ulrike Gast, Petra Hertwig, Nina Fischäss (wiss. Volontariat)

Dokumentation
Iris Blochel-Dittrich (Sammlung), Birgit Maurer-Porat und Valeska Wolfgram (Foto)

Bildung & Vermittlung
Oliver Glatz, Andy Simanowitz

Begleitprogramm
Maria Röger, Signe Rossbach, Katja Vathke, Daniel Wildmann

Digital & Publishing
Marina Brafa und Ariane Kwasigroch (Webfeature), Debora Antmann

Marketing & Kommunikation
Melanie Franke, Margret Karsch, Amelie Neumayr, Sascha Perkins, Judith Westphal, Sylvia Winkler

Fundraising
Anja Butzek, Kristin Mayerhofer, Johanna Brandt und Maria Rudolfer (FREUNDE DES JMB)

Veranstaltungen
Eva-Maria Helfrich, Yvonne Niehues, Katja Rein, Falk Schneider, Danny Specht-Eichler, Gesa Struve

Sammlungen
Inka Bertz, Michal Friedlander, Tamar Lewinsky, Theresia Ziehe

Bibliothek
Bernhard Jensen, Monika Sommerer, Ernst Wittmann

Archiv
Aubrey Pomerance, Jörg Waßmer

Ausstellungen
Gelia Eisert, Shelley Harten, Daniel Ihde, Maren Krüger, Martina Lüdicke

Visitor Experience & Research
Christiane Birkert, Susann Holz, Johannes Rinke

Justiziariat & Vergabe
Sascha Brejora, Olaf Heinrich, Martina Krause, Julia Lietzmann, Jonas Nondorf

Finanzen
Odette Bütow, Rainer Christoffers, Stefan Rosin, Katja Schwarzer

Personal
Manuela Gümüssoy, Mario Krogulec, Brit Linde-Pelz

Gebäudemanagement
Guido Böttcher, Mirko Dalsch, Manuela Konzack, Christian Michaelis

IT
Michael Concepcion, Anja Jauert, Kathleen Köhler, Sebastian Nadler

Gefördert durch

Die Beauftragte der Bundesregierung für Kultur und Medien

Ausstellung im Joods Museum, Amsterdam

Generaldirektor
Emile Schrijver

Finanzdirektorin
Liesbeth Bijvoet

Leitung Ausstellungen
Mirjam Knotter

Kuratorinnen
Mirjam Knotter, Joanne Rosenthal, Titia Zoeter

Ausstellungsmanagement
Rianne Trap (Projektleitung), Jos van Doesburg (Ausstellungskoordination)

Studentische Hilfskräfte
Ruben Blom, Guido Leguit, Belsie Pidcock, Lucie Ufheil, Lianne Wilhelmus

Ausstellungsgestaltung
OPERA Amsterdam, Boaz Bar-Adon

Redaktion
Sarah Whitlau (Niederländisch), Joanne Rosenthal (Englisch)

Gestaltung Kommunikationskampagne
Van Lennep

Restaurierung
Anne Roos

Registrarin
Niki Lischow

Begleitprogramm
Steffan Haans, Natania Dan

Marketing & Kommunikation
Marieke van Iterson

Fundraising
Anita Soer, Ada de Mol van Otterloo

Sammlungen
Henrike Hövelmann, Marischka de Louw

IT
VHS

Katalog

Herausgegeben von
Miriam Goldmann, Joanne Rosenthal, Titia Zoeter

Projektmanagement und Lektorat
Marie Naumann, Helena Lutz (stud. Hilfskraft), Anna Reindl (wiss. Volontariat), Katharina Wulffius

Übersetzungen
Antje Korsmeier (aus dem Englischen), Anne Birkenhauer (aus dem Hebräischen)

Korrektorat
Lutz Stirl

Rechteklärung
Martina Krause, Anna Reindl (wiss. Volontariat)

Gestaltung und Satz
eot. essays on typography
Lilla Hinrichs + Anna Sartorius

Projektleitung Hirmer Verlag
Kerstin Ludolph

Projektmanagement und Herstellung, Hirmer Verlag
Karen Angne, Katja Durchholz

Lithografie
Repromayer GmbH, Reutlingen

Papier
GardaMatt Art 150g, 300g

Schrift
JMB Pro

Produktion
Katja Durchholz

Druck
Printer Trento srl, Trento

Printed in Italy

Bibliografische Information der Deutschen Nationalbibliothek

Die Deutsche Nationalbibliothek verzeichnet diese Publikation in der Deutschen Nationalbibliografie; detaillierte bibliografische Daten sind im Internet über http://www.dnb.de abrufbar.

ISBN 978-3-7774-4328-7 (deutsche Ausgabe)

ISBN 978-3-7774-4329-4 (englische Ausgabe)

www.jmberlin.de
www.jck.nl
www.hirmerverlag.de
www.hirmerpublishers.com

Umschlag
Collage: eot. essays on typography

unter Verwendung von:

Siman Heker
Ken Goldman
Israel, 2012

WaterSlyde™
Maureen Polack
2014

That Place
Naama Snitkoff-Lotan
Israel, 2013

MIX
Papier | Fördert gute Waldnutzung
FSC
www.fsc.org
FSC® C015829

Katalog gefördert durch

Die Beauftragte der Bundesregierung für Kultur und Medien